普通高等教育"十一五"国家级规划教材

21世纪高等院校电子商务教育系列教材

国家双语教学示范课程
辽宁省精品课程

Digital Marketing

网络营销

（第六版）

史达 主编

东北财经大学出版社
Dongbei University of Finance & Economics Press

大连

图书在版编目（CIP）数据

网络营销 / 史达主编. — 6 版. —大连：东北财经大学出版社，2024.9.
—（21世纪高等院校电子商务教育系列教材）. —ISBN 978-7-5654-5334-2

Ⅰ.F713.365.2

中国国家版本馆CIP数据核字第2024YJ9894号

东北财经大学出版社出版

（大连市黑石礁尖山街217号　邮政编码　116025）

网　　　址：http://www.dufep.cn

读者信箱：dufep@dufe.edu.cn

大连市东晟印刷有限公司印刷　　　东北财经大学出版社发行

幅面尺寸：186mm×230mm　字数：402千字　印张：18.75　插页：1

2024年9月第6版　　　　　　　　　2024年9月第1次印刷

责任编辑：李　彬　王　斌　　　　　责任校对：一　心

封面设计：张智波　　　　　　　　　版式设计：原　皓

定价：46.00元

教学支持　售后服务　　联系电话：（0411）84710309

版权所有　侵权必究　　举报电话：（0411）84710523

如有印装质量问题，请联系营销部：（0411）84710711

第六版前言

近几年来，新的社交媒体的发展对网络营销的影响是前所未有的。一些传统的社交媒体如博客等已经处于生命周期的衰退期。一些早年网民皆知的网站论坛甚至已经关闭了。而新的社交App不断涌现，网络营销的平台不断发生着变化。从营销工具的角度看，互联网的作用仍然在，但其功能正不断被移动端取代。从消费者的角度看，零零后已经成为市场消费中的一个重要部分。因此，第六版在第五版的基础上，减少或者删减了已经不适用的技术手段和网络营销方式，增加并突出了社交媒体在网络营销中的应用。

本书第六版各章重点内容如下：

第1章是网络营销概述。本章介绍了网络营销产生的原因和网络营销的定义。本章还阐述了网络营销的特点以及网络营销的市场环境。本章的重点在于探讨网络营销与直销、数据库营销、互动营销等多种营销形式之间的关系和整合。这部分内容是变化的营销环境中相对稳定的网络营销框架。

第2章是网络营销的传播方式。本章介绍了网络营销中常用的一些传播方法。许可电子邮件营销虽然已经不是主要的营销方式，但作为仍在使用且经典的营销手段，在本版中予以保留。博客营销的内容有所减少，重点突出微博营销。本章还对微信营销的内容进行了更新。网络营销正是这些营销方式的有效组合。

第3章网络营销的推广策略。本章并较为详细地介绍了软文营销、病毒式营销、网络视频营销、事件营销、OTO营销、App营销和百度推广营销。

第4章是网上市场调查。本章目的在于帮助读者了解网上市场调查的特点、内容、步骤，能够撰写网上市场调查报告；掌握网上直接市场调查和网上间接市场调查的概念；掌握搜索引擎营销方法；掌握网上市场调查的方法、特点；能够进行网上市场调查。

第5章是网上开店。本章首先介绍了网上经营活动要进行的前期准备。随后介绍了目前国内流行的几种主流第三方网上经营平台。对支付宝的内容进行了更新，对包括从申请淘宝账户到卖出商品后的售后服务这一完整的过程进行了详尽的介绍。本章还对自建网站开网店的建店方式和前期准备作了介绍；介绍了如何开设网站，以及经营性网站必须注册的ICP许可证的申请和报备流程；对目前网络服务提供商作了简述；详细介绍了搜索引擎优化的内容和技巧。

第6章是网店的建设与推广。本章介绍了网络推广的方式与技巧。首先，介绍了网店的装饰与美化技巧，以及网店建店初期的信用积累和网店主页的内容。其次，分别详细介绍了平台网店的推广方式、自建网店的推广方式。平台网店主要借助平台的高客流量进行平台广告推广，加大与其他平台商家的合作；自建网店在搜索引擎优化的基础上，主要通过投入竞价排名和关键字广告、购买网站广告进行推广。最后，本章还介绍了网络广告的发展历史以及我国网络广告的现状；介绍了最新的网络广告的尺寸标准；网络广告的特点、网络广告与传统广告的区别等内容。

第7章是网络营销的产品与定价策略。本章旨在使读者掌握网络营销产品的特点，了解虚拟产品开发技术。本章的另一个重点是网络营销定价的特点，读者需要熟知网络营销的定价策略，掌握数字产品的特点及定价方法。

第8章是网络营销的分销体系。本章介绍了网络分销渠道的基本概念，读者需要掌握网络分销渠道与传统分销渠道的区别和联系，掌握网络分销渠道的构成要素，明确企业分销渠道和网络分销渠道的结构。本章还介绍了网络时代中间商的相关内容，重点分析了渠道冲突和网络渠道冲突的相关内容。

第9章是精准营销。本章主要讨论了精准营销数据库的种类和精准营销数据库的内容。读者通过本章的学习，重点在于掌握布尔塞模型的基本内容，能够运用布尔塞模型分析数据库直销的可能性，以及掌握RFM法则的基本原理并能熟练运用RFM法则。此外，本章还简要介绍了大数据在网络营销中的应用。

第10章是电子化客户关系营销。通过本章的学习，读者可以了解客户关系的产生、概念，并能够正确认识客户关系营销。本章的一个重点内容在于使读者掌握客户的价值、了解网络顾客的基本特征。本章的另一个重点内容是虚拟社区，读者需要学习如何利用虚拟社区开展客户关系营销。

第11章是网络营销中的法律问题。本章简要介绍了网络营销涉及的法律问题和网络营销相关法律所关注的问题。本章重点讨论了网络人格权与个人信息制度，以及网络营销中的知识产权制度。对消费者权益的特别保护也是本章学习的一个重点。最后，本章还简要介绍了网络广告中的法律问题，以及网络营销纠纷与司法程序。

　　在本书的修订中，郑梅、赵一豪在资料搜集、整理和数据更新方面提供了许多帮助，在此深表谢意。本书内容如有不足之处，请读者多多指正。

作　者

2024 年 7 月

目录

第 1 章

网络营销概述

学习目标

熟知网络营销产生的原因；了解网络营销的发展阶段和定义；掌握网络营销的特点；了解网络营销的市场环境；了解网络营销的研究内容；掌握网络营销与直销、数据库营销、互动营销等营销形式之间的关系和整合。

1.1 网络营销产生的原因

网络营销是随着计算机通信技术的发展，尤其是互联网络和数据库技术的发展而发展起来的。技术的发展给企业和社会带来了变革性的影响：一方面，互联网把分处在各地的人们连接起来，虚拟空间上的网络社会已经成为常态，许多新的社区和消费群体开始形成并逐步发展和扩大；另一方面，面对新的市场空间、新的消费习惯和消费行为，企业的经营方式也发生了巨大的变化。营销作为企业战略中的一个重要环节，自然需要根据市场的变化进行相应的调整，网络营销也就应运而生。由此可见，互联网技术的发展、虚拟市场的形成以及企业个性化营销的需要是网络营销产生的重要原因。

1.1.1 网络营销产生的技术背景

计算机通信技术的应用以及作为新兴媒体的互联网的发展是网络营销产生的技术基础。Internet 诞生于 20 世纪 60 年代，随着网络协议和相关硬件、软件产品的发展，互联网开始逐渐从军用向商用和民用发展。从 20 世纪 90 年代开始，互联网逐渐进入日常生活当中。目前，互联网技术不断创新，宽带技术、无线互联技术、移动通信技术、网络云技术等蓬勃发展，伴随着技术产品价格的下降，网络在日常生活中的地位越来越重要。截至 2023 年 12 月，我国网民规模达 10.92 亿人，较 2022 年 12 月新增网民 2 480 万人，互联网普及率达 77.5%。

事实上，作为新兴媒体的互联网的发展速度超过了以往其他所有的技术。广播在出现 38 年后才拥有 5 000 万听众，电视达到这一规模用了 13 年，而互联网只用了 3~4 年。因此，互联网被认为是一百多年来对世界经济影响最大的技术变革。

在这一技术背景下，虚拟市场、虚拟社会开始出现并渐成常态，这为众多的企业开展网上经营、进行网络营销开辟了广阔的前景。对于营销者来说，借助于互联网开展营销活动已经成为思维习惯。不论是利用互联网颠覆传统的经营模式，还是将互联网嫁接到传统经营活动中，互联网已经内化为企业经营中的内部要素。

1.1.2 虚拟市场的形成

互联网引致一个新的市场出现，这个市场就是基于网络空间的虚拟市场。互联网为消费者提供了大量的交流和沟通场所，如微博、微信、QQ 等社交平台，知乎、豆瓣、虎扑等网络社区。这些不同主题的交流场所把具有共同或相似兴趣的人结合在一起。此外，企业可以构建基于互联网的虚拟平台，如京东、淘宝等交易平台，百度、必应等搜索平台。

这些社区或平台，可以把身处不同地方、不同社会阶层的顾客，连接在一个比较稳定的网络社区或营销平台内。在网络世界中，受到匿名性的影响，顾客选择加入的网络社区往往多于在现实生活中所加入的社区。越来越多的互联网虚拟市场形成，进而联结成虚拟社会，并对现实社会的组织形态产生影响。这就需要企业利用互联网改变传统的营销方式，寻找新的机遇。

1.1.3 企业个性化营销的需要

企业是经济社会中最敏感的细胞。面对社会经济和技术发生的任何变化，企业永远是反应最迅速的。互联网的发展和虚拟社区的形成给企业带来的最大机遇和挑战就是如何满足消费者的个性化需求。企业从以产品为核心，到以服务为核心，现在必须转变为以客户为核心。在互联网出现之前，企业要做到了解客户的信息并以客户为核心生产和销售产品几乎是不可能的，因为信息的搜集成本非常高。例如，为获得客户信息，企业要发送调查表，然后回收调查表，对调查表进行统计，对客户进行反馈，这些行为如果采用传统的电话或者邮件的方式来进行的话，成本将是很高的。现在，随着计算机人工智能技术、大数据技术的发展，企业可以便捷地搜集顾客的信息。此外，随着计算机技术的发展，企业的生产技术和管理技术也得到了很大的发展。例如，遥感和遥控技术的进步，看板管理（Just In Time）在企业生产中的应用，使现代企业具备以较低成本进行多品种、小批量生产的能力，这一能力的增强为个性化营销奠定了基础。

1.2 网络营销的发展

在过去20余年的发展中，我国网络营销的模式随着互联网技术的更新和互联网应用的变革而不断发展。据此，我们可以把中国网络营销的发展历程分为五个阶段。

1.2.1 中国网络营销的萌芽阶段（2000年之前）

1994年，中国正式开通国际互联网，网络营销进入公众的视线。在互联网引入初期，其主要为政府和科研机构所用。直到1996年，中国的企业才开始使用互联网，并对网络营销有了初步的运用。诸如"山东农民网上卖大蒜"等经典案例，可以帮助我们对早期网络营销有一个简单的了解。1997年后，我国的上网人数和网站数量逐渐增长，网络广告、E-mail营销纷纷涌现，电子商务也得到了快速的发展。在这一阶段，阿里巴巴、8848等B2B网站，雅虎、百度等搜索引擎接连建立，标志着我国的网络营销正向着应用转变。

1.2.2　中国网络营销的应用阶段（2000—2004 年）

2000 年，互联网泡沫的破裂促使人们更加理性地看待网络公司，网络营销由此进入了实质性的应用发展时期。域名注册、虚拟主机和企业网站建设逐渐成熟，为网络营销的发展提供了技术支持。搜索引擎的投入运营以及付费推广广告的出现，使企业的营销效果直接与搜索引擎的推广规则相关联，搜索引擎一度成为网络营销的核心内容。网络广告媒体的出现，如新浪、网易等，丰富了网络广告的表现形式和媒体技术。E-mail 营销和电子商务平台在取得显著发展的同时，也面临着垃圾邮件和服务商屏蔽等方面的挑战。这一阶段，网络营销的服务市场正逐步成形。

1.2.3　中国网络营销的高速发展阶段（2005—2008 年）

随着互联网的普及，第三方网络营销服务市场逐渐兴起，标志着我国的网络营销步入新的发展阶段。网络营销服务产品的类别不断丰富，网站推广、网站营销管理工具、网络营销顾问等形式都获得了广泛关注。网络营销资源和营销手段的更新也促使企业对网络营销有了更深层次的认知和需求，依托社交平台进行网络营销成为企业关注的重点。例如，以用户写作为特征的博客是这一阶段典型的互联网应用。博客的优势在于庞大的信息量，企业可以通过创建账户、撰写博文、增加超链接的方式，将营销信息传递给大众，大大提高了企业的推广度。博客这一类新型网络营销概念的出现，为后续社会化网络的发展提供了经验。

1.2.4　中国网络营销的社会化阶段（2009—2013 年）

网络营销社会化的表现是网络营销从专业知识领域向社会化普及知识发展演变，网络社交媒体成为企业进行网络营销的主要方式。这一阶段的典型互联网应用是微博，微博的出现代表着社交媒体营销的中心特征从用户写作内容转变为用户分享交流内容，也就是说用户对于网络营销信息从被动接受转向主动传播。在微博出现之前，网络营销的效果主要来自网站的浏览数量。随着微博的兴起，网络营销的重点从增加网站的推广度转变为粉丝效应，满足粉丝的个性化需求成为企业关注的重点。

1.2.5　中国网络营销的多元化阶段（2014 年至今）

随着移动网络技术的发展，移动网络之间的信息沟通和传递越来越便捷，用户逐渐从 PC 端转向移动端，新型的移动网络营销平台如雨后春笋般涌现。用户可以选择多个平台进行消费方式的选择，这对企业传统的网络营销方式产生了冲击。信息传递的便捷化和网络营销渠道的分散化，促使各类社交媒体开始跨界整合，网络营销市场呈现出多元化的特点。企业的营销对象不再是个体的用户，而是用户价值和关系网。这一时期典型的网络营销媒体是微信。不同于微博的粉丝效应，微信的用户与用户之间、用户与公众号之间是具有强关系性和信任性的，在此基础上进行信息的推广能取得更好的营销效果。

从网络营销的发展历程可以看出，如今网络营销早已不是大企业或少数人的选择，而是人们生活中的基本要素。单一的网络营销平台已经难以实现企业营销的目标，多平台、多角度、多层次的营销方式，是企业在发展中必须重视的营销途径。

1.3　网络营销的定义

1.3.1　网络营销的概念

网络营销在英文中有多种翻译方式，包括 Cyber Marketing、Internet Marketing、Network Marketing、E-Marketing 等。目前较常用的译法是 E-Marketing 和 Internet Marketing。

在本书提出网络营销的概念之前，首先来借鉴一下权威的市场营销的定义。

美国市场营销协会定义委员会给市场营销下的定义是："市场营销是（个人和组织）对思想、产品和服务的构思、定价、促销和分销的计划和执行过程，以达到个人和组织的目标的交换。"这一权威定义主要体现在以下4个方面：

（1）该定义把市场营销主体从企业扩展到整个社会，既包括营利组织也包括非营利组织（政府机关），既包括企业也包括个人。

（2）该定义把市场营销的对象从有形的产品延伸到无形的服务和理念。

（3）该定义强调了市场营销的核心思想是"以顾客为导向"。

（4）该定义说明市场营销活动是一个过程，而不是某一个阶段（如销售）。

借鉴上述市场营销的定义，在确定网络营销定义时要注意到，首先网络营销仍然属于市场营销的范畴，其次网络营销与传统营销的方法和理念相比发生了很大的变化。具体来说：第一，网络营销是利用互联网和计算机通信技术等先进的电子信息手段来实现目标的营销活动。第二，网络营销是企业整体营销方案的组成部分，不能脱离营销环境而单独存在，还需要与线下的传统营销方法相互配合。第三，网络营销的目标在于创造、宣传和传递顾客价值，并对顾客关系进行管理，从而创造出以顾客为核心的价值关系网络。

从上述角度来看，本书从广义和狭义两个方面提出如下定义：

广义的网络营销，指的是企业利用一切网络进行的企业经营的整个过程，包括市场调查、客户分析、产品开发、产品生产、产品销售、产品售后等环节。

狭义的网络营销，指的是以互联网及其他信息技术为依托，对思想、产品和服务进行构思、定价、促销和分销的计划和执行，以达到个人和组织的目标的交换的全过程。

1.3.2 正确认识网络营销

目前，对网络营销的不正确认识主要表现在以下几个方面：

（1）网络营销理论是研究买卖产品与提供服务的理论，只与生产企业和销售企业有关，与其他部门和单位无关。实际上，无论是营利组织还是非营利组织，无论是政府机关还是企业，都需要开展营销活动。所以，网络营销理论不仅适用于企业，还适用于政府及其他非营利组织。

（2）网络营销就是电子商务。电子商务可以理解为在互联网上进行的电子交易。而网络营销不仅局限于互联网，还包含了线下的传统营销活动，有些内容超出了电子商务的定义范畴。可以说，网络营销和电子商务是有重合之处的两个独立概念。

（3）网络营销就是研究推销商品的技巧。造成这种认识的原因在于市场营销中包含着销售方面的内容，如运用多种方式方法进行营销活动、运用灵活的技巧销售产品及实现盈利目标等，因而人们会想当然地认为营销就是销售或促销。实际上，营销与推销有着很大的区别。

营销与推销的区别主要体现在：

其一，出发点不同。推销的出发点是企业，企业生产什么就卖什么。因此，生产是起点，市场销售是终点；而营销的出发点是客户，客户需要什么，就生产什么，就卖什么。因此，营销的起点是市场，终点也是市场。

其二，过程不同。营销是一个完整的循环过程，市场营销过程的通常顺序为：市场调研、分析内外部条件、进行市场细分、发现市场机会、选择目标市场、进行市场定位、制定营销战略、制定营销策略、新产品开发、销售与服务。推销只是营销过程中的一个环节。

（4）网络营销可以取代传统的市场营销。网络营销不是万能的，它不能取代传统的营销方式。传统营销过程中的许多优点是网络营销所无法取代的。例如，在商品的挑选上，传统营销比网络营销更具有直观性。传统媒体上的大众营销对打开知名度及建立企业形象仍然极为重要，某些新产品、新品牌或新形象的营销，仍需以传统媒体为主、网络营销为辅，这时的网络营销计划可能只是整体营销计划的一个组成环节。此外，如果营销的对象是不上网的消费者，就不需要进行网络营销。

（5）网络营销的重点在于网络技术的使用。这种观点也是不对的。网络营销活动的对象是人而不是物，这就决定了网络营销是一门多学科渗透的交叉学科。网络营销要综合运用多方面的理论来研究复杂的市场现象。例如，运用经济学、行为科学、社会学、心理学、统计学等学科的理论和方法来研究网络营销环境，分析消费者心理和消费者行为，从而制定相应的营销战略和策略。由此可见，网络营销有自己的学科体系，而不仅仅是一个简单的技术层面上的应用。

1.4 网络营销的基本特征和面临的问题

1.4.1 网络营销的基本特征

1）以互联网技术和其他信息技术为依托

网络营销之所以和传统营销方式有区别，原因就在于网络营销是基于互联网的，并且采用了许多传统营销方式中所没有的技术手段，如电子邮件营销、博客营销、微信营销、RSS技术等。正是技术手段和营销方式的不同，才使得网络营销具有交互性、低成本等特点。人们经常提到的网络营销所具有的广域性、实时性、互动性和低成本性都是由互联网以及其他信息技术本身的技术特点和网络特性所决定的。这些特点不仅是网络营销所特有的，只要是基于互联网开展的商务活动都具有上述特点。

2）网络营销意味着企业经营模式的转变

企业要开展网络营销，就要求企业的组织机构设置、人员配备、职能分布、业务流程及经营机制不同于传统的营销方式。互联网传输的数据量和精确度远大于其他媒体，企业需要从大量的信息中及时地掌握市场需求，更新产品，调整策略。互联网的模糊性使产品与服务的边界难以划分，这就要求企业快速适应网络营销的特点，发展一对一个性化营销的能力。网络营销下的企业必须围绕着信息流、资金流和物流，采用现代管理方式，进行业务的重组及组织机构与人员的调整。

3）网络营销是对传统营销的继承和发展

网络营销不是空中楼阁，它是建立在传统营销理论基础之上的。不论是4P理论还是4C理论，对于网络营销来说都是值得借鉴的宝贵财富。从这一点来说，网络营销是对传统营销理论的继承。但是，正如我们前面所提到的，网络营销也有自己的特点。可以说，网络营销仍然属于营销范畴，但营销的发展方向是网络化和信息化。

4）网络营销不是B2C，不是网上销售

营销从来就不是销售，网络营销也不是网上销售。网络营销是电子商务的一项应用。网络营销并不是到网上去卖东西，而是将传统的营销手段应用到网络上，减少营销成本，开拓新的市场。网络营销贯穿企业经营的整个过程，包括市场调查、客户分析、产品开发、生产流程、销售策略、售后服务、反馈改进等环节。网络营销功能的实现可由浅入深、由简到繁，从做一个主页到经营网站，从做广告到建立客户关系管理系统，从发电子邮件到建立供应链关系系统。

1.4.2 网络营销面临的问题

在看到网络营销的优点的同时，也需要正确认识网络营销的问题。

（1）网络营销面临着网络产品质量保证问题、消费者隐私保护问题和信息安全与保密问题等。这些问题不仅没有减少，反而随着我国网民人数的增加，以及网络购物活动的增加而不断凸显出来。在互联网快速发展的今天，法律法规、监管手段与电子商务的发展暂时还未匹配，导致电子商务行业良莠不齐，削弱了顾客对网络购物的信任。另外，网络支付的安全性问题难以完全解决也影响了网络营销的发展。

（2）网络营销意味着企业管理需要进行适应网络化发展的变革，而变革是有成本的。现在很多企业对网络营销还存在认知偏差，导致企业网站无人管理，只是摆设，不能与顾客进行实时的交流。这就需要企业培养专业的网站管理人员。所以，网络营销并不一定必然降低企业的交易成本。对于尚没有信息化的企业而言，电子商务和网络营销的实施可能会使原本就混乱的管理变得更加混乱。

1.5 网络营销的市场环境

网络营销的市场环境是影响企业在网络环境中生存和发展的各种可控或不可控的外部因素。网络营销的市场环境主要包括宏观环境和微观环境两个方面。

1.5.1 网络营销的宏观环境

网络营销的宏观环境是指一个国家或地区的人口、经济、政治、法律、社会文化、科与教育水平等影响企业进行网络营销活动的宏观条件。宏观环境对企业的长远发展具有很大的影响。宏观环境主要包括以下五个方面的因素：

1）人口环境

市场是由那些想买东西，并且有购买力的人组成的。他们的数量、分布、年龄、性别、职业、婚姻状况、家庭组成状况、收入水平、购买能力、购买数量等，会直接影响产品的销售，因此是企业必须掌握的市场资料。企业可以通过 CNNIC（中国互联网络信息中心）获取网络人口及其分布方面的资料，以评估市场的规模。

2）经济环境

经济环境往往决定购买力。消费者的收入、储蓄和借贷、消费结构等因素，国家或地区的经济水平、经济制度等因素，网络环境下的经济一体化和外部性因素都对网络营销活动产生影响。因此，进行经济环境分析应特别注意收入、生活费用、利率、储蓄、借贷方式及消费模式等方面的变化，还要考虑到地区之间经济发展的不平衡性。

3）政治法律环境

政治法律环境也会显著影响企业的网络营销能力和营销效果。一般来说，一个国家政局稳定，经济才能发展，社会购买力才会提高，企业的产品才有广阔的市场。中国经济的持续高速发展，人们购买力的提高，首先得益于中国政治的稳定。如果政局不稳，企业的网络营销必将受到负面影响。

4）社会文化环境

网络营销活动是在一定的社会文化环境中进行的，社会文化环境主要指人们的价值观念、道德规范、风俗习惯、宗教信仰、生活方式、语言文字、受教育水平等，企业的网络营销活动会受到这些因素的影响。社会文化环境的内容很丰富，在不同的国家、地区、民族之间差别非常明显。在营销竞争手段不断变化的今天，网络营销企业必须重视社会文化环境的研究。

5）科技与教育水平

科学技术对经济社会发展的作用日益显著，科技的基础是教育，因此，科技与教育是客观环境的基本组成部分。在当今世界，企业环境的变化与科学技术的发展有非常大的关系，特别是在网络营销中，两者之间的联系更为密切。新科技的出现在带来新产业、新市场的同时，也给部分传统行业带来冲击。利用科技转变管理模式和营销策略，寻求长期生存和发展，已成为企业网络营销分析的重要内容。

1.5.2　网络营销的微观环境

网络营销的微观环境由企业及其周围的活动者组成，直接影响着企业为客户服务的能力。它包括供应商、中间商、客户、竞争者、网上公众等因素。

1）供应商

供应商是为企业及其竞争者提供生产或经营上所需资源的企业、个人或组织。这些资源包括原材料、零配件、设备、能源、技术、劳务等。企业与供应商之间既有合作又有竞争，这种关系既受宏观环境影响，又制约着企业的网络营销活动。

2）中间商

中间商是把产品从生产者手中转到消费者手中所要经过的中间企业或个人，包括拥有商品所有权的各级经销商和不拥有商品所有权的代理商、经纪人。

网络技术的运用给传统的分销体系带来巨大的冲击。消费者可以通过网上购物，在线选购自己需要的商品，生产者、批发商、零售商和网上销售商都可以建立自己的网站并营销商品，所以一部分商品不再按原来的产业和行业分工进行销售，也不再遵循传统的商品购进、储存、运销业务的流程运转。但是，网络营销企业与中间商仍然保有密切的合作与联系。例如，航空公司仍主要通过中间商销售机票。

3）客户

企业网络营销活动的成败，最终的关键在于客户是否购买本企业的产品。因此，企业的一切网络营销活动必须以满足客户需要为中心。客户是企业产品销售的市场，是企业直接或最终的营销对象。网络技术的发展极大地消除了企业与客户之间地理位置的限制，创造了一个让双方更容易接近和交流信息的方式。网络技术的发展使消费者的个性化需求成为可能，消费者由原来的被动接受转变为主动参与，参与产品的设计制造和更新换代，使企业的营销环节大为简化。

4）竞争者

一个企业很少能单独为某一顾客市场服务。从购买者即顾客的角度来观察，每个企业在其营销活动中，都面临着竞争者。企业在进行网络营销活动时，不仅要提供高质量的产品和服务，还要重视营销手段的独特性和创新性，以应对来自竞争者的压力。

5）网上公众

互联网的发展不仅拉近了企业和顾客的距离，还拉近了顾客之间的距离。网络成为顾客了解产品信息、发表产品评价的平台，直接对企业的形象产生影响。因此，企业要重视网民的态度和评价，为企业赢得良好的口碑。

1.6 网络营销的研究框架

基于前文对网络营销定义与特征的分析，本书认为，网络营销是传统市场营销理论在网络空间的延续和发展，它既要以原有的市场营销理论为基础，又要有自己的创新和发展。因此，本书提出的网络营销研究框架如图1-1所示。

市场调研：互联网技术的应用

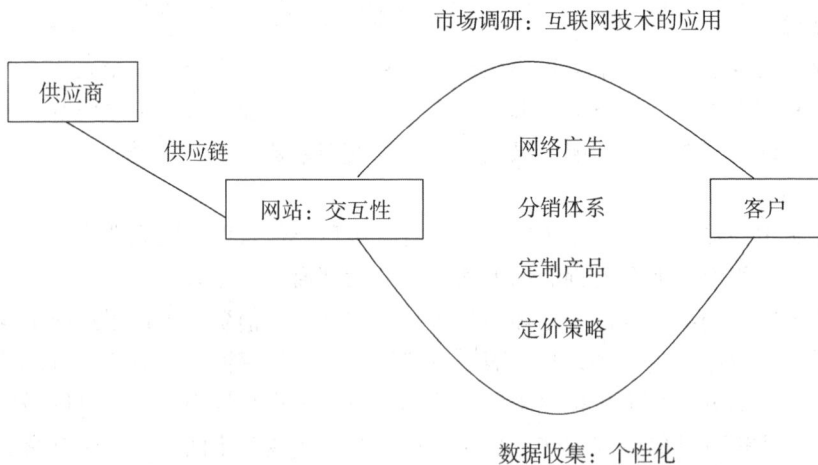

图1-1 网络营销研究框架

由图1-1可知，企业通过具有交互性的网站，与客户和供应商建立联系。首先，供应商与企业之间通过供应链相连接。这个供应链是借助于信息技术而存在的，具有很强的互联网特征。其次，企业与客户之间仍然通过4P和4C相连接。众所周知，4P理论是传统营销学的核心，尽管以后又出现了6P等理论发展，但都是4P理论的派生。20世纪90年代的4C理论在一定程度上发展了4P理论，它转向以消费者需求为中心，强调与客户建立起一种互助、互求、互需的关系。这一点与网络营销的核心思想是吻合的。

但是，4C和4P两者之间不是取代关系，而是相互完善、相互发展的关系。4P理论仍然是企业营销活动的基础框架，所以本书的理论框架将建立在4P和4C的框架基础上。只是在互联网环境下，企业可以通过网络进行市场调研，同时可以利用大数据技术进行客户资料搜集并更好地进行客户服务。

基于上述分析，本书拟研究如下内容：网络营销概述、网络营销中的技术、网上市场调查、网上开店、网店的推广、网络时代的产品与定价策略、网络时代的分销体系、精准营销、电子化客户关系营销、网络营销的法律环境。

1.7 网络营销与传统营销方式的整合

网络营销不是空中楼阁，它是建立在其他营销理论的基础之上的，只不过网络营销更偏重于利用互联网络技术。实际上，网络营销与现有的许多营销方式有着十分密切的关系。

1.7.1 网络营销与直销

1）直销

直销是最古老的商品销售方式之一。直销（Direct Marketing）也称直接市场营销、直接营销、直线营销、直复营销或直效营销①。传统的直销方式通常利用企业的产品目录、装有印刷品的函件或者电话来推销企业产品。这些直销方式通常附带一份了解销售情况的客户回复表单，以便企业及时了解产品的直销情况。直销实际上是将产品的部分利润从代理商、分销商、广告商处转移给直销员的一种经营形式。

直销的定义有多个。根据英国直销营销协会的定义，直销是指"为了达到量化的市场营销目标，公司与顾客或潜在顾客之间进行直接接触，并系统地使用数据信息的沟通过程"。美国直复营销协会将直销定义为"一种互动的营销系统，运用一种或多种广告媒介在任意地点产生可衡量的反应或交易"。

---

① 请注意"Direct Marketing"和"Direct Selling"是不一样的，后者通常翻译为直接推销或者直销。

直销的优点主要有：

（1）由直销员向顾客直接宣传、展示商品，容易获得顾客的信任，便于建立稳定长期的顾客群。

（2）直销员可以通过直接了解顾客对产品的建议、使用经验等一手资料，促进产品更新与发展。

（3）直销员的营销策略具有一定的个性化特征，而且营销和销售是同时进行的，具有一定的保密性，不容易被竞争对手模仿。

2）网络营销与传统直销方式整合的理论基础

从上文可见，直销并没有限定其所采用的方式和技术手段。互联网络的出现实际上增加了直销的渠道和工具。网络营销在很大程度上就是直销在网络世界的应用。企业可以利用计算机技术和互联网络提供的便利，在网络世界中延伸其营销战略。直销本身所具有的特性决定了它与互联网络技术能够完美地结合在一起。

（1）互动性与个性化。根据中国香港直销协会的解释，直销具有以下主要特色："……直销商将产品直接送到顾客家中或工作的地方，为个别顾客或众多顾客对象详细介绍、示范产品的特点与效能，并一一解答他们的疑问。亲切周到的个性化服务，令顾客感到满意，这可说是直销的主要特色。"传统的大众营销方式（如通过报纸、电视等大众媒体营销）通常是单方面的，而直销的营销对象从来就是具体的个人、家庭或者企业，而不是通过大众媒体所指向的大众市场。因此，个性化和互动性一直就是直销方式所期望达到的目标。

互联网的出现不仅加强了互动性，而且加强了以一对一为基础的顾客与直销人员之间的互动，也就是说能够做到个性化的互动。因此，网络营销可以更容易实现营销者和顾客之间双向的沟通和互动，可以更方便地提供亲切的个性化服务、方便的购物方式、详尽的产品示范、高质量的产品、实用的产品资料、购物保障及满意保证。在直销中，顾客服务扮演着非常重要的角色。对于多数直销公司来说，顾客忠诚度是个很重要的方面。通过建立直销人员与顾客间的互动和为顾客提供个性化的服务，直销公司可以通过顾客的重复购买获取利润。

（2）通过客户名录来确定目标市场和进行营销。直销主要是通过客户名录来进行市场细分和营销的。客户名录实际上是一个记录顾客或潜在顾客信息的数据库。该数据库中包含了客户的姓名、地址、人口统计资料、以前的购买记录等多方面的信息。直销人员在开展直销活动时，根据营销的目标确定一定的标准，以此标准从客户名录数据库（自己建立的或向别人购买或租赁的）中选择适合本次直销活动的名录。直销人员根据该名录安排相关的直邮、目录或电话营销等活动。

由此可见，网络营销是非常适合直销方式的。要进行一次有成效的直销，企业需要知道如何建立和维护一个已有和潜在客户名录数据库，如何设计和发放目录，如何建立相关的后勤体系来有效地组织和管理仓库和运输，如何与顾客保持紧密的关系来完成其订货、询问、投诉和退货。网络营销的出现使得企业可以利用网络来实现数据库管理、物流管理和供应链管理，使企业的产品更快捷、更准确地到达目标客户的手中，并通过对信息传递的回复比率和内容的测量来衡量营销的效果。

（3）营销空间的扩大。直销活动可以发生在任何地点，只要是直销人员所选择的沟通媒介可以到达的地方，都可以开展直销。直销在空间上具有广泛性的特点，预示着传统营销方式对地点的争夺对直销而言并不是最重要的，对地点的争夺将会逐渐被在直销媒介或渠道方面的竞争所取代。

网络的出现进一步加强了直销的这个特点。由于直销以能够到达具有不同需要的碎片化市场而见长，从而使企业能够更有效地利用其营销资源，使每个单位营销投入都有其明确的归宿。网络广告和电子邮件等网络营销中的工具可以用更低的成本向用户开展营销活动。对于资金有限的中小企业而言，网络营销是其到达目标市场、实现销售的良好渠道。

3）网络营销与直销整合中的差异性问题：产品对象的差异

尽管从理论上来说几乎所有产品和服务都可以通过直销渠道进行销售，但是在实践中，通过直销渠道销售的产品通常都具有两方面的共性：首先，通过直销渠道销售的产品必须是方便订购的；其次，通过直销渠道购买这类产品时，其风险很低。

网络营销与直销的产品对象因为营销的环境不同而存在一定的区别。尽管网络营销在手段、理念上与直销有很大的相似性，但是仍然需要针对不同的用户群体采取不同的营销措施。

4）传统直销与网络营销的整合方式：网络直销渠道

（1）直销企业建立网站，利用网站宣传企业，将传统的目录等宣传材料和产品资料放到互联网上，利用电子邮件或手机短信发送产品信息，使用交互式的电子商务网站与消费者进行双向沟通，从而降低了企业的成本。对于主要基于网站作为信息沟通渠道的公司而言，实施网络营销都会涉及以下几个主要方面：建立网站、推广网站和在线商业履行安排。

建立网站的目的在于创建一个与顾客沟通供求信息的界面。该界面至少应包括以下两个功能：提供发盘信息和服务支持。推广网站的目的在于让目标顾客知道该网站的存在和该网站能提供的功能和服务，以便企业销售其产品。在线商业履行安排主要包括商务单证处理、在线支付的实现、商品配送、顾客联系与服务等几个方面。具体内容本书将在后续的章节中作详细的介绍。

（2）直销企业可借助其他服务商在网站上发布相关的产品和服务信息，并直接与消费者进行联系，达成交易。这一过程有信息服务商的参与，但是主要的销售活动还是在买卖双方之间进行。这种直销渠道多为新兴的网络平台，如淘宝、京东、微店等。这些平台将众多商家聚集在一起，包括大企业、中小企业和个体工商户，并且提供了展示产品细节和与消费者实时沟通的机会，大大降低了企业营销和消费者进行消费选择的成本。

（3）对于可数字化的商品而言，如软件、图书等，以前的直销方式需要借助于一定的载体，如纸张、软盘、光盘等，而现在可以直接通过互联网进行商品派送。

（4）电子直邮营销（电子邮件营销）。所谓电子直邮营销，是指主要运用电子邮件提出产品或服务发盘，以获得目标市场成员直接回应的营销活动。电子邮件营销应当避免垃圾邮件，应当采用许可电子邮件。许可电子邮件相对于普通电子邮件的特点是更具有目标指向性和个性化。

5）网络营销与传统直销方式面临的共性问题

（1）垃圾邮件问题。对于直销而言，各个国家都有相关的法律规定。相对而言，欧美国家和地区由于社会信用程度较高，直销活动开展的时间较早，因此，直销在欧美国家和地区是比较普及的，也是大多数消费者可以接受和愿意接受的营销方式。美国是迄今为止采用直销最多的国家。早在19世纪初，Sears和Roebuck等公司就已经通过邮寄目录销售产品。

（2）社会信用程度问题。在亚洲地区，直销活动受消费习惯等因素的影响，开展得并不十分成功。就我国而言，人们对直销方式的认识程度不够，再加上传销活动和"老鼠会"盗用了直销的名义，使直销活动在实际操作中变形，而直销与传销又很难划分出一个清楚的界限，所以直销在我国的普及程度是比较低的。

（3）顾客可信度问题。在普通营销方式下，顾客购买行为是面对面进行的。顾客可以目睹产品和销售商的情况，容易在相信自己判断的基础上，产生真实感和信任感。在直销方式下，顾客与商家通常不直接接触，顾客往往会产生一种不真实或不信任的心理，这种心理的存在会阻止其进行购买。因此，如何消除目标市场成员的顾虑，以增强其购买信心，是每个直销人员都要面临的问题。

一些引人注意的失败例子也提醒我们，营销要适应地方文化和操作条件才能成功。例如，在中国直接发送邮件不能作为硬性销售或有限期的销售手段，否则会冒犯顾客。

1.7.2　网络营销与数据库营销

数据库是所有营销活动的基础，因此从某种意义上说，所有营销都是数据库营销。所以，有必要把数据库作为营销中一个至关重要的要素拿出来单独进行研究。

1）数据库营销的含义

数据库营销是指企业通过搜集和积累客户的信息并建立营销数据库系统，借助该系统，利用数据库技术和统计分析方法，对客户的需求进行分析和预测、对产品进行精确的市场定位并开展目标明确的市场推广活动，以促使消费者购买商品，同时建立企业与客户之间的忠诚关系。

营销数据库最初是为实施数据库直销而搜集的客户和潜在客户的姓名和地址，后来成为市场研究的工具，如搜集市场资料、人口统计资料、销售趋势资料以及竞争资料等，并配合适当的软件，对数据作出相应的分析。营销数据库可以搜集和管理大量信息，以便向企业呈现客户的"基本状态"。它是企业进行消费者分析、确定目标市场、跟踪市场领导者以及进行销售管理等的重要手段，同时也是协助企业规划整体营销计划、控制和衡量传播活动的有力工具。

2）数据库营销产生的背景

首先，市场营销由传统的大众化营销向个性化营销发展。当今世界已进入数字时代，随着网络技术的日益发展和普及，人们对各种信息拥有了更大的选择权。点对点的沟通方式已经成为信息传播的主要方式，大众化的生产正在向单一的客户服务转变，大众传播也正在向个人传播转变，单向的信息传播进而转变为可以相互交流的对话。在这种大趋势下，大众化市场营销其实已弱化。大众化市场营销的低效率迫使企业寻求更适应消费者需求的营销方式。此时，数据库可以有效地帮助企业确定个性化的目标消费群体。

其次，在数字时代，消费者面临的媒介渠道越来越多，随着个人电视和互动电视等互动媒体的出现，消费者已从被动变为主动，将会自主地选择那些他们感兴趣的广告，而对被动接受的广告越来越反感。数据库营销可以通过对消费者购买习惯和购买行为的分析，对客户群体进行准确的细分与市场定位，向消费者提供他们感兴趣的商品信息，从而提高企业的营销效率。

最后，增强消费者的品牌忠诚度对于企业越来越重要。企业需要通过客户关系管理，尽力满足消费者的个人需求，给予他们全面而持续的品牌体验，通过单个消费者与品牌的每一次互动，不断地跟踪和优化忠实的消费群，这样做才可能给企业带来丰厚利润。要达到上述目的，企业需要将现代通信手段和数据库技术相结合，主动接近和了解消费者，与客户建立良好的关系。

数据库营销的灵魂是对庞杂的客户群体进行高度理性和个性化的营销。根据企业的客户数据库，企业可以与消费者进行双向沟通，真正实现消费者对营销的指导作用。数据库营销可以与客户保持持久的甚至是终身的关系，以此来维持和提升企业的短期与长期利润。也就是说，客户只有通过数据库技术存储、整理、分析，才能实现其真正的需求，而数据库技术唯有在客户群体中加以运用，才能体现其最大的价值。

3）数据库营销的特点

数据库是数据库营销的核心，数据库营销的特点是由数据库的特点所决定的。数据库是指长期储存在计算机内、有组织的、可共享的数据集合。数据库中的数据按一定的数据模型组织、描述和储存，具有较小的冗余度、较高的数据独立性和易扩展性，并可为各种用户共享[①]。数据库在建立、运用和维护时，由数据库管理系统统一管理、统一控制，用户可以方便地定义数据和操纵数据，并保证数据的安全性和完整性。

客户和消费者的有关数据，包括购买习惯、需求资源、信用评价等相关信息，通过营销人员编辑整理存入数据库，作为数据库营销人员进行下次数据库营销活动的依据。数据库营销人员分析目标客户的有关数据，根据这些数据为下一次营销活动制订计划，并且与

---

① 王珊，陈红. 数据库系统原理教程［M］. 北京：清华大学出版社，2008：1.

每位客户联系之后再重新修订这个客户的有关数据。可以说，数据库营销活动之所以效率很高，就是因为存在着数据库。

概括而言，数据库营销具有以下特点：

（1）有利于进行个性化营销。客户数据库中的资料是个性化营销和客户关系管理的重要基础。企业借助计算机和数据库技术更加充分地了解客户的需要，甚至可以使企业把市场细分到最小购买单位——单个客户，对客户实现准确定位，使目标市场高度清晰。

（2）准确的市场调查和预测。数据库为市场调查提供了丰富的资料，企业根据客户的资料不仅可以分析潜在的目标市场，还可以根据客户的历史资料预测需求趋势，评估需求倾向的改变。由于数据库里汇集了有关个体消费者、潜在客户和持观望态度者的客户数据，因此数据库营销可以帮助企业纠正营销失误以及提高营销活动的效率。

（3）数据库有助于企业选择合适的营销媒体。企业根据客户数据库确定目标，从客户所在地区、消费者的购买习惯、购买能力等，作出销售的大致估计，这些是决定营销媒体分配、充分传达广告信息、使消费者产生购买行为必须考虑的内容。数据库营销的着眼点在个人而不是大众，所以必须根据数据库提供的信息，考虑选择何种营销媒体与个人进行沟通。

（4）建立与客户间的关系。数据库营销可以满足客户对产品和服务的需求，个性化地与目标客户进行联系，为客户及准客户提供不间断交易的机会，准确描述交易的时间和频率。此外，企业利用数据库的资料，可以计算客户生命周期的价值以及客户的价值周期。通过对客户的价值进行评估，可以区分高价值客户和一般客户，对各类客户采取相应的营销策略。通过上述手段，数据库营销使消费者成为本企业的忠实用户，与客户建立紧密关系，使客户不转向企业的竞争对手。

（5）可衡量性。运用数据库，企业可以定量地测试产品、沟通媒介、目标市场等的有效性。此外，客户对某项营销活动的反应也是可衡量的，这使得企业可以比较不同营销方法的有效性。

4）数据库营销的运作程序

一般来讲，数据库营销要经历数据采集、数据存储、数据处理、寻找理想客户、完善数据库五个基本过程。

（1）数据采集。企业的客户数据可来自市场调查、以往销售记录、促销活动记录、黄页或者专业信息提供商。搜集的客户信息需要具备价值性、准确性和规范性。

（2）数据存储。将搜集的数据，以客户为基本单元，逐一录入数据库系统，建立起客户数据库。

（3）数据处理。运用先进的统计技术，利用计算机把不同的数据综合为有条理的数据库，然后在各种强有力的软件系统的支持下，产生产品开发、营销、公共关系等部门所需要的详细数据库。

（4）寻找理想客户。根据使用最多类客户的共同特点，用计算机勾画出某产品的客户模型，此类客户群具有一些共同的特点——如行业、规模等，可从中选择理想的目标客户群体。例如，将促销优惠券送给哪些客户，开发什么样的新产品，根据客户特性判断如何制作广告比较有效，根据购买记录判定客户购买档次和品牌忠诚度等。

（5）完善数据库。随着企业日常运作和各类营销活动的开展，企业的顾客和需要搜集的信息越来越多，这就需要对数据库进行丰富和完善，从而及时反映客户的变化趋势，使数据库适应企业经营的需要。

1.7.3　网络营销与忠诚营销

1）忠诚营销及其阶段

所谓忠诚营销，是指以培养顾客的忠诚度作为主要诉求点，不仅将顾客的需求作为营销侧重点，而且在满足顾客需求的同时，让顾客对企业的产品产生使用习惯和感情。忠诚营销是各种营销活动的最终目标，它是建立在各种营销手段，尤其是数据库营销的基础之上的。随着忠诚营销的出现，营销活动已经从以产品为中心，转变为以服务为中心，并进而发展为以顾客为中心，为顾客提供个性化服务。对于任何企业而言，只有使顾客满意进而培养顾客忠诚，企业才能生存和发展，因此发展和留住忠诚顾客是至关重要的。

从市场价值链的角度进行分析，把一个顾客转变为忠诚顾客，需要经历以下四个阶段：

（1）顾客购买企业的商品（包括服务）；

（2）顾客对购买的商品感到满意；

（3）顾客持续购买企业的商品并成为忠诚顾客；

（4）顾客对外宣传，扩大企业的客户群。

忠诚顾客所产生的价值，不在于他一次购买的金额，而是他能为企业带来的效益的总额，包括他自己以及对亲朋好友的影响。在从普通顾客成为忠诚顾客的过程中，顾客从购买到持续购买，并向自己的亲朋好友进行宣传，这些都将给企业带来利润。在这个过程中，通过互联网和顾客数据库，保持与顾客的联系和跟踪，对于建立企业与顾客之间的忠诚关系是十分重要的。

2）网络环境下的忠诚营销

在网络环境下发展忠诚顾客，有以下两个特点：

其一，顾客忠诚度可能加强。顾客忠诚受感知购买风险的影响。所谓感知购买风险，是指顾客感觉到的购买某种产品或服务可能带来的风险，包括社会风险、财务风险、时间风险、心理风险等。在互联网环境下，顾客由于无法通过互联网感觉到商品实体，所以，顾客为了降低购买风险，就会选择熟悉的或者知名的品牌或企业，这样就有利于加强顾客忠诚度，培养对企业品牌忠诚的长期顾客。

其二，顾客忠诚度可能减弱。从另一方面看，顾客的忠诚度还可能因为受到顾客转移成本的影响而减弱。所谓顾客转移成本，是指顾客由消费一种品牌转移到另一种品牌所发生的成本，这些成本主要包括货币成本、精力成本、心理成本等。在传统商业模式中，因为消费者获取信息困难，所以顾客转移成本较大，而在互联网环境下，顾客可以借助各种网络渠道，很容易地比较不同企业的各种不同的产品和服务。顾客可以很容易获得大量有关产品的品牌、价格、形状、功能、特征等方面的信息。由于较低的搜寻成本和品牌转换成本，顾客可以容易并频繁地转换商品品牌。所以，企业要想保证顾客的忠诚度也就越来越困难。

总之，在网络营销条件下，忠诚营销策略的重点在于与顾客建立深层次的顾客忠诚度，并在此基础上采取个性化措施，为顾客提供良好的服务体验。

1.7.4　网络营销与关系营销

网络营销和关系营销是相辅相成的。从狭义关系营销的角度看：一方面，通过关系营销，企业能够针对更加具体的消费群体开展更加个性化的网络营销活动；另一方面，互联网和其他信息技术的发展，降低了关系营销的成本，为顾客与企业的沟通增加了新的渠道。网络营销的企业竞争是以顾客竞争为核心的。企业需要想尽办法来发展新顾客、留住老顾客、提高与顾客的亲密度、分析顾客需求、创造顾客化产品，建立顾客对企业的信任和忠诚。

从广义关系营销的角度看，企业通过互联网可以与供应链上的其他企业、社会组织等建立关系，共享资源，实现多赢发展。许多企业通过建立信息系统和数据库实现与分销商的信息共享，降低库存成本和交易费用，同时密切双方的合作关系。现代网络技术和数据库技术为企业建立与顾客的全面互动关系提供了良好的工具和手段。企业可以通过网络把供应链及相关的社会组织等联系起来，从而为顾客提供全面的、互动的良好服务。

1）关系营销的产生

关系营销理论是在20世纪70年代由北欧的学者提出来的，自20世纪80年代以来，关系营销理论得到了广泛的传播、发展与应用。1985年，巴巴拉·杰克逊在产业市场营销领域提出关系营销概念时认为："关系营销是指获得、建立和维持与产业用户紧密的长期关系。"科特勒认为："在这个新的、变化的世界里，企业唯一可以持续的竞争优势是它与消费者、商业伙伴及公司员工的良好关系。"

实际上，随着外部营销环境的变化，企业与客户相互关系的性质在不断改变，市场营销的核心从交易转到了关系，越来越多的企业将它们的重点由产品营销转向关系营销。关系营销是指从构建企业与顾客的长期持续合作关系这一角度出发，建立、维系和发展顾客关系的营销过程。关系营销将企业置身于社会经济大环境中来考察企业的市场营销活动，它认为企业营销是一个与消费者、供应商、分销商、竞争者、营销中介、政府机构和内部员工发生互动作用的过程，目标是致力于建立顾客的忠诚度。从这一点上说，网络营销同样高度强调为客户服务，强调与客户的关系，可以说关系营销是网络营销的基础，而网络营销是实施关系营销的工具，两者相互支持，密不可分。

2）关系营销与传统营销

与传统的营销管理活动相比，关系营销与传统市场营销有着很大区别：

（1）传统营销是建立在"以生产者为中心"的基础之上的，而关系营销是建立在"以消费者为中心"的基础之上的。关系营销从以产品为导向转向以客户为导向。关系营销不仅重视发展用户，而且注重留住用户，增加用户忠诚度。

（2）传统营销的核心是交易，企业通过诱使对方发生交易从中获利，而关系营销的核心是关系，企业通过建立双方良好的互惠合作关系获利。关系营销从重视即期利益转向重视长期利益。

（3）传统营销关心如何生产、如何获得顾客，而关系营销强调充分利用现有资源来维护自己的顾客资源。事实上，关系营销可以从广义和狭义两方面来理解。通常所说的关系营销是狭义的关系营销，仅指企业与消费者之间的关系管理，包括对识别、建立、维护、巩固和延伸企业与顾客关系的各种行为的全过程的计划、组织、协调、反馈、控制等实践活动。广义上的关系营销不仅关注消费企业产品和服务的下游顾客，还注重对企业所处的大环境的其他各种关系的管理，如与上游企业、竞争者、社会组织和政府之间的关系管理等。例如，近几年发生的当当欺诈门事件、万达大马城事件，都说明了广义关系营销的重要性。

1.7.5　网络营销与整合营销

整合营销与网络营销有着紧密的联系。网络营销是整合营销思想的最好体现。整合营销强调企业与受众（包括消费者、顾客、潜在顾客、内部和外部受众等）之间的交流、对话和沟通，并通过加强与受众的交流、对话和沟通来实现营销目标。网络技术的出现和普及使整合营销具有了很强的可操作性和可实施性。网络技术在整合营销中的应用，可以帮助企业从面向大众客户的营销转换到针对最有价值的顾客和期望顾客的差异化、个性化的营销行为上来。

1）整合营销的概念

随着世界市场的形成并逐步走向成熟，企业间竞争的烈度越来越高，而科技的迅速发展又使各国企业的生产技术甚至产品特性趋于一致。营销活动已经只是企业营销部门的事情，在这种情况下，产生了整合营销。

整合营销又称"整体营销"，是指在营销活动中，企业协调所有的部门和所有的营销功能，共同为满足顾客的需求服务。整合营销强调关系的建立是公司全体员工共同的责任，而不仅是营销部门的责任，公司组织内的每一位成员都具有影响顾客的潜在能力。

2）整合营销的层次

整合营销分两个层次：一是不同营销功能的整合；二是营销部门与其他部门的整合，要将每一位员工都包含到营销过程中，从而使组织达到"一种形象、一个声音"的效果。营销工作包括市场调研、生产、定价、分销、促销、售后服务等各个环节。这些环节虽然分属于不同的营销功能并由不同的职能部门分工负责，但不能将它们看作各个单独、孤立的职能；从营销的最终成果亦即从顾客的观点来看，市场营销是整个企业的活动。因此，如果不把营销功能作为一个整体看待，如果没有所有员工的参与，营销活动很难取得成功。

1.7.6　网络营销与服务营销

服务营销是企业在充分认识、满足消费者需求的前提下，为充分满足消费者需要在营销过程中所采取的一系列活动。它起因于企业对消费者需求的深刻认识，代表着企业市场营销观念的质的飞跃。服务营销是企业营销管理深化的内在要求，也是企业在新的市场形势下取得竞争优势的新要素。

1）服务营销的概念

服务营销是指服务企业在其服务的生产、提供等全过程中，通过与消费者积极的相互作用，来满足消费者需求的综合适应行为。

2）服务营销的产生

服务营销理论产生于20世纪中叶。1966年，美国的拉斯摩教授首先将无形的服务与有形的实体产品进行区分，提出以非传统的方法研究服务市场营销问题。到20世纪70年代中后期，美国、北欧开始有越来越多的市场营销学者正式开展服务营销理论的研究工作，服务营销研究也逐渐进入高速发展时期。

3）服务营销的特点

服务营销是围绕服务产品和服务本身开展营销活动的。与一般的实物产品相比，服务有以下几个特点：其一，推销困难，由于服务的无形性，无法对其进行全面展销；其二，销售方式单一，服务产品的生产和消费在时间和空间上的同一性，决定了它们通常只能采取网络营销的方式；其三，服务供求分散，供求双方具有时空差异性；其四，销售对象复杂，在服务业市场上，购买者是多元化的，其目的既有用于生活消费的，又有用于生产消费的；其五，需求弹性大，由于服务商品不可储存，服务的供给与需求之间存在较大的矛盾。

服务的上述特性决定了服务营销的特殊性，其营销策略应当从加强对服务供给管理和服务需求管理两方面入手，合理地调节服务市场上的供求，采取适当的价格策略，重视宣传和传播策略。

4）服务营销的主要内容

目前，服务营销主要研究营销的战略和策略，并加强了服务在营销组织中的地位和作用，认为营销应当从产品导向转向服务导向。这一阶段的突出成果是布姆斯和毕纳把服务业的营销组合在既有的产品、定价、地点或渠道和促销的基础上增加了人、有形展示和过程三项要素，从而形成七项要素的营销组合（7P），见表1-1。

表1-1 服务业的营销组合

要　素	内　涵
产品（Product）	领域；质量；水准；品牌名称；服务项目；保证；售后服务
定价（Price）	水准；折扣（包括折让及佣金）；付款条件；顾客的认知价值；质量/定价；差异化
地点或渠道（Place）	所在地；可及性；分销渠道；分销领域
促销（Promotion）	广告；人员推销；营业推广；公共关系
人（People）	人力配备（训练、选用、投入、激励、外观、人际行为）；态度；其他顾客（行为、参与程度、顾客/顾客之接触度）
有形展示（Physical Evidence）	环境（装潢、色彩、陈设、噪声水准）；装备实物；实体性线索
过程（Process）	政策；手续；器械化；员工裁量权；顾客参与度；顾客取向；活动流程

网络营销与服务营销无论是营销理论还是具体操作方面都具有共同点，两者在理念上是相同的：都注重客户的感受与需求，以为客户提供服务为出发点和落脚点，并要求及时反馈信息。二者的运作方式也相互交融。成功的服务营销需要通过互联网络与消费者进行实时的双向沟通，达到服务客户、使客户满意的目的。

1.7.7 网络营销与软营销

1）软营销的产生

软营销是与强势营销相对而言的，是针对工业经济时代的以大规模生产为主要特征的"强势营销"而提出的新理论。它强调企业在进行市场营销活动时，必须尊重消费者的感受和体验，让消费者愿意主动接受企业的营销活动。强势营销是指企业站在主动地位，借助各种媒体，通过广告、人员推销等方式对顾客进行信息灌输，而不考虑顾客是否需要这种信息。进入网络时代以后，由于顾客可以利用互联网直接同企业对话，强势营销不断转变为软营销，企业虽然可以通过网络告诉顾客产品性能、价格变化等最新信息，但是顾客也可以借助互联网就产品及价格进行充分的比较和选择。

2）网络软营销与传统的强势营销的区别

网络本身的特点和消费者个性化需求的回归决定了网络营销是一种软营销。软营销与强势营销的本质区别在于：软营销的强势群体是消费者，而强势营销则正好相反。互联网所带来的信息透明度和互动性使顾客成为强势群体。

大众广告和人员推销是最常见的两种强势营销手段。大众广告主要通过电视、广播、报刊等大众媒体发送给所有的顾客，这种方式比较适合快速消费品行业，但是对于许多其他行业而言并不适用。人员推销是企业的推销人员到客户家中或办公室推销产品，这种方式的缺点是很容易冒犯顾客。在互联网上，由于顾客成为强势群体，传统的以企业为主的强势营销受到了很大的限制。

网络软营销是从消费者的体验和需求出发，诱导消费者购买企业的产品或服务。在互联网上开展网络营销活动，如促销活动、推广活动时，一定要遵循网络虚拟社区规则，即所谓的"网络礼仪（Netiquette）"。在互联网上，由于互联网用户越来越注重隐私保护问题，如果企业在互联网上仍然沿用传统的强势营销方式，会引起消费者的反感。目前垃圾邮件、弹出广告等强势网络营销方式遭到了许多网络用户和业界人士的批评。结合网络软营销的特点，企业可以通过在网上与顾客建立起良好的人际关系，使顾客成为企业的忠实客户。需要注意的是，软营销并不等同于软文营销，软文只是软营销的方式之一。

1.7.8　B2B营销[①]

1）B2B营销概述

B2B营销是指企业间营销。通常B2B市场在总交易量、每笔交易的当事人数、客户经营活动的规模和多样性、生产阶段的数量和持续时间等方面要比消费者市场大得多、复杂得多，这是因为每个消费者市场通常都有多个上游组织市场在制造、提供、聚集产品，然后再卖给消费者。

2）B2B营销与B2C营销的区别

B2B营销与B2C营销采用的工具相同，但二者之间仍存在许多不同，见表1-2。

表1-2　　　　　　　　　　　　　　　B2B营销与B2C营销的差异

B2B（面向企业的直销）	B2C（面向消费者的直销）
个人为组织购买	个人经常为自己购买
购买决策者涉及众多人	购买决策者涉及其他人较少
多个购买者群体	单一购买者群体
正式和非正式的购买程序	非正式的购买程序
以关系为基础	以交易为基础
平均订购金额较大	平均订购金额较小
购买总额相对较高	购买总额相对较低
较难找到购买者	容易找到购买者
目标市场范围小	目标市场范围大
注重关系处理	强调交易

① 菲尔 C，菲尔 K E. B2B营销：关系、系统与传播 [M]. 李孟涛，杨旭，孟韬，等译. 大连：东北财经大学出版社，2007：14.

上述比较表明，企业必须在建立和加强客户关系上进行更多的感情投资，因为忽视客户可能对生意产生巨大的损害。所以，采用B2B营销时，销售会出现新的变化。营销的目标不仅是获得一个订单或者发展一个新的客户，而是在保持现有客户的基础上不断增加销售量；也不再仅强调获得新客户，而是强调与客户建立长远关系。

B2B营销效果的评价方法和标准也在改变。它不是着眼于交易或销售促进，诸如每千元成本、每小时的电话次数、反馈率等，而是以定性的评价方法进行评价，评价的内容包括客户满意程度、产品渗透、利益共享、推荐人和客户忠诚度等。

此外，B2B营销的购买更复杂。很典型的例子是，几个人共同参与一项购买决策，或者在同一个团体中有多个采购组织购买同一种产品。由于这种复杂性，事实上有时很难找到关键的购买决策者和相应的采购模式。

1.7.9 网络营销与其他营销方式

1）互动营销

互动营销是营销人员通过电子邮件、电话语音信箱、传真、互联网等互动技术支持，获得来自顾客方面的更准确的信息，了解关于消费者真正的需求和满意程度，从而作出快速的反应和及时沟通的全过程。互联网是一种典型的互动式媒体。它的特点在于24小时服务、与个体用户直接交流，并得到直接反馈，易于搜寻大型数据库，容易调整沟通产品、服务等。

互动营销强调企业和消费者间交互式交流的双向推动，改变了传统营销中企业对消费者的单向推动。传统的广告方式只是单向地把产品信息输送给消费者，消费者完全被动地接收商品信息，而企业也不能及时获得消费者的反馈信息，企业难以及时、准确地了解顾客个性化的需求。

互联网的出现不仅缩短了企业与消费者之间的距离，而且促使消费者对产品提出更多个性化的需求。企业可以通过网络环境，与消费者进行更好的沟通、交流，从而最大限度地提高消费者对产品的满意度。

2）"一对一"营销

"一对一"营销的核心是个性化营销。消费者是独立的、具有个性化需求的个体，而非传统生产方式下的大众消费者。在这种情况下，企业的营销活动都应当是"一对一"的，也就是个性化的：企业生产的产品是个性化产品，而非大众化、标准化产品；企业的促销方式、分销渠道、定价策略等都是个性化的。

为了达到上述目的，企业必须建立顾客数据库，尽可能地搜集现有顾客和潜在顾客的信息，不仅应包括姓名、地址，还应包括购买习惯和消费行为等信息。只有这样，企业才能留住顾客并获取利益。

3）绿色营销

绿色营销是在20世纪80年代被正式提出并付诸实践的，它既是一种全新的营销观念，又是21世纪营销的重要组成部分。

英国威尔斯大学肯·毕泰教授在其所著的《绿色营销——化危机为商机的经营趋势》一书中指出："绿色营销是一种能辨识、预期及符合消费者与社会需求，并且可带来利润及永续经营的管理过程。"这里强调了两个主要观念：首先，企业所服务的对象不仅是顾客，还包括整个社会；其次，市场营销过程的永续性一方面需要仰赖环境不断地提供市场营销所需资源的能力，另一方面还要求能持续吸收营销所带来的副产品。绿色营销的目的，就是谋求企业、环境与社会的和谐均衡共生。该定义包括三层含义：①节约原材料，保护地球资源，以保证企业永续发展需要的各种资源；②确保产品的安全使用、卫生和方便，以满足人们身心健康和生活品质提升的要求；③引导绿色消费，培养人们的绿色意识，优化人们的生存环境[①]。

绿色营销以保护全球资源、生态和人类健康为宗旨，是社会营销观念的具体化、系统化。在产品方面，绿色营销强调节约生产资源，防止环境污染，反对过度包装；在定价方面，政府对绿色产品实行优惠的税收等政策；在分销方面，注重卫生、安全的物流管理；在促销方面，依靠社会公益性组织和活动开展推广计划。

网络营销将许多营销工作转到了互联网上进行。例如，传统的营销在进行促销时需要印刷大量的宣传材料，这势必造成一定程度的资源使用和浪费，而在网络营销中这些营销工具却不需要了。此外，基于数据库的网络营销能够更好地掌握消费需求的分布和数量，从而使生产更加合理化，缓解生产过剩的情况。因此可以说，网络营销顺应了绿色营销的潮流。

4）非营利组织营销

非营利组织（Non-profit Organization，NPO）是不以营利为目的、向社会提供服务的组织。非营利组织营销在国外已经有多年的历史了，但在我国，非营利组织通常被称为"事业单位"，是政府机关的附属物，处于国家保护状态，大多不与市场接触，几乎不存在市场营销问题。我国加入世界贸易组织（WTO）以后，国际上大量的非营利性机构相继进入国内，它们的推广模式和行为方式都与国内此类机构有着鲜明的对比，对国内此类机构在观念上产生了一定的冲击。

非营利组织执行不产生利润的社会职能，专门提供那些不能由企业及政府充分提供的社会服务。非营利组织按不同的标准可分为不同的类型：按行业特点可分为文化与休闲，教育与科学研究，卫生，社会服务，环境，发展与住房，法律和政治，慈善中介与志愿行为鼓励，国际性活动，宗教活动和组织，商业、专业协会、工会和其他；按经费来源可分为完全收费型组织（医院、私立大学等）、部分收费型组织（高等院校等）、无偿提供型组织（慈善组织等）等。

非营利组织提供的产品大多趋向于服务或综合利益，是有形产品和无形服务的统一。

---

① 万后芬. 绿色营销［M］. 2版.北京：高等教育出版社，2006：56.

例如，学校向学生提供的素质教育服务等。所以，非营利组织所提供的服务比营利组织提供的服务更难用统一的标准进行衡量。

网络的出现使得非营利组织营销有了很大的发展空间。在非营利组织营销活动的开展过程中，完全可以借鉴网络营销的许多理念，以更好地开展营销活动。

5）知识营销

知识营销指的是向大众传播新的科学技术以及它们对人们生活的影响，通过科普宣传，让消费者不仅知其然，而且知其所以然，重新建立新的产品概念，进而激发消费者对新产品的需求，达到拓宽市场的目的。随着知识经济时代的到来，知识成为发展经济的资本，知识的积累和创新成为促进经济增长的主要动力源。因此，作为一个企业，在搞科研开发的同时，要考虑到知识的推广，将一项新产品研制的市场风险降到最低，而要做到这一点，就必须通过知识营销。

网络的出现为知识的传递提供了更迅速、更便捷的途径。随着网络资源的增加，互联网开始成为人们学习知识的重要工具。企业可以利用互联网的优势，进行知识营销，刺激需求增长。

本章小结

本章首先介绍了网络营销产生的原因，主要包括技术方面的原因、虚拟市场的出现以及企业个性化营销的需要三个方面。其次按照互联网技术和应用的变革将我国网络营销的发展划分为五个阶段。本章还在分析市场营销定义的基础上提出了网络营销的定义，明确了对网络营销的正确认识；接着，本章分析了网络营销的特点以及网络营销的市场环境；在上述分析的基础上，本章阐述了本书的研究框架和研究内容。最后本章对网络营销与传统的营销方式（直销、数据库营销、互动营销等）之间的关系和整合进行了详细的论述。

本章网站资源

研究直销的参考网址：

世界直销协会联盟：https：//wfdsa.org

安利：http：//www.amway.com.cn

美国直销协会：https：//www.dsa.org

研究网络营销的网站：

http：//www.isc.org.cn

https：//www.iresearch.cn/

http：//f.qianzhan.com

http：//www.ogilvy.com.cn

http：//www.adguider.com/

http：//www.cmmo.cn/

复习思考题

1.为什么网络营销不限于在线营销而拥有着更加广泛的应用范围？

2.直复营销的媒介有哪些？这些媒介在直复营销中是如何发挥作用的？这些媒介与互联网相比有何优缺点？

3.分析腾讯公司网络营销策略的发展过程。其不同阶段的营销策略有哪些特点？

4.近来，一些新营销理念如关系营销（Relation Marketing）、微营销（Micro Marketing）、大数据营销（Big Data Marketing）、联盟营销（Affiliate Marketing）、精准营销（Precision Marketing）、体验营销（Experience Marketing）、网络口碑营销（Internet Word of Mouth Marketing）、社会化媒体营销（Social Media Marketing）等概念纷纷被提出。它们之间有何异同点？这些新理念被提出的本质原因是什么？

5.选择一个你所知道的超过5年历史的电子商务网站（如淘宝网、京东商城），研究该网站近1年采用了哪些网络营销方法，并将其与中小型企业（或者网站）进行对比，分析不同类型企业在选择网络营销方法时有哪些差异。

网络营销的传播方式

学习目标

了解网络营销的常用方法，包括许可电子邮件营销、博客营销、微博营销、微信营销等。这些营销方式对于开展网络营销是十分重要的。

　　网络营销是基于互联网进行的，因此掌握相应的网络技术对于开展网络营销是十分重要的。就网络营销过程中所运用的技术而言，主要是建立在 Internet 所提供的基本服务的基础上的。一般来说，几乎所有的 Internet 服务都可以用作网络营销中的技术手段。本书将主要针对网络营销中所使用的技术进行介绍，而不是对纯互联网服务进行技术说明。

2.1　许可电子邮件营销

　　许可营销（Permission Marketing）是指用户允许企业向其发送特定的营销信息。企业利用许可营销，可以将目标定位在那些已经表示出兴趣的个人身上，从而有助于避免大量传播低效信息，也有助于保护个人隐私。电子邮件营销（E-mail 营销）必须以许可营销为基础，事实上，网络营销的概念是与许可营销密切相关的。"许可"的意思是根据顾客的意愿进行营销而非强势推销。在互联网上，信息的沟通是双向的、个性化定制式的，其基本特征是应征得用户的同意和许可，然后按照用户的请求发送相关信息。例如，用户在某网站进行注册时允许企业向其发送保险信息，网站才能把相关的保险信息发送到用户的电子信箱中。在本书中，为了叙述方便，对电子邮件营销和许可电子邮件营销不作区分，也就是说，在本书中，电子邮件营销就是许可电子邮件营销。

2.1.1　电子邮件基本礼节

　　电子邮件写作的礼节与商业信函写作的要求类似，通常由 7 个 C 组成，即完备（Completeness）、清楚（Clearness）、正确（Correctness）、具体（Concreteness）、简洁（Conciseness）、谦恭（Courtesy）、体谅（Consideration）。

　　网上电子邮件营销礼仪包括如下注意事项：

　　（1）拟定有吸引力的标题。把文件标题作为邮件主题，如果主题富有吸引力、新颖，可以激发读者兴趣，这样就能吸引潜在用户打开你的电子邮件。标题的拟定应当具有高度概括性，能够概括邮件的内容，使用户一看便知邮件的大意。要明确地表明发件人的身份，以便用户判断邮件是否是垃圾邮件以及是否有必要打开阅读。标题的设置尽量不要滥用多种字体，使电子邮件简单明了，易于浏览和阅读。

　　（2）设置正确的格式。电子邮件应当使用国际码格式，最常用的方式是文本标志，文本标志是一些有特定意义的字符，5 行左右，一般放置在新闻邮件或经许可的电子邮件中间。这些文本标志也可以设置一个 URL，链接到广告公司主页或提供产品和服务的特定页面。在设置文本时，要留有足够的边距，大多数电子邮件客户端软件，如 Outlook Express 自动将纯文本格式的邮件设置为每行 76 个字符。这适用于每行最多显示 80 个字符的新闻服务器。当在回复邮件中引用原文时，通常原文用一个附加字符标记并缩进；如果邮件在投递后可能被引用，将文本设置为在每行 64 个字符或更少处自动换行，可以使文档留有足够的边距，防止文本超出窗口边缘。

（3）避免情感化。营销者应避免使用标点符号来表达情感变化。利用标点符号来模仿一些表情变化很容易做过头，而且在商业往来中这种做法会被视为做作的、违反职业惯例的、要人领情的行为。如果不能拿捏好分寸，就尽量用词语清楚地表达你要说的话。在内容的撰写上，营销者也要反复推敲，控制情感的表达，使内容看上去正式且严谨。尽量不要使用幽默或带有激烈情感表达的文字，以免被用户误解，从而给企业带来负面的影响。

（4）信息具有价值。人们喜欢阅读信息，而不是广告。因此，应当力图使发送的信息能够对接收者和网上社区有所贡献，而不只是一味地促销。即使是广告，也要能够提供对阅读者有用的信息。只有这样，才会受到用户的欢迎。而用户对信息价值的评价源于对订阅承诺的认知。企业应当保持邮件内容与订阅承诺的一致，也就是发送给用户他们想看的东西。如用户订阅的是产品介绍类的邮件，就不要发送产品促销的信息。

2.1.2　创立有效的签名

签名文件是自动出现在每份电子邮件、自动邮件列表及新闻组末尾的几行文本内容。签名文件可自由选择，具有随意性。通常签名文件比较简洁。例如，可以利用签名文件来完整地描述企业的信息。随着网络营销的发展，电子邮件签名不再是惯例，而是一种营销机会。营销者的签名要能够吸引用户的目光，加深用户对企业的印象，设置不同的颜色或加入企业的图片都是有效的途径。签名还要在提供用户最想接收的信息的同时，规避用户不想看到的信息。让我们来看一个有效签名的示范：

Rongda Trading Company

8TH FLOOR，JIN DU BUILDING，

277 WU XING ROAD，

SHANGHAI，CHINA

TEL：86-21-64331255

FAX：86-21-64331256

E-MAIL ADDRESS：marketing@rongda.com.cn

http：//www.rongda.com.cn

2.1.3　建立电子邮件列表

1）邮件列表（Mailing List）的概念

尽管使用 Outlook 等电子邮件软件可以建立电子邮件列表，但这通常都用于名单规模不大、人数较少的情况。对于应用范围较大、名单较多的企业列表而言，需要使用专门的电子邮件列表技术。利用电子邮件列表可实现邮件批量发送功能，即同时向许多拥有电子邮件地址的人发送预备好的邮件。通过邮件列表，企业可以发行电子刊物，可以运用邮

件列表进行新产品发布宣传，向客户提供更好的技术支持，并及时得到客户的意见反馈。因此，邮件列表在网络上是一种很好用的信息发布工具。

邮件列表不同于在 Outlook 等电子邮件软件中建立的邮件列表。一般来说，Internet 邮件列表是在线用户自愿加入而形成的一个社团，用户用邮件列表来接收信息，或参加特定话题的讨论。邮件列表是高度自动的，参与者可以方便地加入或退出，而且在用户允许的情况下，寄往某个邮件地址的电子邮件会自动地转发给列表上的其他所有人。

2）邮件列表的使用方式

（1）建立自己的邮件列表服务器。企业在自己的服务器上安装邮件列表服务软件，并以此为企业的营销服务。

（2）使用其他网站提供的邮件列表服务器。大多数企业没有条件建立自己的邮件列表服务器，因此只能使用其他网站的邮件列表服务器。目前国内外提供的邮件列表服务既有免费的，也有收费的。但由于邮件列表服务器的维护费用较高，所以收费也逐渐成为邮件列表供应商的发展趋势。

3）邮件列表的特点

（1）如果需要向某一邮件列表发送电子邮件，只要将此电子邮件发送到某一具体的地址即可，系统将自动转发。

（2）注册和取消注册非常方便，只需要通过电子邮件的方式进行告知即可。

（3）可以在很大程度上取代纸张，节省印刷费用和邮寄费用。

（4）信息的发送有针对性，可以根据不同的列表选择最有效的信息进行发送。

4）邮件列表存在的问题

（1）邮件列表的数量很少，由于网络向收费方向发展，邮件列表供应商的数量也越来越少。

（2）很多邮件列表的邮件都是经过整理以后再发送给用户的，许多邮件列表的调节员每天复查信息就要花上几个小时，因此不可避免地造成邮件的延时，用户得不到及时的反馈。

（3）邮件列表的主题和分类都是由邮件列表供应商提供的，用户只能在这些主题中进行讨论和交流，用户所得到的信息可能并非是自己最关心的。

（4）邮件列表的质量受到服务商的列表服务器质量的影响，第三方发送的邮件会降低用户的信任感。

2.1.4　邮件群发软件

1）群发软件

如果需要定期发送大量电子邮件，使用邮件列表能够帮助批量发送。但是，免费的邮件列表限制很多，如不能发附件、许多邮箱不能收到信件等。而利用群发邮件技术，可以比较好地解决这些问题。

群发邮件技术能够搜集整理邮件列表，对邮件地址列表进行分析，从中分离出有效的电子邮件地址，并进行分类排序，去掉重复地址及无用的地址。对无意造成的错误（如打字错误等）能自动进行修复。此外，群发邮件技术还具有批量发送功能，可以一次发送多个邮件到不同的邮箱，支持附件发送。

2）群发软件的特点

（1）不同的群发软件所能发送的目标信箱不同。例如，有的软件可发送到网易邮箱，但不能发送到新浪邮箱，而另一种群发软件可能正好相反。这种情况在免费的 SMTP 群发软件中比较突出。

要较好地使用群发软件，需要进行测试。比较好的做法是，在主要的门户网站分别申请多个免费信箱，并用不同种类的群发软件进行发送测试，根据测试结果选择不同的群发软件，有针对性地对不同的邮箱采用不同的群发软件。

（2）群发软件中的发送线程是指可同时发送的邮件数。一般来说，设置的发送线程数越大，发送速度就越快。但是，在实际应用中会遇到网络带宽的问题、发送邮件的电脑本身的性能问题，因此，如果把群发软件设置为数百甚至上千个发送线程，在使用的时候可能会出现问题。此外，在使用群发软件时，有的邮件服务器会限制同一时间来自同一个 IP 地址的线程访问数量，如果超过服务器规定的线程数，即使连接到了服务器，服务器也不会有响应，当然也不会发送邮件，所以不能盲目地增加线程。

（3）群发邮件时，一定要注意邮件的主题和邮件的内容。许多网站的邮件服务器为了过滤垃圾邮件而设置了常用垃圾字词过滤，这些邮件服务器把诸如"大量""宣传"等字眼设置为垃圾字词，当看到这些字词时，邮件服务器将会自动过滤这些邮件，这导致群发邮件不能发送成功。

（4）在选择群发软件时，要选择可靠性高、口碑好的软件。随着群发软件的种类越来越多，用户的信息安全性也受到威胁。一些群发软件会以低价的手段吸引企业使用，从而盗用用户信息、发送垃圾邮件或进行其他不法活动。因此，企业一定要选择正规的群发软件，保障用户的信息安全。

注意：上述介绍的是群发软件的一般功能和特点，每种群发软件都有自己的特点，在具体使用某种群发软件的时候，最重要的还是仔细阅读说明书或者帮助文件。

2.1.5　电子邮件发布商务信息时应注意的技巧

1）主动搜集

可以用各种方法（优惠、竞赛等）吸引客户参与，以达到建立自己的网上客户群的目的。如果是企业网站，可以建立一个用户登记电子邮箱的页面，定期向客户发送本企业的产品信息和产品的正确使用方法、保养方法等。

2）准确定位，防止垃圾邮件

发送电子邮件要注意受众对象。如果收件人没有索取、订阅相关的资料，或者没有与发件人之间建立业务关系，发件人就不要发送大宗邮件。在邮件的标题和正文中应减少敏感字词的使用，防止被系统自动判定为垃圾邮件。过多地插入链接或图片也有被系统拦截的风险。及时处理退信和应对投诉，也是防止黑名单的有效措施。

3）发送周期

企业在进行电子邮件营销时，一定要确定邮件发送的频率。营销者可以通过预先测试的方法，确定用户点击率最高的时间段和时间间隔。不要在一段时间内频繁发送邮件或一直不发邮件，前者会让用户感到厌烦，后者会让用户忘记企业。如果发送的是相关新闻信息，周期不宜过长。此外，信息的内容要有精品意识，要能吸引用户打开邮件并记住企业。适当地使用主题模板可以增加用户的点击率。

4）建立邮件列表

将搜集到的电子邮件分类，建立自己的邮件列表。电子邮件直销者可以通过以下几种渠道建立一个有效的邮件列表：①现有客户。这是可充分利用的最好的资源。对于所有生意来说，最困难的事情就是寻找新顾客，这不仅代价昂贵、花费时间，而且还要争取信任。向对自己感到满意的顾客再次推销就会容易得多。只要产品或服务价格合理、质量好，客户就会继续信任你，并且向本企业再次购买。②其他业务的顾客。通过非竞争公司向用户发送电子邮件介绍产品也能吸引用户对企业的关注。③网站的访问者。通过对网站访问者访问频率的统计找出潜在客户，鼓励其加入邮件列表。总之，准确的电子邮件列表数据库对于电子邮件营销的成败非常重要。

2.1.6　许可电子邮件营销与电子邮件营销

电子邮件营销通常分为两类，即许可电子邮件营销和未经许可电子邮件营销。许可电子邮件营销是指消费者允许企业通过电子邮件向其发送特定的营销信息。根据《E-mail营销》[①] 一书的定义，"E-mail营销（电子邮件营销）是在用户事先许可的前提下，通过电子邮件的方式向目标用户传递有价值信息的一种网络营销手段。E-mail营销有三个基本因素：基于用户许可、通过电子邮件传递信息、信息对用户是有价值的。三个因素缺少一个，都不能称之为有效的E-mail营销"。随着消费者对隐私权的关注程度不断提高，早期的随意性很强的E-mail营销逐渐转为以许可电子邮件营销为基础，未经许可的电子邮件营销已经没有了生命力。可以说，现在的电子邮件营销实际上就是许可电子邮件营销。

对于许可电子邮件营销，有以下几项内容需要注意：

（1）许可电子邮件营销将成为电子邮件营销的发展趋势。真正意义上的E-mail营销是指许可电子邮件营销。凡是未经用户许可，向用户发送包含产品或服务信息以及其他促销信息的电子邮件都属于垃圾邮件。许可电子邮件营销与未经许可的电子邮件营销相比，可

---

① 冯英健. E-mail营销［M］. 北京：机械工业出版社，2003：2.

以准确地进行市场定位，改善并增强与顾客间的关系，提高顾客忠诚度。

（2）品牌的作用不容忽视。数据表明，电子邮件是否被打开，相应地，推销的商品是否被消费者购买，在很大程度上取决于发送者是否认识收信人，所以，品牌在虚拟空间中的作用仍然是至关重要的。

（3）消费者对垃圾邮件越来越反感，并正在采用一些方法来限制垃圾邮件，以获得更好的电子邮件体验。例如，美国的消费者越来越复杂地使用一些工具来限制垃圾邮件，并且通过不同的电子邮件地址来进行不同的电子邮件活动。

（4）我国的电子邮件营销调查应当向欧美国家和地区的深度调查发展。电子邮件营销必须建立在消费者个性化要求和深度分析的基础上。例如，对美国市场的调查发现，女性更容易接受促销和折扣，相应地，对电子邮件营销更有耐心和兴趣，所以，女性的品牌忠诚度更高。再如，频率偏好，即消费者希望每隔多长时间能收到某一特定品牌的商品目录，存在着很大的个体差异。新闻和天气预报一般每天都需要，而商品信息通常频率为每周一次，消费者的账单信息每月一次。具体的需求频率因消费者个体的不同而存在很大的差异。

2.2 博客与微博营销

2.2.1 博客的概念与发展

1）博客的概念 ·

博客（Blog）是继 E-mail、BBS、ICQ 之后出现的第四种网络交流方式。Blog 的全名是Weblog，特指一种特别的网络个人出版形式，内容按照时间顺序排列，并且不断更新。博主（Blogger）就是写 Blog 的人。博客网站主要用于个人自由表达和出版（如文学作品等）、知识过滤与积累、深度交流沟通等。

根据"博客中国"对博客内涵的基本定义和理解，博客概念一般包含（但不局限于）三个要素：网页主体内容由不断更新的、个人性的众多"帖子"组成；它们按时间顺序排列，而且是倒序方式，也就是最新的在最上面，最旧的在最下面；内容可以是各种主题、各种外观布局和各种写作风格，但是文章内容以"超链接"作为重要的表达方式。

需要注意的是，博客不等于个人日记（Diary）。Blog 一词来源于"网络日志（Web Log）"，但不是"网络日记"。根据汉语字典的解释，日记是指每天或经常把发生的事、处理的事务或观察的东西写下来的记录，尤指个人活动、思考或感觉的每日记录；而日志是指集体的、属于工作性质的日记。所以，日记具有私密性，主要为自己而写；日志具有非个人性、公共性，主要为他人而写。

根据"博客中国"方兴东的观点，博客是个人性和公共性的结合体，其精髓主要不是表达个人思想，不是记录个人日常经历，而是以个人的视角，以整个互联网为视野，精选和记录自己在互联网上看到的精彩内容，为他人提供帮助，使其具有更高的共享价值。

2）博客的起源与发展

博客的出现和发展只有很短的一段时间，博客这个名称最早由约翰·巴杰（John Barger）在 1997 年 12 月提出，他运行的 "Robot Wisdom Weblog"（http：//www.robotwisdom.com/nctlit/index.html）第一次使用 Weblog 这个正式的名字。尽管博客的萌芽已经出现，但当时互联网上博客网站的数量非常少。1999 年 7 月，一个专门制作博客站点的 "Pitas" 免费工具软件发布后，对于博客网站的快速发展起到了重要的作用。随后，Blogger、Greymatter、Manila、Diaryland、Big Blog Tool 等众多自动网络出版发布的免费软件迅猛发展起来，这些开发工具的出现促进了博客数量和质量的提升。

目前最流行的 "Blog" 的提法，一般认为是 Peter Merholz 在 1999 年命名的，后来更衍生出 Blogging、Blogger 或者 iBlog、Blogsphere（博客世界）等说法。

2001 年 9 月 11 日，世贸大楼遭遇恐怖袭击，博客成为很多重要信息和亲身体验灾难者发布信息的重要来源，从此，博客正式步入主流社会的视野。

此后 10 年间，博客逐渐成为人们交流的主要方式。企业纷纷开通博客或加强对博客的运营，并开始通过博客寻找合作对象。2010 年，全球博客用户超过 1.5 亿，大型企业和主流媒体几乎都拥有自己的博客账户。

2011 年后，随着社交媒体和网络技术的发展，博客的主流地位逐渐被其他网络平台所取代，传统的博客由于功能性不强，不再是人们进行交流的主要平台。新型的视频博客（Vlog）开始受到人们的关注。

2.2.2 博客与博客营销

1）博客营销的概念

博客营销是一种将博客与网络营销相结合，用博文进行网络营销的方式。但是，需要注意的是，由于博客注重和强调自由、知识共享，所以常用的促销和销售方式不应在博客日志中表现出来。正如在论坛中进行广告宣传和开展销售活动一样，商业化较强的博客营销活动也会招致反感和批评，还可能对企业产生负面影响。对于博客营销来说，其核心问题就是企业需要利用博客网站这些思想深度交流的场所，通过对某个知识和主题的持续讨论来达到传递营销信息、发展企业文化和维系忠诚客户的目的。

2）博客营销的应用策略

（1）建立知名的博客。企业只有建立知名的博客，才能得到网民的关注。首先，应将博客进行准确的定位，只有定位清晰并且针对专门的主题开设博客，才能逐步地形成一定的影响力。其次，要选择合适的博客平台，通常博客服务商平台是性价比最高的选择，如新浪、阿里都是用户数量较多的平台。再次，要选择合适的博客名称，要突出自身主题，并能让人们朗朗上口。最后，博客的建立和维护是一个长久的过程，必须坚持经营，才能收到良好的营销效果。

（2）撰写精良的博文。博客中文章的内容要原创，并且保持高度的新闻敏感度，与时事保持一定的相关程度。注意博文的长度，切忌有错别字。坚决不做标题党，博客要有实实在在的内容，否则很快便会被大众遗忘。更新博客要选择恰当的时间，博客的管理人员通常会在上午10：00左右选择当天推荐的文章，这个时间更新博客，被推荐的概率将大大提高。

（3）推广自己的博客。博主应选择有效的方式对博客进行推广。例如，选择加入适当的圈子、努力争取博客推荐、多与博客管理员和博导进行沟通交流、认真对待每一则评论和留言等。

（4）利用博客进行口碑营销。博客的口碑营销就是以自己博客所掌握的话语权为基础，对网络中的各种消费行为产生直接或间接的影响。在进行口碑营销的过程中要避免参与到各个利益集团的口水战中；要切实了解产品的真实效用；坚持原则，严禁颠倒黑白，是非不分；适当地参与口碑营销，但不要过度，即可成为产品的广告站点。

3）博客营销的价值

由于博客作为一种营销信息工具，发挥的是网络营销信息的传递作用，因此，其网络营销价值主要体现在企业市场营销人员可通过更加自主、灵活、有效和低投入的方式发布企业的营销信息，直接实现企业信息发布的目的，降低营销费用等方面。目前博客营销的价值主要表现在以下几个方面：

（1）可以培养潜在的用户。博客内容发布在博客托管网站上，这些网站往往拥有大量的用户群体，有价值的博客内容会吸引大量潜在用户浏览，从而达到向潜在用户传递营销信息的目的，用这种方式开展网络营销，是博客营销的基本形式，也是博客营销最直接的价值表现。

（2）降低网站的推广费用。与企业网站相比，博客文章的内容题材和发布方式更为灵活，因而更容易受到用户的欢迎。此外，博客应用方便灵活，可以作为企业网站内容的一种有效补充，也是对企业网站内容的一种转换，使之转换为更适合用户阅读和接受的形式。同时，这种推广方式大大降低了一般付费推广费用，提高了网站的访问量。

（3）博客文章内容为用户通过搜索引擎获取信息提供了机会。信息的多渠道传递是网络营销取得成效的保证，而信息的搜集又来源于搜索引擎。通过搜索引擎，用户可以很容易发现这些博客文章，从而增加发现企业信息的机会。

（4）博客文章可以方便地增加企业网站的链接数量。博客网站也是增加企业网站链接的一种有效途径，无须再花费大量时间联系其他网站进行链接，尤其是当企业的网站访问量较低时，往往很难找到有价值的网站链接，通过在博客网站发布文章为自己的网站做链接是顺理成章的事情，将自己的网站内容提供给其他网站，增加了网站链接的主动性和灵活性，其结果不仅可能直接带来新的访问量，也增加了网站在搜索引擎排名中的优势。

（5）博客是建立权威网站品牌效应的理想途径之一。作为个人博客，如果想树立一定的形象，一个极好的办法就是建立自己的博客。实际上并不需要多少投入，但回报是可观的。作为企业博客，为了建立良好的品牌形象，更要重视博客营销，坚持对某一领域进行深度研究，并加强与用户的多层面交流，进而培养潜在用户、获得用户的品牌认可和提高客户的忠诚度。

4）视频博客营销

视频博客是视频日志、视频网络日志的意思，是随着网络媒体技术发展而产生的新型博客。创作者（Vlogger）以视频的方式记录生活片段，并进行剪辑、重排，最后上传到网络，最终达到吸引用户的关注的目的。

2012年，网络平台上出现了第一条视频博客。在此后几年里，视频博客成为短视频行业的领军者，并于2018年在国内掀起应用热潮。

视频博客将文字、图像、音频集于一体，成为网络时代最具潜力的营销方式之一。视频博客营销具备以下几点要素：

（1）视频博客的创作者通过分享自己的生活经历、性格、理念等，凭借真实的生活状态建立与用户之间的信任和亲密的关系，以此培养忠诚的用户，实现对顾客的关系管理。

（2）视频博客的时间通常较短，一般为2~5分钟。创作者需要在规定时间内将所要介绍的内容进行详细的描述，并保证言语和周围环境的生动性和协调性。通常创作者需要面对镜头与用户对话，实现营销的互动性。

（3）视频博客营销需要高质量的制作。和普通的视频博客不同，营销视频需要运用高质量的设备和专业人员进行拍摄，剪辑和制作需要流畅且包含与博客营销目的相符合的剧情性，这样才能加深用户对营销信息的感知，达到良好的营销效果。

目前的视频博客营销有产品测评、主题定制、品牌展览等多种形式，主要通过企业网站、名人宣传等途径进行推广。

2.2.3 微博的概念与发展

1）微博的概念

微博即微型博客，英文为"Microblog"，是一个基于用户关系的信息分享、传播与获取的广播式社交平台。微博允许用户借助手机、网页、IM等方式，实现文字、图片、视频等形式信息的即时分享，使用起来非常方便。微博可以让用户发送信息供朋友或粉丝浏览，同时也可以浏览所关注用户的微博信息。

微博具有很强的自主性和选择性，用户可以根据自己的意愿决定是否关注某一内容或某个用户。微博还提供了评论与转发功能，用户可以就某一事件发表自己的看法并传播出去，这一特点提高了信息的传播速度和广度，也使微博具有了一定的舆论性功能。

2）微博的起源与发展

最早的微博出现于2006年，美国社交平台Twitter（现已更名为"X"）率先推出这项服务。博客技术的创始人埃文·威廉姆斯（Evan Williams）也在创建的新公司Obvious中推出了微博服务。Plurk、Jaiku、Identi、Pownce等社交平台的相继出现更是推动了微博的快速发展，微博的服务功能越来越丰富。

2007年，国内的微博服务开始兴起，饭否网、腾讯滔滔等微博产品纷纷上线。2009年，由于资金、运营等问题，老牌微博产品停止服务。一批以新浪微博为首的新产品开始进入公众的视野，各大门户网站纷纷开设微博争夺市场。

2014年，微博市场的格局基本定型。随着腾讯、网易等门户网站宣布退出微博运营，新浪微博成为国内最大的微博运营商。

2018年，新浪微博已经与中国多平台建立了深度合作，广告和营销营收总计达到了4.17亿美元。无论是娱乐八卦、社会新闻还是突发事件，微博成为了诸多社会热点事件和话题的发酵与传播的重要平台。微博在舆论传播中的地位和影响力也得到了进一步的提升。

截至2023年底，微博的月活跃用户数达到了5.7亿，日活跃用户数达到了2.3亿。2024年第一季度，微博的月活跃用户数进一步增加至5.98亿。目前，微博是中国主要的社交媒体平台之一。

2.2.4　微博营销

1）微博营销的定义

微博营销就是利用微博工具来进行营销推广的网络营销方式。企业或个人以微博为平台，通过定期更新微博的方式，向微博用户传递产品信息，与用户进行沟通，从而达到营销的目的。由于微博具有发送便捷、传播迅速等特点，相应地，微博营销就具备了成本较低、操作方便、互动性强等特点。

2）微博营销与博客营销的差异

微博营销与博客营销存在着多方面的差异。首先，表现在信息形式的不同：博客营销主要以博文为基础，以个人观点为主要内容，博文独立成页，对文章的质量有着很高的要求；微博内容精简，以发布状态和趣闻趣事为主要内容，无须过于系统和严谨。其次，信息传播的模式也存在差异：用户可以直接进入网站或通过RSS订阅浏览，或通过搜索引擎来持续地浏览博客；而微博的信息传播注重时效性，通过转发获得广泛的传播空间，但时间久了便无人问津了。最后，二者最大的区别在于核心的不同：博客营销以博文的价值为核心；而微博营销以信息发布者为核心，体现了人的核心地位。

3）微博营销的应用策略

（1）要不断提高粉丝数量。企业进行微博营销，首先要得到用户的广泛关注，要尽可能地完善资料，并申请官方认证，提高微博信息的可信度；在微博中推广一些有兴趣、有意思、有价值的事件，吸引网友的兴趣，形成互动；要扩大微博的影响力，不可避免地要先去关注他人，对他人的信息进行转发和评论。

（2）要及时进行监控。微博营销可以通过对关键词的搜索，对话题进行关注，从而达到监控营销效果的目的。同时也可以对自己发布的话题进行总结，及时了解评论数、转发数、关键词被提到的次数。微博营销还要重视用户的反馈，反馈的形式可能是微博评论、用户私信或发微博"@"，这就需要企业或个人定期整理微博，对用户反馈的内容进行回复和整理，从而对微博营销进行及时的调整和控制。

（3）要灵活运用微博的功能。在微博中，两个"#"之间的文字可以表示话题内容，后面可以加入个人的观点，发送成功后，这条微博就会出现在相应的话题中。字符"@"后面接用户昵称，意思是"向某人说"或者是提及某人。熟练地使用这两个字符会使营销更加得心应手。标签功能也会扩大微博的推广范围，在发送微博之前，可以通过设置相应标签的方式来提高微博的可见度和关注度。此外，要注重私信的使用，当企业开展活动时，发私信的方式会让粉丝感觉得到更多的尊重。

（4）要确保微博具有活力。首先要保证信息的真实和透明，对于发布的承诺要向客户及时兑现，从而获得粉丝的信赖。在内容上，不能只发布产品信息、广告宣传或流水账，这样的文字会显得苍白无力，没有特色。要注意话题的可读性、娱乐性和趣味性，确保微博具有一定的分享价值。要定期更新微博的内容，只有不断创造话题，保持粉丝的关注力，才可能达到营销目的。但是不要过于频繁地发微博，短时间内发大量微博会导致粉丝审美疲劳，反而降低了营销效果。

2.3　网络新闻营销与实时推送营销

2.3.1　网络新闻营销的定义

网络新闻是以网络为平台所发布的新闻。由于网络信息传播速度快，不受时间和地点的局限，传统新闻受到了前所未有的挑战。与传统新闻相比，网络新闻具有时效性高、形式多样、容量庞大、互动性强、容易存储等特点，因此受到了广大网民的青睐，越来越多的企业也对通过网络新闻进行推广产生了浓厚的兴趣。网络新闻营销是软文营销的方式之一，是把企业、品牌、人物、产品、活动项目等相关信息以新闻报道的方式，及时、全面、有效、权威地向社会公众广泛传播的新型营销方式，对于企业树立正面形象、建立良好口碑有着积极的作用，也是企业开展其他网络营销活动的基础。

2.3.2 网络新闻的传播方式

1）网络资讯平台传播

网络资讯平台与相关网站签订合约，由该类机构发布的新闻稿件，会自动录入相关签约网站的数据库，从而获得批量发布的效果。这种传播方式的单次发布成本较低，但精准性较差，可控性比较弱。

2）公关公司传播

公关公司利用丰富的网络资源，并且依靠优秀的撰稿能力，能够较好地提炼网络事件的新闻点，同时有针对性地选择与新闻内容相关的网络媒体进行传播，提高网络新闻传播的效率。

3）转载传播

转载传播包括网络媒体转载、传统媒体和网络媒体之间的转载，常见的转载平台有博客、微博、论坛等。网络的即时性使得转载传播可以扩大传播的范围和效应。

4）搜索传播

我国大部分网民都有使用搜索引擎的习惯，搜索引擎逐渐成为网民进入网络的主要入口。因此，如果网络新闻被搜索引擎收录，并且排位靠前，就容易引起广泛关注，从而达到网络新闻的传播目的。通过对搜索量的监控和分析，还可以做到为用户提供不同的新闻内容，实现网络新闻的定制化传播。

2.3.3 网络新闻营销的应用策略

1）撰写精良的标题

新闻最重要的就是要有一个醒目的标题，而在网络新闻中，标题的撰写尤其重要。网民对于新闻标题的文字有着很强的依赖性，好的标题会吸引、刺激、引导网民去点击阅读。网络新闻标题的撰写应直接点出新闻的事实或重要意义，从网民关心的问题出发，迎合社会热点，紧扣事件动态，长度适中，切勿过于花哨。

2）突出新闻的要素

网络用户通常会以浏览的方式阅读网页，若想让用户准确、快速地捕捉到新闻的核心信息，在撰写新闻的过程中就要做到语言简洁、表述清晰，同时要合理地排列新闻要素，将最重要的信息放置在新闻的前端。在内容排版时，可以在文首加入引导句，并对新闻中的关键词进行加粗或更改颜色，这样能够较快地吸引读者的眼球，确保新闻信息准确无误地传播。

3）选择恰当的传播方式

网络用户每天都会面对来自互联网的大量信息，选择恰当的传播方式，也是保证网络新闻有效传播的重要途径。首先，要针对不同类型的新闻选择合适的投放平台，平台的选择应建立在不同平台用户特点的基础上，利用用户群的关注特点，将新闻更好地传播出去；其次，要把握合适的投放时间，要注意受众群体的上网习惯以及新闻的时效性等；最后，要控制新闻的投放数量，不是越多越好，在一定数量范围内才能发挥最大的传播功效。

4）建立审查机制

网络媒体新闻与传统媒体新闻相比，还存在质量不高、真实性不强等问题。这就需要企业对所传播的新闻进行审查，保证新闻的客观性和真实性，以树立良好的企业形象。

2.3.4　实时推送营销的定义

实时推送营销是一种主要通过电子邮件、短信、软件应用通知迅速向精准目标受众发送定制化信息的方法，目的是促进用户消费、提高品牌认知、提升用户参与度、增加转化率。这种营销方式对用户数据库中搜集的数据比较依赖，可及时根据用户数据发送更加个性化和具有时效性的信息。

实时推送营销是当下各类软件市场进行市场营销的重要方式。在当下数字化互联网背景下的实时推送营销有着更加贴合用户实时需求的营销内容。

2.3.5　实时推送营销的应用策略

1）实时监测与反馈

实时监测与反馈是实时推送营销策略的基础。通过利用现代数据分析工具，企业可以实时监控用户的行为，包括浏览记录、爱好热点记录、消费记录、点击率等。这些数据反馈可以迅速反映出市场趋势和用户偏好，为企业调整市场策略提供重要依据。

2）实时个性化推荐

实时个性化推荐是提升用户体验和购买转化率的关键。通过定性阶段内搜集和分析用户的个人信息、浏览历史和购买记录，企业可以构建出用户此阶段的个性化标签，当进入下一个阶段后，再为用户附加新的标签，进而为用户实时推荐符合其兴趣和需求的产品或服务。

3）实时互动营销

实时互动营销是建立良好客户关系的重要手段。企业可以通过在线客服、社交媒体等渠道与用户进行实时互动，回答用户的问题、解决用户的疑虑，并搜集用户的反馈和建议，不仅可以提升用户满意度和忠诚度，还能为企业带来新的营销机会。例如，企业可以通过社交媒体上的互动活动及时向目标群体推送信息，吸引更多用户参与，增加品牌曝光度和用户黏性。

4）促销活动

促销活动是吸引用户注意力和提高销售额的有效手段。其往往具有一定的时效性，第一时间让用户了解到是其主要的手段，企业可以根据市场趋势、节假日或时事热点等因素，制定针对性的促销策略。实时推送的促销活动可以激发用户的购买欲望，促进销售增长。同时，通过不断优化活动内容和形式，企业还能提高用户对品牌的认知度和好感度。

5）选择合适的推送时间

实时推送的当前受众群体往往是互联网一代年轻人。因此在进行实时推送营销时，要考虑受众的日常，根据不同的营销内容选择合适的时间进行推广。在受众用户较多的时间段加大投放数量、丰富投放内容，这样能够吸引更多的关注，刺激受众的购买欲，使实时推送效益最大化。

2.4　论坛营销

2.4.1　论坛营销的定义

企业以 BBS 论坛为平台，通过文字、图片、视频等方式发布和宣传企业产品及服务的信息，从而达到营销目的的方式被称为论坛营销。企业可以采用论坛营销的方式，在各大论坛上通过引人注目的标题和标新立异的内容吸引目标客户，从而促进交易。

论坛营销是一种最贴近网民的网络营销方式，具有投入少、见效快、互动性强、影响力大、针对性强等特点。论坛营销的平台主要可分为两大类：综合性论坛和专题性论坛。综合性论坛包含的信息非常丰富，几乎涵盖了生活的各方各面，如天涯论坛、百度贴吧、搜狐论坛；专题性论坛以某一个主题为主，吸引志同道合的网民聚集在一起，如虎扑社区、铁血社区等。

随着移动通信技术的发展，基于移动端的网络社区给网民的交流讨论带来了新选择。诸如以知识分享为主题的知乎，以图书、电影为主题的豆瓣社区等平台的出现，使论坛营销的范围更广、内容更丰富，论坛营销成为企业进行网络营销的重要渠道。

2.4.2　论坛营销的应用策略

1）创建标志性的账户

企业在进行论坛营销之前，需要在相应论坛创建账户。在创建账户时，一个有个性的昵称会吸引网民的兴趣，提高帖子的点击率。要善于利用账户的个人图像功能，可以选择企业标志或根据自身特点设计图像，从而增加曝光率。此外，一些论坛设置了身份认证功能，在账户中添加可靠的身份认证能够增加网民对帖子内容的认同感和信任度。

2）选择合适的论坛

企业要根据自身的特点，量体裁衣地选择合适的论坛作为平台实施营销。为了达到最佳的营销效果，企业要选择能够直接接触到目标群体的论坛进行营销。除此之外，还需对论坛进行分析，努力发掘论坛的营销切入点，根据企业产品的特点和营销需求，选择适合的板块。积极赢得论坛中"意见领袖（Opinion Leader）"的重视和认可，避免与这些人发生冲突。

3）尽可能地多发热门帖子

帖子是论坛的核心，热帖是帖子的核心，开展论坛营销就一定要多发热门帖子。首先要注意帖子的口吻，以朋友的姿态达成沟通交流的目的，从而获得更多关注。要追求原创，只有原创才更有吸引力、更有价值，同时要多多结合当下社会现实生活中人们关注的热点时事，引起网民的普遍关注，收到更佳的营销效果。帖子内容应符合论坛自身的特点，如知乎平台以知识和经验的传播交流为主，在撰写此类文章时应当将营销信息以简短的话语自然地植入其中。广告意味明显的帖子不仅不会获得较多的关注，还会引起用户的反感。

4）在论坛中要树立良好的口碑

在论坛中发布帖子，应在尽量短的时间内获得平台用户的支持和推荐，力争平台的推广位和热门位，以获得更多潜在用户的关注。对于论坛中的帖子要时刻关注、积极回复，不回口水帖。帖子的发布应具有针对性，以趣味性的话题引起网民的注意，以准确的语言和负责的态度赢得网民的信任，从而树立良好的口碑。要在论坛中与其他帖子互动，积极参与讨论、发表评论等，这样可以增加"眼熟度"，有助于建立权威性。

5）要对论坛中的帖子进行管理

对已经发布的帖子进行有效的管理，这对论坛营销的成败也是至关重要的。要阶段性地对论坛中的各项数据和指标进行统计分析，如论坛流量、删帖数量、新发帖数、回复数量以及相关的比重等。运用统计软件对这些数据进行分析可以有效地指导企业更有效率、更有针对性地开展论坛营销。

2.5　IM营销与微信营销

2.5.1　IM营销的概念

IM又称即时信息（Instant Messaging），指可以在线进行实时交流的工具。IM营销，即企业利用在线交流工具进行产品和品牌推广的一种营销手段。

IM营销主要可分为两类：一是企业通过网站的在线通信工具，与顾客进行直接的沟通和交流；二是企业通过IM通信工具发布产品信息，信息可以是文字、图片、视频等多种形式。

随着互联网技术的发展，IM即时通信工具的功能逐渐多样化。根据属性，可以将IM即时通信工具分为个人IM、商务IM、企业IM、行业IM四类。目前，我国常用的IM即时通信工具有QQ、微信、阿里旺旺、移动飞信等。

IM作为即时通信工具，具备互动性强、效率高、范围广、速度快等特点，实现了企业与顾客全方位、无延迟的沟通。企业还可以通过IM进行商机挖掘、在线客服和病毒营销，IM成为企业推广营销的重要方式。

2.5.2　IM营销的策略

1）合理利用顾客信息

IM工具可以在即时交流的过程中，帮助企业抓取顾客的基本信息，如年龄、性别、职业、消费偏好等，有利于企业针对不同顾客实行个性化的营销策略。企业还可以通过大数据分析，将抓取的顾客信息进行分析，从而对顾客群进行分类，针对不同人群发送有针对性的营销信息，使营销效果达到最大化。

2）正确管理客户关系

IM为企业创造了与顾客一对一实时交流的机会，对比传统的营销方式，IM营销能够更有效率地为顾客介绍产品信息、解决顾客的问题，从而增强顾客的满意度，实现忠诚客户的培养。将IM与CRM进行有效的结合，更有利于企业为顾客提供全方位的客户服务，从而维持长期的客户关系。

3）精准传递信息

IM工具下的用户具有强大的关系网，每个人都与亲人、朋友之间有着紧密的联系。企业可以利用IM进行病毒式营销，将与企业有直接交流的顾客当作"易感人群"，激发传递"病原体"的欲望，通过顾客之间的主动传播，让营销信息像病毒一样扩散，达到推广的目的和效果。

2.5.3　微信营销的概念

微信营销是网络经济时代企业或个人营销模式的一种，是伴随着微信的兴起而发展起来的一种网络营销方式。微信不存在距离的限制，用户注册微信后，可与周围同样注册的"朋友"形成一种联系，订阅自己所需的信息，商家通过提供用户需要的信息，推广自己的产品，从而实现点对点的营销。

随着微信公众平台（也就是微信公共平台）的上线，开始允许媒体、机构、企业及个人进行账户认证，并给予认证用户更多权限向关注其账号的用户推送信息。因此，各商业品牌、公益组织、教育机构等纷纷利用此机会，微信短期内聚集了庞大的用户群。

微信小程序功能的上线，将其他应用软件的功能转移到微信中，当用户需要使用某一软件时，只需要在微信小程序中搜索名称即可，无须再对应用软件进行下载安装。微信小程序的出现为企业提供了更简便的营销渠道，在这之前，当用户对公众平台发布的产品消息感兴趣时，需要进入企业网站或打开应用软件进行购买；小程序则提供给用户从微信中直接购买的渠道，一定程度上降低了用户改变意愿的可能性。诸多特性使微信逐渐成为优质的网络营销新平台，正日益在企业的品牌营销工作中发挥不可估量的作用。

2.5.4 微信营销的特点

1）点对点精准营销

微信拥有庞大的用户群，借助移动终端和位置定位等优势，每个信息都是可以推送的，能够让每个个体都有机会接收到信息，继而帮助商家实现点对点精准化营销。微信的消息提醒功能，如铃声、角标等能够吸引用户的注意，实现营销信息的高度可视化。

2）形式多样化

微信作为中国最大的社交平台之一，具有强大的用户群体和丰富的营销功能，吸引了许多品牌和企业进行营销推广。以下是一些常见的微信营销形式：

（1）微信公众号：企业可以通过运营微信公众号来发布内容、推广产品和服务，与粉丝互动。通过粉丝关注、群发消息、图文推送等方式，实现品牌传播和用户互动。

（2）微信小程序：微信小程序是在微信内运行的轻量应用，企业可以通过开发小程序来提供产品、服务和购物体验。小程序可以实现在线商城、预约服务、社交分享等功能，帮助企业推广和销售。

（3）微信支付：微信支付是微信的支付功能，可用于在线支付、移动支付、电子商务等场景。企业可以通过接入微信支付，提供便捷的支付方式，促进消费者购买行为。

（4）微信广告：企业可以通过微信投放广告来提升品牌知名度和产品销量。微信广告形式包括公众号原生广告、朋友圈广告、小程序广告等，可根据定位、兴趣等因素进行精准投放。

（5）微信活动营销：企业可以通过举办微信活动、抽奖活动、线上互动等形式，吸引用户参与并产生互动。通过活动营销培养粉丝忠诚度，提升品牌影响力。

（6）微信社群营销：企业可以创建微信群或加入行业相关的微信群，与行业人士、潜在客户进行互动和交流，推广产品和服务。

3）强关系的机遇

微信的点对点产品形态注定了其能够通过互动的形式将普通关系发展成强关系，从而产生更大的价值。通过互动的形式与用户建立联系，可以解答疑惑、可以讲故事甚至可以"卖萌"，用一切形式让企业与消费者形成朋友的关系，你不会相信陌生人，但是会信任你的"朋友"。

2.5.5 微信营销与QQ营销的对比

QQ营销就是利用QQ渠道进行营销宣传推广，也可以说是把营销的方法和策略运用到QQ的交往与沟通中，以便达到营销的目的。微信与QQ一样都是即时聊天通信工具，都可以与好友进行线上聊天，发表情、分享心情、新闻等，但是两者因为设计、定位、用户群体等多方面都存在不同，其营销模式也存在很大的差别。

1）社交网络方面

QQ 好友关系复杂，尤其是陌生人占据了很大的比例；微信上的好友、熟人较多，具有很多真实的属性，更有利于全面的精准营销。

2）盈利对象方面

QQ 主要是围绕自身建立包括游戏、影音、交友等服务以及各种会员的增值服务来实现自身利益；微信则是一个平台，商家可以进驻微信，通过微信围绕着用户的衣食住行提供方便的服务，更贴近用户的日常生活，在为商家实现盈利的同时也能分一杯羹。

3）时间定位方面

QQ 作为一款 PC 端最典型的即时通信工具，用户通常选择某一特定的时间使用网络并进行交流；而在移动互联网时代，碎片化的时间才是移动的常态，微信正是符合了碎片化的特征，用户随时都可以进行信息的发送和接收。

总体来说，QQ 是 PC 时代的 IM 工具，而微信是手机时代的 IM 工具。不能孤立地去评价两者的优劣，应当结合各个营销平台的特点，灵活运用，全面运用营销策略才能实现最佳的效果。

2.5.6　微信营销的模式

基于腾讯极强的产品基因，坐拥上亿活跃度足够高的用户，微信不断地在试验和扩张自身的功能属性，公众平台正式上线后，近乎囊括了移动营销的所有功能。

1）短视频形式的"视频号"

通过创作者发布的视频内容是微信视频号营销的核心。创作者需要持续产出高质量、有价值的内容，通过吸引关注留住用户。视频内容类型可以根据品牌定位、目标人群和产品特点来选择，比如教学类、泛知识类、游戏类、泛娱乐类、购物类或电商类等。

用户点击"视频号"后，可以通过上下刷新优先看到微信好友以及优质创作者的内容，微信"视频号"强调用户与创作者之间的双向互动。创作者需要积极回应用户的评论和反馈，建立良好的用户关系。

最后，有一定变现能力的视频创作者可以通过与品牌合作，发布广告内容获取收益；也可以通过在视频号中销售产品；还可以提供付费内容，如会员专享、课程收费等，增加收入来源。

2）O2O 折扣式的"二维码扫描"

它是"参考"国外社交工具"LINE"的"扫描 QR Code"功能，原本是用来扫描、识别另一位用户的二维码身份从而添加朋友，然而二维码发展至今，其商业用途越来越多，微信也就顺应潮流结合 O2O 展开商业活动。

用户扫描二维码，添加好友，并进行互动。用户将二维码图案置于取景框内，微信会帮你找到好友企业的二维码，你可以获得成员折扣和商家优惠。由于是用户主动扫描的，至少证明用户对你的产品还是感兴趣的，所以，可以有针对性地诱导用户产生消费行为。

移动应用中加入二维码扫描，然后为用户提供商家折扣和优惠，这种O2O方式早已普及开来。而类似的App在应用商店中也非常多，微信介入该领域后，获得了极好的营销效果。目前包括星巴克、肯德基、麦当劳等许多实体商家已广泛采用这种营销方式。

3）新闻传播式的"看一看"

"看一看"是一个集合微信好友以及用户所关注的公众号内容的平台。用户可以通过这个功能查看到微信好友在看的热点内容以及根据时事推荐的新闻资讯内容。这些内容有明确的来源标识，除了来自好友的阅读推荐外，还可以包括其他网站的推荐内容。

在使用"看一看"功能时，用户可以在微信的"发现"页面找到它。点击进入后，能看到"好看"和"精选"两个栏目。其中，"好看"主要展示的是用户好友觉得不错并推荐的文章，而"精选"则是官方推发的文章。如果用户在朋友圈看到别人转发的文章并觉得不错，可以下拉文章到最底部，点击"好看"图标，该文章就会出现在所有朋友的"看一看"中的"好看"栏目里，从而方便分享。

"看一看"功能旨在为用户提供一个可以集中查看和文章和资讯的平台，通过文章分享这种形式达到良好的营销效果。

4）社交分享式的"开放平台"+"朋友圈"

社交分享在电商中一直是热门的话题。微信开放平台是微信4.0版本推出的新功能，应用开发者可通过微信开放接口接入第三方应用，还可以将应用的Logo放入微信附件栏中，让微信用户方便地在会话中调用第三方应用进行内容选择与分享。其分享功能的开放，为分享式的口碑营销提供了最好的渠道。微信用户可以将手机应用、PC客户端、网站中的精彩内容快速分享到朋友圈中，并支持网页链接方式打开。

由于微信用户彼此间具有某种更加亲密的关系，所以当商品被某个用户分享给其他好友后，相当于完成了一次有效到达的口碑营销。

5）互动营销式的"微信公众平台"

通过微信公众平台可以将品牌推广给上亿的微信用户，降低宣传成本，提高品牌知名度，打造更具影响力的品牌形象。其优势有以下几点：

（1）成本低廉。传统的营销推广成本高，而就微信本身而言，使用是免费的，使用过程中只会收取低廉的流量费用，因而通过微信开展营销活动的成本自然也是非常低的。

（2）定位精准。微信公众号让粉丝的分类更加多样化和多元化，可以通过后台的用户分组和地域控制实现精准的消息推送，也就是说可以把企业的不同粉丝放在不同的分类下面。在信息发送的时候，可以针对用户的特点实现精准的消息推送。

（3）营销方式多元化。相对较为单一的传统营销方式，微信则更加多样化、多元化。微信不仅支持文字，更支持语音，以及混合文本编辑。微信公众号目前可以推送纯文字、图文、视频、音频、互动类的各种丰富内容，尤其是视频和互动类，可以拉近和用户的距离。互动类的问卷调查、小游戏、投票等，这些内容形式可以更加增加用户的参与度和黏性，让营销活动变得更生动、更有趣，更有利于营销活动的开展。

（4）营销方式人性化。微信营销亲民而不扰民，用户可以许可式选择和接受，微信公众号的内容推送既可主动推送，也可以把接收信息的权利交给用户，让用户选择自己感兴趣的内容。例如，回复关键词就可以看到相关的内容，使得营销的过程更加人性化。

（5）营销信息到达率高。由于每一条信息都是以推送通知的形式发送，你所发布的每一条信息都会送到你的用户手中，到达率可以达到100%。

6）应用集群式的"微信小程序"

微信小程序在 2017 年正式上线，它是一款基于微信平台的、不需要下载安装即可使用的应用，用户只需要打开微信搜索栏搜一下或扫描二维码就可以打开应用。企业、政府、媒体、其他组织或个人的开发者，都可以申请注册小程序，小程序的应用范围也从以游戏为主到覆盖两百多个细分行业。

小程序在微信营销中的作用主要体现在与订阅号、公众号的紧密联系上。微信公众平台是企业进行营销活动的主要阵地，而微信小程序能够通过二维码或点击链接的方式，被附在营销文本的末尾，用户只需要进行简单的点击或扫一扫就可以直接进入到商品详情界面，了解产品信息，进行产品购买。小程序中的应用功能设置与企业的性质相关，如美团网的小程序以团购优惠券和外卖服务为主，携程的小程序则是景区和酒店的预订业务。但是，不管功能如何设置，企业运用小程序营销的最终目的都是为用户提供便捷的购买渠道，促进用户进行更多的消费。

本章小结

本章介绍了网络营销中常用的传播方式，包括许可电子邮件营销、微博营销、软文营销、微信营销等。需要强调的是，Internet 和 Web 仅仅是用来进行交流沟通的工具，它们并不能替代真正的商业解决方案，它们只是工具，通过这些工具的帮助，可使商业以及相互交流更加便利和容易。技术本身并不是问题的答案所在，只有高效地使用这些技术，才能为顾客提供满意的"答案"。

本章网站资源

博客网：http://www.bokee.com

微博网：http://www.weibo.com

知乎网：http://www.zhihu.com

微信开放平台：http://open.weixin.qq.com/

复习思考题

1.分析"江小白的社交化创意营销"，并总结江小白公司采取了哪些网络营销方式。

江小白是白酒市场的网红产品，刚刚进入市场7年，就在竞争激烈的中国白酒市场占据了一席之地，很大的功劳都源于公司的社交化营销。在外包装的设计上，江小白打破常规，采用磨砂酒瓶的设计，并将品牌的卡通形象印在外包装上，赋予品牌活力，主攻年轻消费者市场。江小白每一瓶白酒包装都会配上独树一帜的经典语录，这些语录都是通过微博从粉丝中征集而来，能很好地击中消费者心中的情感点。

为了将语录的概念植入江小白的文化中，江小白将品牌广告打到各大地铁站和餐厅，并在微博发起互动。用户只要在线下拍到品牌的照片，并发微博@江小白，就有机会中奖。在微博的运营上，江小白也不同于其他企业微博的正式和严谨，江小白的微博完全是拟人化的，经常用个人的语气发表文章或评论时事，无形之中形成与用户之间的亲密关系。江小白还推出了"表达瓶"，用户只需要用微信扫二维码，就可以定制自己的语录，并可以分享到朋友圈。

江小白把产品变成像微博、微信朋友圈一样可以表达自己态度和行为的载体，营销战略没有过多的"套路"，让品牌像人一样具有自己鲜明的个性，通过品牌故事、品牌形象、品牌文案等多样化地表现出来，真正地抓住人心，创造销量。

2.阅读如下内容，分析其"微博营销"的方式。

2023年春季，希望之光公益基金会通过微博进行"爱心接力，点亮希望"公益活动，这次活动是一场充满温情与正能量的大型公益活动，旨在通过社会各界的共同努力，为弱势群体送去关爱与帮助，点亮他们生活的希望之光。

活动伊始，希望之光公益基金会通过微博平台发布了活动倡议，呼吁广大网友关注弱势群体的生活状况，积极参与爱心接力。通过各大博主账号的转发传播，活动在微博平台上的话题阅读量已达数千万次，随后，一系列精心策划的线上线下活动相继展开。

在线上，公益活动参与者可以通过微博发布众多关于弱势群体的感人故事和图片，展示他们面对困境时的坚韧与乐观。同时，微博还发起了"爱心接力挑战"，鼓励网友们通过转发、评论等方式，将爱心传递下去。许多明星和意见领袖也积极参与其中，引导全民参与，进一步提升了活动的关注度和影响力。

在线下，微博联合当地基金会组织了多场公益捐赠活动，组织了志愿者团队深入社区、学校等地，为生活艰辛的人们提供实际帮助，并号召社会各界人士为弱势群体捐赠物资和资金。

这次切实的公益营销活动给微博带来了巨大的回馈，传播正能量逐渐成为了微博的一个标签。微博以信息传播迅速、传播范围广的特点成为营销的重要渠道。

此次活动，微博紧跟时事，并且将营销影响范围扩大到百姓中，带动了一大波的转发，获得了良好的营销效果。

3.阅读如下内容，感受"羊了个羊"案例中"裂变式营销"的感染力。

2022年6月，一款名叫"羊了个羊"的休闲类益智游戏横空出世，玩家可以通过微信小程序进行游玩。这款游戏在短时间内迅速走红，成为一款备受瞩目的现象级游戏。

"羊了个羊"的火爆程度可谓前所未有。在游戏发布初期，由于玩家数量激增，服务器多次出现异常，甚至出现了崩溃的情况。游戏官方微博甚至发文称急招后端服务器开发人员以应对这一火爆局面。"羊了个羊"在各大社交媒体平台上引发广泛的讨论和关注，不少玩家纷纷在微博、抖音、B站等平台上分享自己的游戏经历和心得。

究其原因，"羊了个羊"火爆主要得益于其独特的游戏设定以及它的营销手段。游戏第一关其实是玩法教程，难度相对较低，但当玩家来到第二关时，难度直线上升，这种设计激发了玩家的挑战欲望和好奇心。让玩家通过分享好友群、看视频等方式获得道具，围绕用户心理的独特玩法，进一步增加了游戏的吸引力和传播范围。

"羊了个羊"游戏公司充分利用互联网资源，通过社交媒体平台进行裂变式营销，使得"羊了个羊"在短时间内迅速获得大量关注和曝光。同时，公司还通过精心策划的事件营销和争议营销，进一步提升了游戏的知名度和影响力。

从案例中，我们可以看出进行营销活动的方式和时机是极为重要的，造势不如借势，运用合理的方式抓住合适的时机往往可以取得成功的营销效果。

第3章

网络营销的推广策略

学习目标

　　了解网络营销的推广策略，包括软文营销、病毒式营销、网络视频营销、事件营销、OTO营销等。这些营销模式相对来说比较新颖，是注入在网络营销方法当中的新鲜血液，对于开展网络营销是十分重要的。

3.1　软文营销

3.1.1　软文营销的定义

软文营销是指以文章的形式，将需要表达的概念和理念从特定的角度用文字表达出来，并吸引消费者以及目标客户进入企业的消费圈的一种网络营销方式，一般通过采访、体验、交流等方式撰写软文，用文字展开心理攻势，从而扩大客户群体。软文营销不需要过多的技术支持，核心在于软文的质量和价值，具有低成本、高回报等特点，容易塑造诚信度，有利于树立良好的形象和口碑。

3.1.2　软文营销的应用策略

1）深刻剖析推广对象特性

做足撰写软文的准备工作，深刻剖析推广对象的特性及细节，所谓"知己知彼，百战不殆"。例如，清晰认知营销产品的特性、被推广企业的文化及工作本质等。充分的准备工作会使软文内容更加贴近被推广对象，使文章内容更加具有真实性和生动性，增加读者的阅读兴趣，从而达到营销效果。

2）保证文章内容的质量

软文营销的目的在于用优秀的文章提高知名度，增加关键词的曝光率，最终将产品推销出去，因此文章内容的质量便成为营销成败的关键。一篇软文要想广为流传，其内容不仅要引人入胜，并且要带有鲜明的个性，切勿转载他人文章。在实施软文营销的同时，也要注重搜索引擎营销等其他营销方式的联合使用，这样会增加关键词的曝光率，进而吸引潜在的客户群体。同时，文章内容需要紧扣时事热点，热点新闻带来的流量是巨大的，这会给软文营销的最终呈现效果带来意外之喜。撰写软文时，内容与时事热点巧妙融合，会使搜索引擎的搜索量增加，从而增加文章点击率，达到软文营销推广的最终目的。

3）注意控制文章的长短

软文营销不求量，但求质，忌讳长篇累牍。软文营销要以提高营销效率为前提，在最短的时间内，以尽可能简短的篇幅，向网络用户传递有效的信息，达到营销推广的目的。过长的软文会使用户阅读的热情降低，影响宣传效果。

4）谨慎把握文章的标题及关键词

在撰写软文的过程中要注重标题及关键词的把握和运用，标题是阅读一篇软文的"大门"，具有亮点的标题可以使读者积极主动地推开这扇大门，继续探索门外的精彩绝伦之处。需不断对软文标题进行润色与拿捏，使标题达到点睛的效果。但切忌"标题党"，只注重文章题目新颖骗取读者点击率而不专注于文章内容好坏，会使软文营销变得适得其反。关键词要与文章内容、产品服务息息相关。一味地将缺乏联系的关键词进行堆砌，不仅会让读者产生反感，而且"关键词叠加"这种搜索作弊行为，还会遭到搜索引擎的阻止和封杀，导致软文营销失效。

5）拿捏文章的"软硬"程度

软文实则是带有宣传动机的一种文体，软文营销的目的在于通过撰写软文，从而实现交易或者宣传的目的。软文就某种程度而言，是硬广告植入的一个对立面，所以，拿捏好软文的"软硬"程度显得尤为重要。"软"指的是在文章撰写过程中，切忌开篇就表明营销动机、嵌入广告，而是需要以一种循序渐进的方式将想传达的营销动机巧妙化、自然化地融入于文章之中。而"硬"指的是需精准定位好文章诉求，切忌将文章单纯撰写成优美范文，使受众群体在阅览过后只达到单纯欣赏的效果，而没有起到任何宣传和营销的作用。在撰写软文过程中，需做到将"软硬"程度完美融合，使读者在阅读过程中的体验感得到满足，这样可以使软文营销的效果发挥到最大。

3.1.3　软文营销模式案例分析

1）华为故事式软文营销：《千万不要用猫设置手机解锁密码》

这篇文章当年曾登上微博热搜，凭借抓人眼球的题目获得了众多网民的高度关注，打开文章后，文章整体叙述了作者用猫爪给手机设置指纹密码，还附带了具有真实性的图片，表面看起来是一则简单的叙事故事，实则是华为在利用各大网络平台来进行软文营销。华为的这种软文营销模式是偏故事性的，通过第一人称的叙事口吻可以增强文章的可读性，将网民切实带入故事情境当中，在网民沉浸于探索故事发展进程和结局的过程中，潜移默化地将其想要宣传的产品融入文章内容当中。一方面可以获得网民自发性的大批量转发及传播，扩大了其文章的曝光度；另一方面又起到了生动宣传产品，从而达到企业营销目的的作用。

2）德芙情感式软文营销：《青春不终场，我们的故事未完待续》

除了幽默诙谐的软文风格外，还有一种饱含情感渲染、和读者产生深刻情感共鸣的软文风格，德芙将此类型的软文风格融入了其自身的软文营销当中。德芙的《青春不终场，我们的故事未完待续》一文中，叙述了一对情侣之间真挚的爱情故事，文字优美细腻，感情渲染到位，其富有感染力的故事引起了众多年轻男女的共鸣，在文章中有一句"不变的是德芙巧克力"的广告语，深刻地阐述了德芙的产品价值，使其在潜移默化中宣传了本企业的产品。德芙在软文营销过程当中并没有过多地描述产品本身的特质，而是更多注重情感烘托，在情感之中融入产品核心理念与价值，加深了读者对该产品的记忆点及好感度。德芙的情感式软文营销很好地针对目标人群的特质，从而使其文章的可读性非常强，最终实现了德芙的产品宣传及营销目标。

3.2　病毒式营销

3.2.1　病毒式营销的定义

病毒式营销是指企业在互联网上，通过口碑宣传的方式，使企业的产品和服务信息像网络病毒一样飞快复制、迅速繁殖并且广泛传播的一种网络营销策略。病毒式营销并非传播真正的网络病毒，而是利用用户之间的主动传播，让信息像病毒一样扩散，达到推广的目的和效果。与传统营销相比，以互联网为基础的病毒式营销有着成本低廉、不受时空限制、用户主动等特点。常见的病毒式营销的载体有免费邮箱、免费空间、域名、即时通信软件、多媒体文件等。

3.2.2　病毒式营销的应用策略

1）创建有感染力的"病原体"

"病原体"就是企业进行营销推广的信息源，"病原体"是否具有感染力，对病毒式营销的成功与否至关重要。信息源必须能够吸引受众的关注，引起心灵的共鸣，才能使用户发自内心地主动传播，使"病毒"传播开来。在"病原体"的创建与甄选过程中要避免直接将赤裸裸的广告引入大众视野，"病原体"需具有趣味性及时效性，可与时事热点和企业相关要素结合起来创建，病毒式营销是受众群体自发的传播，因此，"病原体"的质量及价值是营销效果的关键。

2）寻找易感人群

"病原体"的易感人群就是信息的早期接受者，这些人很有可能是产品或服务的购买者和使用者，或者是对于新鲜事物的"贪食者"。易感人群会主动地打开传播渠道，传递信息，从而数以万计、百万计地影响更多的群体。企业应该自己分析市场，并找出这种易感人群。企业应巧妙地利用公众的积极性和传播行为，找出易感人群，这样建立在公众积极性和行为基础之上的病毒式营销所带来的传播速度以及营销效果是巨大的。

3）选择投放"病毒"的渠道

病毒式营销所传播的信息不会像真正的病毒一样主动传播，需要企业将其投放到初始的传播渠道中去，再通过易感人群的再传播扩散信息的影响范围，因此针对特定的易感人群应选择适当的渠道去投放。

4）巧妙发布"病原体"并实时监控

建立好的"病原体"需要在合适的时机进行发布，这会使更多的易感人群主动接受传播，从而提升传播速度及质量。对于已发布的"病原体"需进行实时监控，根据后台数据，密切关注"病原体"的传播状况，及时对需要修正的"病原体"加以修正。

3.2.3 病毒式营销模式案例分析

1）Dropbox的病毒式营销

Dropbox是一家知名的云存储和文件同步服务提供商，他们成功利用病毒式营销策略迅速扩大用户基础。

（1）提供免费服务和奖励机制：Dropbox开始时提供免费的存储空间，并鼓励用户通过邀请朋友注册来获取额外的存储空间奖励。每位用户邀请其他人注册并安装Dropbox客户端时，他们和被邀请的人都可以获得额外的免费存储空间奖励。

（2）简单的分享方式：Dropbox设计了简单易用的分享功能，用户可以方便地分享文件和文件夹给其他人。这使得用户可以通过分享Dropbox链接来推广服务，进而吸引更多人注册和使用Dropbox。

（3）在邮件底部添加推广信息：类似于Hotmail的策略，Dropbox在用户通过其服务共享文件时，在邮件底部附带了推广信息，告知收件人文件来自Dropbox，并鼓励他们注册并使用Dropbox服务。

（4）用户体验优化：Dropbox通过不断优化用户体验，确保用户可以方便地使用和分享文件。这样用户愿意推荐给其他人，并拓展了Dropbox的用户网络。

通过以上策略，Dropbox成功实施了病毒式营销，让用户自发传播和推广服务，快速增加了用户数量。这种策略帮助Dropbox快速获得了市场份额，树立了品牌形象，并促进了持续的用户增长。该案例体现了病毒式营销在互联网服务行业中的成功运用。

2）拼多多的病毒式营销

拼多多成立于2015年，这家公司非但没有在激烈的市场竞争中被淘汰，而且利用短暂的3年时间完成了第三轮的巨额融资，转变成为网商界的神话。该公司巧妙地将其病毒式营销模式与微信紧密结合，将"病原体"由初始发布平台转移到微信群乃至朋友圈，由用户自发地要求其他人继续注册，由此形成一种病毒式的疯涨。拼多多的病毒式营销模式在以下几方面得到了完美诠释：

（1）赠送有价值的产品或者服务

所有种类的营销手段当中，免费赠送这一方法无疑是最吸引顾客群体的。拼多多采取邀请好友砍价免费得到产品及红包的营销策略，使其初始被"感染"的人群积极主动并自发性地将"病原体"不断扩散，从而达到其病毒式营销的效果。

（2）准确定位传播渠道

在社交媒体化浪潮之中，想要将"病原体"迅速而精准地扩散开来，需要挖掘一条精准的传播渠道。拼多多利用微信这一受众人群非常大的社交平台，使用户将链接主动传播出去，看到链接的新用户会主动打开并参与活动，以此反复来获取新用户，从而使本公司及产品犹如"病毒"一般迅速"感染"潜在客户群体。

（3）选择便捷流畅的服务器

病毒式的营销方法往往会带来流量爆炸的现象，一次性涌入过多流量而使浏览器不能承担导致瘫痪是得不偿失的，不仅会给企业带来经济损失，同时企业的口碑也会大打折扣。拼多多自成立起，流量都是巨大的，其稳定且强大的后台浏览器建设无疑为该公司病毒式营销起到了保驾护航的作用。

3.3　网络视频营销

3.3.1　网络视频营销的定义

网络视频营销是指通过数码技术处理，将产品以视频的形式发布到网上来进行产品宣传和推广的网络营销方式。随着网络的普及，网络视频逐渐被网络用户所接受，并成为人们网上活动的重要组成部分，因此网络视频逐渐成为越来越多的企业宣传产品和企业形象的一种重要营销手段。作为一种贴近网民的营销方式，网络视频营销具有成本低廉、操作简单、目标精确、互动性强、传播迅速、效果显著等特点。

3.3.2　网络视频营销的应用策略

1）制作受欢迎的网络视频

在网络高速发展的今天，网络视频的制作已经日趋平民化。拍摄视频首先要有好的创意，要注意视频的娱乐性、幽默性、猎奇性和互动性。网络视频的制作可以和事件营销完美结合，视频主题的选择可以和事件相联系，将具有影响力的事件以视频的方式在网络上传播，此类型的视频更容易被网民传播观看，从而获得意想不到的效果。在制作上要注意镜头的稳定、视频的格式、视频的大小以及选择合适的视频编辑软件。

2）开拓视频传播的渠道

若要在大量的视频中脱颖而出获得网民的关注，增加点击量，除了精彩的内容和精良的制作以外，还应注重其他细节。例如，要设计吸引人的缩略图、做好视频标签、管理账户、培养忠实观众等。此外，还可以为网民提供一些优惠和好处，让网民有利可图，这样才会使视频的传播范围扩大，传播速度得到提高。

3）努力开展复合营销

网络视频营销的开展，若伴随着其他网络营销方式同时进行，会收到更好的推广效果。企业可以在与产品相关的网络论坛及手机应用软件中建立账户，将视频代码发布到论坛相关平台中，并及时管理。在推广视频的过程中，企业还可以借助博客、微博、微信等社交媒体的力量，引发"意见领袖"或有影响力的博主的评论来扩大视频的影响力。同时，可以和主流的门户、视频网站合作，从而大大提升视频的影响力度。利用社交网站来推广网络视频是现阶段最为流行的营销模式，通过社交网络圈子，企业可以将视频迅速地推广出去。

3.3.3 网络视频营销案例

1）papi酱的网络视频营销

papi酱近几年在网络上迅速蹿红，2015年papi酱凭借《男性生存法则第一弹：当你女朋友说没事的时候》这一视频在网络上人气飙升，随后凭借其各种系列视频在网络视频平台建立了良好的根基。起初papi酱在小咖秀等短视频App中发布一些幽默恶搞视频，关注度并没有很高，随后papi酱的视频内容紧扣热点话题，大大提高了视频的关注度。视频营销现处于一种井喷式发展状态之中，普通的手机用户也可以节约成本与时间制作出视频发布到各大平台上，形成整合营销。papi酱这一视频营销成功案例，为低成本网络视频营销模式提供了一个很好的学习范本。

2）iPhone X小电影《三分钟》

《三分钟》由陈可辛执导，讲述了一位女列车乘务员与孩子在站台短暂团聚的故事。短短三分钟将对团圆的期待与感动拍摄得淋漓尽致。短片拍摄的工具正是iPhone X，苹果公司借助动人的短视频与观看者发起心灵上的共鸣，同时以独特的手机拍摄视角，侧面为手机的宣传埋下伏笔，使观看者在观影过程中潜在地对产品产生认同感，从而达到企业的营销目的。将广告与网络视频巧妙融合是一种更加生动形象的营销模式，在此需要特别注意广告植入的"软硬"程度与结合效果。

3.3.4 网络视频直播营销

网络视频直播营销是随事件发展进程实时传播的营销方式，该营销模式以网络直播平台为载体，从而使企业达到影响力提升及收益增长等一系列营销目的。其具有定位精准、实时互动的特点。

网络视频直播营销是营销模式当中的一项重大创新，近年来，视频直播营销的发展是十分迅猛的。其生动形象的营销特点给予了企业一种全新的营销方法，使企业可以更加立体地展示其文化及产品。近年来，互联网兴起了众多直播平台，如抖音、Bilibili、快手等。此外，还有众多不同种类的App都开设了直播的功能，如制作短视频的美拍、抖音，以及电商帝国淘宝等。直播营销相对于视频营销而言，具有更大的灵活性及针对性，观看直播的网民也很有可能在观看直播的过程中将兴趣转变成为实际消费行为。

新东方直播的东方甄选是直播营销领域的一颗新星，其成功案例值得我们借鉴和学习。2019年，东方甄选的主播们联手开展了一场直播活动，堪称直播营销的典范。在这场直播中，东方甄选的主播们共同合作，以轻松幽默的风格，为观众带来了5小时的精彩直播。他们精心挑选了各类商品，包括服装、美妆、家居用品等，确保了产品的多样性和优质性。在直播过程中，主播们与观众保持密切互动，通过弹幕评论、抽奖环节等形式，吸引了大量观众参与。观众不仅仅是被动地观看，而是积极地投身其中，增强了他们的参与感和忠诚度。这场直播活动不仅仅是销售商品，更是建立了品牌形象。东方甄选通过活动展示了自己的专业性和品质保证，赢得了消费者的信任和好评。同时，东方甄选也通过活动与观众建立了更紧密的联系，培养了忠诚度。活动结束后，东方甄选取得了惊人的成绩。销售额达到了 7 000 万元，同时，粉丝数量和点击率也大幅提升，为东方甄选带来了双重收益——直播销售创造的利润和品牌形象的提升。这一成功案例证明了直播营销的巨大潜力，也为其他企业提供了借鉴和学习的范例。随着互联网时代的不断进步，直播营销这一新兴的营销方式必将继续发展壮大，创造出更加惊人的营销业绩。

3.4　事件营销

3.4.1　事件营销的定义

事件营销是指通过网络事件、新闻热点、名人效应等，进行造势宣传，引来媒体、网民、消费者等关注，达到提高企业知名度、推广企业产品、树立企业形象的最终目的的网络营销方式，具有投入少、产出大、渗透性强、收益率高等特点。

事件营销主要运用"借势"和"造势"两种方式：借势是指借助已经在大众中产生一定热度的焦点话题，将企业带入这个话题中，由此引起媒体和大众的关注；造势是指企业通过策划富有创意的活动，引起媒体和大众的关注。

3.4.2　事件营销的应用策略

1）关注热点，发掘事件与品牌的契合点

要时刻关注热点时事，善于建立事件与企业品牌的联系，寻找开展事件营销的契合点。值得注意的是，事件营销要与企业的战略相吻合，保持事件营销与企业品牌定位的统一。

2）事件营销要讲究创新

事件营销的核心在于创新，其最大的忌讳是简单模仿、盲目跟进。一个再罕见的事件如果反复上演，最终也会无人关注。事件营销的创意过程实际上也是一个企业整合资源、通过媒体向大众宣传的过程，需要建立在调查研究的基础之上，不是凭空产生的。

3）事件营销是长期建设，不是短期炒作

事件营销作为企业提升品牌和进行推广的一种营销手段，可以使企业在短期内实现知名度和市场销量的迅速提升，但企业的发展和品牌的塑造是个长期的过程，应借助事件营销，顺势开展其他促销活动，提高消费者的忠诚度。

4）事件营销要注重公众的参与和互动

如果能让更多公众参与到企业策划的事件活动中，激发公众的感情或兴趣，从而吸引消费者购买产品，将比企业的单方面活动获得更多的关注，会取得更好的宣传效果。

3.4.3 事件营销案例——以支付宝为例

事件营销的着眼点在于"造势"和"借势"，而公益性是事件营销的一个重要的着眼点，公益话题一直以来都具有高度的关注度。支付宝是一个用户基础广泛的平台，支付宝不断尝试各种营销模式，取得了稳步发展。支付宝将发展的着眼点聚焦于公益，诞生了一项长期性的公益事件营销策略，即支付宝当中的蚂蚁森林。这一板块诞生的理念是通过网上购票、环保绿色出行等方式积攒绿色能量，能量积攒到一定程度时可以进行能量收取，或者是获取支付宝好友的能量，这些获取来的能量用以栽种蚂蚁森林当中的虚拟树苗，等到树苗长大后，则会在各地种上真实的树。支付宝通过这种方式将环保理念融入自己的产品中，借环保的公益性质展开长期的事件营销，使用户也可以通过这种方式实时地参与到公益事业当中，同时也达到了自身的营销目的。

3.5　OTO营销

3.5.1　OTO营销的定义

OTO即"Offline To Online"（线下到线上）与"Online To Offline"（线上到线下），OTO营销又称为离线商务模式，即将线下的商务机会与互联网相结合，将实体经济与线上资源相融合。其核心为在线预付，即把线下活动的信息通过互联网传递给用户，用户在互联网上预先付款购买产品或服务，并在线下使用产品或服务。OTO模式大多适用于服务业，用户在线获取商家优惠信息，在线预付，再到线下去获取商品或者享受服务。此外，OTO还适用于一些团购优惠营销，用户在线上可以获取更多的优惠以及便利，而商家也可以获取更多的客户。

3.5.2　OTO营销的应用策略

1）线上线下协同发展

线上应注重信息的宣传力度，及时发布及更新相关信息，使用户在网上获取信息时能够第一时间了解到企业的近期活动及新产品发布动态。线上信息应当具有真实可靠性，使用户在进行线下消费时具有心理认可度。此外，应注重线下店铺的服务质量，密切关注线下用户体验感，使新老用户在消费体验过程中产生一种认同感，这会使企业逐渐拥有忠实稳定的客户群体，从而带动该企业的长足稳定发展。

2）利用大数据，密切关注用户偏好

OTO模式具有商家推广效果可查、消费者每笔交易可跟踪这一重要优势，商家可以通过每一次线上发布信息的用户反应效果来不断改变自身信息发布策略，同时，利用大数据搜集追踪消费者的每一笔交易订单，系统进行大数据分析，从而可以从广度上掌握用户的偏好，使线上发布信息时尽可能"投其所好"，从而提升用户的关注度及潜在消费程度。

3）采用多渠道的营销手段

OTO模式从宏观来看是一种线上到线下的营销过程，将其具体拆分来看，可以分成不同种类的具体营销模式，如"线上挑选、线下购物、线上支付""线上促销、线下挑选、线上购买、线下支付""线下促销、线上销售、线下自提"等不同运营模式。OTO模式具有很大的灵活性及可变动性，商家可以随市场变化来实时改变自身的营销方案，最终实现线上线下的良性互动。

3.5.3　OTO营销案例

1）苏宁的OTO营销模式

苏宁在近几年实现了全产品以及全渠道的OTO营销模式，保证线下门店以及线上平台同价，这一营销模式使得苏宁打破了其实体零售在转型发展的过程中与自身的电商渠道发生冲突的尴尬局面。苏宁OTO模式下的实体店如今已经转变成为集展示、体验、物流、售后服务等为一体的新型云店，顾客可以通过线上购买、线下取货等方式进行新型OTO消费，苏宁利用互联网和物联网技术来搜集用户的消费行为，将搜集来的数据进行一系列的大数据分析，使传统零售模式逐步朝着OTO模式迈进。

2）银泰的OTO营销模式

银泰开展的"线下商圈+阿里巴巴电商生态"OTO模式旨在和阿里巴巴之间密切合作，银泰百货参加天猫开展的购物狂欢节，线下挑选商品、线上完成支付，并利用购物狂欢节这一网络宣传平台，增加其商场的客流量及消费量。银泰在零售行业帮助阿里巴巴搭建好OTO模式的基础设施体系，而阿里巴巴为银泰提供线上的支付渠道，双方在线上线下的货品挑选、消费支付及物流配送等关键环节都展开了密切的合作，使二者在OTO模式下各取所需，实现共赢。

3）美团的OTO营销模式

OTO营销模式中最具代表性的就是"线上团购、线下消费""线上预订、线下体验"等。美团平台上的商家会不定期推出一些优惠活动，或者是发布一些代金券。用户在线上购买完再到线下去消费体验。这一过程可以实现扩大消费受众群体、提高消费量的目的。这种OTO营销模式一般适用于服务业，如餐饮、住宿及美容美发等行业。这种营销模式不仅可以扩大其受众群体，有利于吸引更多的消费者群体，同时可以通过定期发布优惠活动留住老顾客。从某种程度上而言，这也是一种潜在的广告推广方式，用户将美团上的优惠活动自发地传播出去，吸引更多的人来进行相应的消费。

3.6 App营销

3.6.1 App营销的定义

App营销（Application Marketing）是一种以应用程序为载体的新兴营销模式。随着互联网的开放化以及手机应用软件市场的逐渐成熟，这种营销模式愈加被消费者接受与认可，它通过手机、社区、SNS等平台上运行的应用程序来开展一系列的营销活动，具有成本低、精准营销、互动性强等特点。

当前主流的App版本包括苹果IOS、安卓Android、微软Windows Phone。随着App客户端上网方式的普及，各大网商都相继拥有了自己的App平台，如淘宝、天猫、唯品会等，用户可以选择一种更加便捷的方式来进行消费。相对于传统营销模式而言，App营销不再受时间和空间的限制，与用户之间的黏性更大，且最终实现了信息的双向流动，具有良好的即时反馈效应。

3.6.2 App营销的应用策略

1）精准定位App开发方向

应根据市场发展动态定位App的类型及受众用户群体。定位App方向过程中，需反复调研市场发展现状，以数据作为支撑，通过客观的分析来归纳用户的偏好，剖析用户的关注点及消费类型，建立好市场与用户间的桥梁。瞄准靶心，开发受用户群体欢迎的App，使用户产生实际的消费行为。

2）不断维护与创新App植入形式

开发App并投入市场应用后，要密切关注App的相关使用数据，客观地采取App维护措施。如果想不断迎合用户的喜好，需要不断创新App的植入方式，利用不同平台，投放专属宣传广告。同时，需注重与用户间的密切交流与互动，用户是App的使用者，他们的反馈是促进App不断完善与创新的良好标准。

3）适当采取奖励机制

由于用户有天生的趋利本能，适当地采取奖励机制可以达到长期性吸引和稳定用户的效果。而奖励机制需要具有创意性，可以采取不同形式。例如，App内每日签到，达到天数即可领取奖励。这一奖励机制可以使用户保持对App的关注度；或者在App内为用户提供一些做任务领奖励的机会，在任务制作中，可以适当以产品宣传为任务背景，在用户提高对App使用程度的同时，还可取得宣传产品的连带效应。适当的奖励机制可以使App达成与用户的每日密切互动，这样不论是维护 App 还是营销产品都会有一个精准的应用导向。

4）App 与产品特点紧密联系

App 端开发的最终目的是为企业提供一种更为便捷的宣传源，因此，App 开发与运营需要与产品的特点密切相关。将市场细分，选择出目标市场，再与产品特点紧密结合，可以使 App "抓住"精准的用户群体与目标市场。如以种草式营销为主的小红书 App，以用户体验营销为主的大众点评、口碑 App 及短视频 App 抖音等，不同类型的 App 需具有鲜明的产品特色及自身色彩。

3.6.3　App 营销案例

1）小红书 App 的 "种草式"营销

小红书通过维护自己的社区，吸引一部分的 App 用户分享生活，在此过程中会潜在地包含一些产品的信息推广，从而可以积攒产品的好评口碑，引导用户产生购买行为，这个反复吸引用户接收信息，激发其购买欲望并最终实现购买行为的一系列过程，就是小红书的 "种草式"营销。小红书和其他电商平台不同的是，分享的人有普通群众，也有明星群体，分享的内容也不仅仅局限于好物 "种草"，这种分享更多的是一种对于生活的交流。所以，用户在使用该平台时，不会有过多的抵触心理。

2）知乎 App 的营销模式

知乎是一个知识内容分享性平台，以 "知识连接一切"为核心理念，致力于构建一个用户可以便捷获取知识，从而连成一张知识分享的网络大网。实际上，知乎是一个网络知识问答的社区，用户在社区上分享经验和独到的见解。相对于百度百科而言，知乎这一平台分享的内容更加具有发散性和探索性，而不仅仅是关于概念的阐述，这一点，是知乎App 营销中的一大优势。知乎 App 同时具有强大的社交功能，用户在看到自己欣赏的文章时，可以摆脱作者的主页进行相应的沟通与交流，从而建立起不一样的社群交流网。此外，"live"是知乎推出的一款实时问答互动产品。"房主"创建房间后，信息会显示在用户的信息当中，用户支付一定的价钱之后，就可以进入房间进行相应的交流，这是知乎推出的实时问答衍生品。知乎作为一款以知识为支撑的 App，在信息化和知识化时代具有广阔的发展前景。

3.7　百度竞价推广

3.7.1　百度竞价推广的含义

百度竞价推广即以百度搜索引擎为载体，选择预期推广关键词，在百度搜索的显著位置优先展示企业的推广信息，使推广信息出现在搜索这些关键词的潜在客户面前，从而增加企业的曝光度，帮助企业将网民有效转化成为其客户的营销方式。企业可以自主选择时间段及指定地域来发布自己的推广信息，百度按照给企业带来的潜在客户点击率计费，没有点击不计费，企业根据自己的投资情况来获得回报，排名越靠前，推广成功概率越高。百度竞价推广具有客户覆盖面广、针对性强、后台分析功能强大及成本可控的特点。

3.7.2　百度竞价推广的应用策略

1）开展口碑营销，提升信赖度

百度竞价推广要在原有推广策略基础上，提高自身的口碑认可程度，以产品质量和企业信誉度为基准，配合时事热点及创意塑造良好的口碑效应，从而达到广泛传播的效果。"魏则西事件"对百度推广产生了不小的负面影响，这就更需要其提高自身口碑，主动担责、落实整改，同时需要提升自身产品的信赖程度，在关键词匹配上提高精准度，完善一系列的恶意点击自动屏蔽功能。此外，加大对推广公司的审核力度，杜绝不良商家和产品，使商家在选择竞价推广时真实可靠地获得实际流量与关注度。

2）推广分区域进行竞价

百度竞价推广目前开设了五个广告位，其根据关键词热度的不同，由末端到顶端依次分布，然而这样会造成处于最顶端或许会遭到用户排斥推广信息、处于最末端往往客户在浏览过程中不愿意浏览到最后的弊端。因此，处于中间推广位置可以有效地避免这一难题，在界定排位时，可以先划分整体区域，企业自主选择希望被推广的程度，按照不同区域的实时排名进行付费，由此可以更可控地达到企业期望值，同时也会使推广效果更加明显。

3）采用多种收费方式

百度竞价推广营销目前只有一种收费界定标准，即按点击率的排名来进行付费，这种收费方式虽然便捷透明，但是会出现恶意点击或是无效点击，这会影响企业的付费及推广效果。因此，百度竞价推广可以采取多种收费界定标准。例如，将网站停留时间纳入付费标准之中，通常来讲，恶意点击或是无效点击在网站的停留时间是非常短的，将停留时间作为评定标准之一可以有效地避免这一现象的出现。此外，还可以关注用户是否打开了企业的子网页，这也可以作为判断如何收费的标准之一，这样会使其成为竞价推广效果的一把量尺，也是对购买该推广企业的一项良好反馈。

此外，百度竞价推广可以和百度自然排名进行有效的结合，自然排名具有成本高、时效性差的劣势，而竞价排名可以有效地弥补这些劣势，百度自然排名可以和竞价排名所获得的排名权重进行有机结合，不断优化百度自然排名，使其不断更新排名结果。

3.8　站外优化

3.8.1　站外优化的含义

　　网站的站外优化和站内优化的原理基本相同，不同之处在于站内优化主要是在自己的网站上做内链的一系列优化建设，而站外优化主要是在第三方平台上做外链的推广和宣传工作。站外优化相对于站内优化而言，是关于网站外部的推广宣传，主要包括网站外链的建设、网站友情链接的交换、问答平台的推广等，站外优化中链接的建立并不是越多越好，其主要针对的是链接的质量及相关性。站外优化具有曝光率高、宣传面广、增加可信度的优点。

3.8.2　站外优化的策略

　　1）增加友情链接的深度

　　友情链接可以给企业的网站带来外链的同时适当增加网站的权重。友情链接并不局限于网站首页，在网站的频道页、内容页都可以涉及，可以深入到网站内部，将友情链接做成全站链接。友情链接的好处在于它属于外链中权重最高的一种。此外，友情链接相当于其他网站对本企业网站进行投票，投票数额越大，本企业网站排名权重就越大。

　　2）巧妙利用问答平台及发帖

　　如果在拓展外链的过程中没有广泛的资源供交换，可以采取发帖的方式增加外链数量。例如，在微博、贴吧、论坛等平台发布文章，在文章中添加自己的网站的链接，但在此过程中，须巧妙地融合在文章之中，切忌生硬融入。同时，为了建立起企业的外部链接，可以在百度知道、知乎、搜狗问问等问答平台发布问题或回答问题，并附带上自己的外链，像这种问答平台的权重都是比较高的，排名也比一般的网站要靠前，这就在很大程度上增加了曝光度和浏览次数。

　　3）注重原创文章的发布质量

　　首先创建本企业的高质量原创文章，内容需切实符合企业的宣传需求，且文章的质量和原创性要得到保证，原创文章在经过一系列的严格把关后，将其发布到和本企业所在行业相关的权威网站，在发布文章过程中，需要附带上本企业的链接进行引流，将文章发布在权威网站后可以得到极大的用户曝光度，在数量和质量两个维度加大企业的受关注程度及影响力。对于成熟企业来说，对于这种方法或许需要做一些"减法"，但对于新兴企业而言，应广泛地进行此类型的操作，不断增加曝光率，将自己的信息网不断向外扩散，这样可以吸引搜索引擎蜘蛛来爬取本企业的网站。

4）持续优化外链

在外链获得一定的曝光度及关注度以后，需要对外链进行持续的优化工作，如果外链光有靠前的搜索排名，而没有好的内容也是徒劳，外链网站需要有足够的吸引点能够留住访客，具有新鲜的内容能抓住潜在的访客，从而拓展出新的用户群体。企业可以在外链中定期推出有创意性的营销活动来促进潜在客户对网站的持续浏览和访问，持续优化外链是对潜在用户维护和优化的方式。

▌本章小结

本章介绍了网络营销中一些比较新颖的模式，如 App 营销、OTO 营销等。这些营销模式大多以互联网为传播载体，将线上线下密切结合起来。在信息化时代，此类型的网络营销模式越来越受企业的青睐，可使企业与客户之间的交流互动更加密切和便利，为顾客提供更加精准化的服务。

▌本章网站资源

博客网：http：//www.bokee.com
微博网：http：//www.weibo.com

▌复习思考题

1.阅读并分析下述案例的病毒式营销。

在美国的爱德华州，有一家叫 FlyingPie 的比萨小店。店主本人拥有一个网站，网站规划得很乱而且资讯满天飞。然而就是这样一个网站竟然推出了一套很有趣的线上营销方案，让城里的每个人都知道了这家小店。FlyingPie 这个成功的线上营销方案叫 It's Your Day。店主人每周都会在网站上写出一个人的名字，在比萨店不忙的时候，邀请这些名字的主人来比萨店免费制作一份 10 寸的比萨。当然，每一个来的人都必须带上身份证，证明自己真的叫这个名字。在 FlyingPie 网站上，每周都会公布新一周的名字，并提醒大家常常回来看这个列表。如果有朋友看到名字，就要互相转告一下。这些名字不是随机挑选的，而是 FlyingPie 会请每个来参加过的人提供名字，并且投票，他们会把这个票数当参考决定下一周的幸运名字。

就这样，在 FlyingPie 所在的城市，不知有多少市民在不知不觉中成为网站的义务宣传员。

2.找出两个以上的经典 App 营销例子，分析它们各自的营销模式，总结不同类型 App 营销的成功因素。

3.分析自然排名和竞价排名各自的特点，并总结两种排名方式的区别和联系。

4.对比分析京东、苏宁、淘宝这三个平台的 OTO 营销模式，对比它们之间的共性和个性。

网上市场调查

第 4 章

学习目标

了解网上市场调查的特点、内容、步骤，能够撰写网上市场调查报告；掌握网上直接市场调查和网上间接市场调查的概念；掌握搜索引擎的工作原理、分类；掌握计算机检索的基本方法；掌握网上市场调查的方法；能够进行网上市场调查。

4.1　网上市场调查概述

4.1.1　网上市场调查简介

企业要想真正通过互联网创造价值，必须先了解顾客。企业需要了解顾客是谁，他们需要什么，什么时候需要以及为什么需要等。企业对网络顾客的了解都是建立在网上市场调查和分析的基础之上的。所谓网上市场调查，就是在互联网这一营销环境中，搜集、整理和分析信息，达到了解顾客需要、市场机会、竞争对手、行业潮流、分销渠道以及战略合作伙伴的目的。在当今网络与传统商业业务不断融合的趋势下，国内外越来越多的网络服务商和市场研究机构开始涉足网上市场调查领域。

互联网上有各种各样的信息资源，汇集了海量的信息。尽管有些传统的市场调研方法可以延伸到互联网上，但是网上市场调查也需要结合互联网的特性进行创新。目前，随着互联网的应用日渐普及，网络用户人数不断增加，以及网络调查软件的日益成熟，网络调查逐渐成为主流的市场调查方式。欧洲许多国家，如意大利、法国等已经把互联网作为政治选举中进行民意调查的重要手段。

网络调查主要有两种方式：一种是网上直接市场调查，即利用问卷调查等方式搜集一手资料；另一种方式是利用互联网的海量信息资源搜集二手资料，即网上间接市场调查。

4.1.2　网上市场调查特点

网上市场调查与传统市场调查一样，都是为了发掘客户需求、市场机会、竞争对手情况、行业潮流、分销渠道以及战略合作伙伴等方面的情况。网上市场调查相对于传统市场调查来说，不仅效率更高，而且有效地降低了调查成本。网上市场调查有如下几个特点：

1）及时性和共享性

网络的传输速度非常快，网络信息能迅速传递给连接上网的任何用户，开放的网上调查可以让网民参加投票和查看结果，这保证了网络信息的及时性和共享性。相对于传统的市场调查，网上投票信息经过统计分析软件初步处理后，可以更快地看到阶段性结果。如中国互联网络信息中心在进行我国互联网络发展状况调查时，从设计问卷到实施网上调查和发布分析结果，前后只用了 1 个月的时间，而传统的人口抽样调查统计分析需 3 个月时间。

2）便捷性和低费用

在网络上进行调查，只需要在企业站点上发出电子调查问卷，提供相关的信息，由网民自愿填写，不间接地接受调查填表，然后通过统计分析软件，对访问者反馈回来的信息进行整理和分析，可节省传统的市场调查中所耗费的大量人力和物力。

3）调查结果的可靠性和客观性

由于企业站点的访问者一般都对企业产品有一定的兴趣，所以这种基于顾客和潜在顾客的市场调研结果是客观和真实的，它在很大程度上反映了消费者的消费心态和市场发展的趋向。被调查者在完全自愿的原则下参与调查，回答问题相对认真，调查的针对性更强，所以问卷填写可靠性更高。网上市场调查可以避免传统市场调查中人为因素所导致的调查结论的偏差，被访问者是在完全独立思考的环境中接受调查，能最大限度地保证调研结果的客观性。

4）克服时间、地域限制

由于网上市场调查可以24小时全天候进行，因此它无时空和地域的限制，使得不同国家和地区的消费者均可以选择方便的时间参与调查。

5）可检验性和可控制性

网络调查具有更强的可检验性和可控制性。在互联网上搜集信息，可以有效地对采集信息的质量实施系统的检验和控制。网上市场调查问卷可以附加全面规范的指标解释，有利于消除因对指标理解不清或调查员解释口径不一而造成的调查偏差。问卷的复核检验由计算机依据设定的检验条件和控制措施自动实施，可以有效地保证对调查问卷的100%复核检验，保证检验与控制的客观公正性。通过对被调查者的身份验证技术可以有效地防止信息采集过程中的舞弊行为。

4.1.3　网上直接市场调查

网上直接市场调查的方法主要包括网上问卷法、网上观察法、网上实验法和专题讨论法等。

1）网上问卷法

企业将设计好的调查问卷放到自己的网站或者其他顾客流量较大的网站上。这种调查方法是非强制性的。当浏览者看到调查主题并对此感兴趣的话，他们就会点击回答调查问卷。在这种调查方式中，进行调查的企业相对比较被动，但由于这种方法不会冒犯顾客，所以是目前常用的一种网上市场调查方法。同时，近年来在线问卷平台的出现，大大提升了问卷调研的效率。目前市场主流的问卷平台以问卷星、问卷网、腾讯问卷为主。

2）网上观察法

网上观察法是一种实地研究方法，不过在网络中，"实地"特指一些具体的网络空间，一般是指调查人员通过电子邮件向互联网上的个人主页、新闻组或邮件列表发出相关查询、进行网上观察的一种调查方法，是由调查人员直接或通过分析软件和追踪系统在网络上观察调查对象的网上行为动态并加以记录而获取信息的一种方法。例如，研究人员可以通过观察网民的点击行为来测定某些网络广告受到欢迎的程度和效果。相关软件能够记录登录网络浏览者浏览企业网页时所点击的内容、浏览的时间；在网上喜欢看什么商品网页；看商品时，先点击的是商品的价格、服务、外形还是其他人对商品的评价；是否有就相关商品和企业进行沟通的愿望等。调查人员虽然可以观察到网民的网络行为特征，但只能观察到外部现象，无法观察到调研对象的一些动机意向及态度等内在因素。

3）网上实验法

网上实验法则是选择多个可比的主体组，分别赋予不同的实验方案，控制外部变量，并检查所观察到的差异是否具有统计上的显著性。这种方法与传统的市场调查所采用的原理是一致的，只是方式和内容有差别。网上实验法可以通过在网络中所投放的广告内容与形式进行实验。设计几种不同的广告内容和形式在网页或者新闻组上发布，也可以利用E-mail传递广告。广告的效果可以通过服务器端的访问统计软件随时监测，也可以利用查看客户的反馈信息量的大小来判断，还可借助专门的广告评估机构来评定。

4）专题讨论法

上述几种方法比较客观、直接，但很难针对特定的目标受众。为了满足深度分析的需要，企业可以通过专题论坛来就某一问题进行调查。现在很多论坛都提供"发起调查"功能，用户可以就某一个观点或者问题自发进行调查。这些对企业了解某些特定顾客的特定问题比较有帮助，但"发起调查"功能通常提供的调查选项比较少，一般限制在10个以内，所以对一些复杂的统计分析软件而言，调查问题过少会导致无法进行高层次的统计分析。

4.1.4 网上间接市场调查

1）网上间接市场调查概述

网上间接市场调查主要是利用互联网搜集与企业营销相关的市场、竞争者、消费者以及宏观环境等方面的信息。网上间接市场调查渠道主要包括网站、网络社区、E-mail等。间接信息主要包括企业内部信息和企业外部信息。

企业内部信息主要包括企业自己通过E-mail、会议、培训等方式搜集、整理的销售记录、顾客资料等信息。企业内部信息的搜集渠道主要包括由上而下（布置任务和发布信息）、由下而上（汇报和投诉）以及横向传递（不同部门职别相似的岗位进行传递）三种方式。

企业外部信息来源很多，主要是国内外有关的公共机构以及专业化市场调查公司。这些机构或组织提供的信息主要包括媒体对企业本身、竞争者、产业上下游的报道，顾客、供应厂商、竞争者的网页内容、新闻稿、商情信息、专利说明书，以及研究机构的论文、技术报告、产业分析等。

2）网上间接市场调查的方法

网上间接市场调查指的是网上二手资料的搜集。二手资料的来源有很多，如政府出版物、报刊、贸易协会、专业市场调查公司等。由于这些出版物和组织都已经在互联网上建立自己的网站，因此通过访问其网站即可获得相关资料。具体而言，网上间接市场调查的方法包括利用搜索引擎查找资料、访问相关的网站搜集资料、利用内容聚集商的数据库查找资料。

（1）利用搜索引擎查找资料。搜索引擎使用自动索引软件来发现、搜集并标引网页，建立数据库，以Web形式提供给用户一个检索界面，供用户以关键词、词组或短语等检索项查询与提问匹配的记录，这是使用最广泛的方法。国内中文引擎分别可以按分类、网站和网页来搜索关键字。国内搜索引擎一般都是采用分类层次目录结构，使用时可以从大类再找小类，直到找到相关网站。为提高查找效率和准确度，可以通过搜索引擎提供的搜索功能直接输入关键字查找相应内容。按网页可以比较精确地查找，但查找结果比较多，因此搜索最多的还是按网站搜索。外文网站的搜索用得最多的是Google。根据统计，目前搜索引擎搜集的网站仅有实际网站的1/3，因此采用多个搜索引擎非常必要的。目前，国内的主要搜索引擎技术主要来自百度、搜狗、360搜索等公司，它们都有自己的搜索引擎技术和算法。在使用搜索引擎时，可以使用一些高级命令同时搜索多个关键词，以提高检索的命中率和效率。

（2）访问相关的网站搜集资料。如果知道某一专题的信息主要集中在哪些网站，可直接访问这些网站，获得所需的资料。

（3）利用内容聚集商的数据库查找资料。内容聚集商（Content Aggregators）是指专业化的互联网市场调查公司。这些公司拥有专业数据库，从各种渠道搜集并汇聚了大量信息，然后通过在线的方式销售给顾客。内容聚集商是一种重要的企业外部信息来源。就内容聚集商的发展情况而言，虽然我国的专业互联网市场调查公司发展较晚，但在数量和质量上较国外而言正在慢慢缩小差距。目前几个大型的内容聚集商见表4-1。

表4-1   大型内容聚集商简介

公司名称	网址	描述
Facebook	https://www.facebook.com	Facebook是全球最大的社交媒体平台之一，拥有数十亿用户。它不仅提供社交网络功能，还是一个重要的内容聚合平台，用户可以在上面分享和浏览各种类型的内容，包括文章、图片、视频等
Alphabet（Google的母公司）	https://www.google.com	作为全球最大的搜索引擎之一，Google不仅提供搜索服务，还通过其旗下的产品和服务（如Google News、Google Discover等）聚合和呈现各种类型的内容
X（前身为Twitter）	https://x.com	X是一个重要的社交媒体平台，用户可以在上面发布短消息（推文），并关注其他用户。它也是一个重要的内容聚合平台，许多用户通过X获取新闻、实时事件和其他感兴趣的内容
YouTube	https://www.youtube.com	YouTube是全球最大的视频分享平台，用户可以在上面上传、观看和分享视频内容。它也是一个重要的内容聚合平台，许多用户通过YouTube获取各种类型的视频内容，包括娱乐、教育、新闻等

公司名称	网　址	描　述
新浪微博	https://weibo.com	新浪微博是中国最具影响力的社交媒体之一，拥有庞大的用户群体和丰富的内容生态。它不仅是一个个人表达和交流的平台，也是企业、媒体、政府机构等发布信息、与公众互动的重要渠道。用户可以通过网页、WAP页面、手机客户端、手机短信、彩信发布消息或上传图片
小红书	https://www.xiaohongshu.com	在中国，小红书拥有庞大的青年用户群体和活跃的创作者社区。月活跃用户数已达3亿左右。话题包括日常生活的方方面面。用户可以在平台上浏览和发布感兴趣的内容，关注喜欢的创作者，参与话题讨论

4.1.5　网上市场调查与传统市场调查的比较

通过表4-2可以非常明显地看出两者的不同。

表4-2　　　　　　　　　　　网上市场调查与传统市场调查的比较

比较项目	网上市场调查	传统市场调查
调研费用	较低，主要是设计费和数据处理费，每份问卷所要支付的费用几乎为零	昂贵，包括问卷设计、印刷、发放、回收、聘请和培训访问员、录入调查结果、由专业公司对问卷进行统计分析等方面的费用
调研范围	全国乃至全世界，样本数量庞大	受成本限制，调查地区和样本的数量均有限
运作速度	很快，只需搭建平台，数据库可自动生成，几天就能得出有意义的结论	慢，至少需要2~6个月才能得出结论
调研的时效性	全天候进行	不同的被访问者可对其进行访问的时间不同
被访问者的便利性	非常便利，被访问者可自由决定时间、地点回答问卷	不太方便，一般要跨越空间障碍，到达访问地点
调研结果的可信性	相对真实可信	一般由督导对问卷进行审核，措施严格，可信性高
适用性	适合长期的大样本调查，适合需要迅速得出结论的情况	适合面对面的深度访谈，或者需要对受访者进行感官测试的调查

4.1.6　网上市场调查的困难

1）网上信息资源海量但分散

互联网是一个分布式的网络结构，各种信息存储在世界各国的服务器和主机上，网页的数量以几何倍数增长，如此庞大的网页资源构成了前所未有的数据仓库。所以，对于市场调查而言，已经不再是是否使用互联网进行市场调查的问题，而是如何运用互联网进行网上市场调查的问题。

海量的信息给企业带来的问题是：企业搜集信息的成本不断增加，企业难以从海量的信息中找到对自己有用的信息。

2）垃圾信息较多

互联网的开放性使得人们可以自由地在网上发布各种各样的信息。因此，各种有价值的信息和无价值的信息充斥着网络空间，但是由于搜索引擎的智能化程度远没有达到人们的要求，所以无法对信息进行智能化的选择和过滤。在任何一个搜索引擎上输入一个常用的关键词都会产生数千条甚至上万条链接，而其中大部分信息是冗余信息。由于用户事实上根本不可能采用人工的方式浏览所有的网页来进行信息的选择，所以垃圾信息的产生在所难免。

3）各种检索软件检索方法不统一

目前，还没有任何一种检索工具能够提供对网络信息的全面检索。各种检索软件使用的检索符号和对检索方式的要求不一样。例如，要检索含有 Internet 和 Marketing 主题的文件，其检索式为"Internet and Marketing"。对于上述检索要求，不同的检索软件使用的符号是不一样的，有些搜索引擎的简单检索用"+"号，高级检索用"&"号；而另一些搜索引擎用"."号，还有一些使用"and"等。各种检索软件对符号的规定不同给检索带来了困难，给用户的使用带来了很多不便。在检索式的组成上，不同的检索软件也有不同的要求，如有的搜索引擎要求用户在写检索的主题时尽可能详细，而有些则要求用户尽可能以简短的词表示查询主题，有些检索软件要求用户将人名和专有名词都大写，有些则大小写都可以。

4）隐私性

出于安全性和隐私性等方面的考虑，许多人不愿意在互联网上透露个人信息，目前大数据的获取仍有很高的门槛限制，所以进行网上市场调查尽管在基本原则、基本方法方面与传统市场调查是一致的，但由于网上市场调查自身的特点，市场调查人员需要充分考虑互联网的性质，建立起适合网上市场的调查体系和方法。被调查者隐匿在显示器背后，因而接受调查的全过程不能得到调查者有效的引导、督促、监控，而被调查者的受访态度对于其所填问卷的可信度又有较大影响。

4.1.7 网上市场调查的主要内容

结合网上市场的特点，网上市场调查一般应包括以下几个方面的内容：

1）市场需求调查

市场需求调查包括两个方面的内容：其一，消费需求量调查。消费需求量直接决定市场规模的大小，影响需求量的主要因素包括货币收入、人口数量等。其二，消费结构调查。消费结构是指消费者将货币收入用于不同商品的比例，它决定了消费者的消费取向。

对消费结构的调查包括人口构成、家庭规模和构成、收入增长状况、商品供应状况以及价格变化等。

随着电子商务的出现，消费者的消费观念、消费方式和消费者的地位正在发生着重要的变化，消费者的控制权和主导权日益增加。此外，消费者挑选商品的空间不断扩大，选择余地增多，消费者的购买行为也更加理性化。一般而言，网上市场需求主要有以下几个方面的特点：

（1）个性化需求。由于工业化大生产、规模经济和标准化生产的原因，尽管物资极为丰富，但是消费者的个性化消费日益丧失。随着互联网的出现，消费者可以在全球范围内进行产品的比较和选择，并且可以设计自己的产品，市场又开始向个性化消费回归。可以预见的是，在网络时代，个性化消费将成为市场的主流。

（2）消费者的主动性增强。随着社会化分工日益细化和专业化，消费者感知的消费风险日益增加，在互联网出现之前，消费者无法成为检验每一种商品的专家，而且无从获得关于欲购买的商品的信息。随着互联网的出现，消费者通常在购买重要的商品之前，会通过互联网这一重要的信息渠道搜集关于商品的价格或特征等各方面的信息。通过这种查询和分析，消费者能够减少信息不对称，并在很大程度上消除查询前的感知风险。消费的主动性有利于增加消费者对产品的信任程度并获得心理上的满足感。

（3）消费理性化增强。互联网上海量的信息空间、智能购物代理、搜索引擎的出现为消费者选择商品提供了前所未有的理性选择途径。消费者可以利用互联网上的各种信息来源对准备购买的商品进行比较，根据最好的性价比来决定最终是否购买。

2）市场供给分析

市场供给分析主要包括生产状况分析、进出口分析、价格结构分析和竞争态势评估等项目。

3）消费者行为研究

对消费者行为的研究仍然需要借用传统市场营销的相关理论，因为消费者在本质上没有发生什么变化，只是更多地利用了网络的特性。关于网络消费者行为的一些统计数据，可以访问 www.statista.com。

影响消费者行为的因素主要有三大类：消费者自身因素、环境因素和企业市场营销因素。消费者行为研究就是分析这三类因素的变化对消费者行为的影响。

（1）消费者自身因素。电子商务不仅影响企业的营销环境，而且影响着企业的目标市场。这种影响具体体现在消费者及其行为的变化上。

不同的历史文化环境，特别是不同的媒体环境孕育不同时代的消费群。电视的普及产生了所谓"影像的一代"，互联网的兴起造就新的传播媒体，其大众化催生第三代消费者，又被称为网络时代的消费者、"N（Net）时代"消费者或"e人类"。毋庸置疑，"e人类"是电子商务环境下企业的目标市场。这是一种不同于以往任何时候的一种目标市场，因为"e人类"不但具有一些不同于以往消费者的特点，同时还会采取一些完全不同于以往消费者的行为。

　　网络环境下的消费者追求并易于接受新奇的思想和事物；要求主动参与新产品开发与研究，进入工厂和营销部门，成为对企业有帮助的合作者，这也是21世纪消费者的最突出特点；喜欢张扬个性，要求每件产品都要根据他们个人爱好和需要定做；要求全球范围内的最优价格；各类搜索引擎也让他们成为掌握信息更加充分的消费者。

　　网络环境下的各类搜索引擎让"e人类"无须走出家门就可做到"货比三家"，他们经常大范围地进行选择和比较，以保证所购买的商品价格最低、质量最好、最有个性，使商家欲通过不法手段获利的概率几乎为零；若市场上的产品不能满足其需求，他们会主动向厂商表达自己的想法，自觉不自觉地参与企业的新产品开发等活动，这又同以前消费者的被动接受产品形成鲜明对照；消费者通过网络来满足其个性化需求，这种行为使企业明确了它真正的目标市场——主动上网搜寻信息的人，使企业的行为更有针对性，从而避免了传统上把大众作为目标市场进行促销所导致的损失。

　　根据科特勒的观点，消费者调查有7个要点，也称为7Os，即市场构成者（Occupants：哪些人构成了市场）；购买目标（Objects：购买什么）；购买目的（Objectives：为什么购买）；购买活动的参与者（Organization：哪些人参与了购买过程）；购买过程（Operations：如何购买）；购买时机（Opportunity：何时购买）；购买地点（Outlets：在何处购买）。网络消费者调查的内容见表4-3。

表4-3　　　　　　　　　　　　　　　　　网络消费者调查的内容

消费者调查的7个要点	网络消费者调查
市场构成者	上网用户概貌：用户总人数、用户的地域分布、上网人群使用的语言、用户性别、用户的收入情况、用户的年龄情况、用户的工作领域、平均上网时间、用户的受教育情况等
购买目标	购买什么
购买目的	为什么购买
购买活动的参与者	哪些人参与了购买过程
购买过程	如何购买：上网用户的计算机特点、使用何种操作系统、用户在家里还是单位上网、接入方式如何、使用的显示器多大
购买时机	网络用户如何使用互联网：有多人比例的用户使用电子邮件或新闻组、利用互联网主要做的事情是什么、愿不愿意付费、用户担心的主要问题是什么等
购买地点	在何处购买：经常购买东西的电子商务网站

　　传统的消费者调查强调人口统计和消费心理数据的搜集，然而在信息时代，技术对消费者购买行为的重大影响要求企业获得更多的消费者信息，特别是技术在消费者生活中的

重要性等问题。这种信息被称为消费者技术统计学，即指消费者使用技术的动机、使用特征以及对技术的态度等信息构成的分支学科。

（2）环境因素。环境因素指消费者外部世界所有物质和社会要素的总和，包括有形的物体，如商品和商场；空间关系，如消费者与商场的空间距离、商场的位置及商品在商场中的位置；其他人的社会行为，如周围是什么样的人，他们在想什么、做什么等。

根据环境因素的空间覆盖范围和影响人数的多少，环境因素可分为微观环境因素和宏观环境因素两个层次。微观环境因素指消费者直接接触到的、具体的物质因素和社会因素的总和。如商场的购物环境、人流的多少、售货员的服务技能和态度、家人和朋友对某商品的看法等这些看似较小的因素都会影响消费者的特定行为。宏观环境因素指大规模的、具有普遍性的、影响广泛的物质环境和社会环境的总和，包括人口因素、经济因素、政治法律因素、社会文化因素、自然因素和科学技术因素等。

随着现代科学技术和通信技术的发展，互联网正逐步进入人们的生活，为人们创造了一个全新的信息环境——网络环境。所谓网络环境，是指在电子计算机与现代通信技术相结合的基础上构建的宽带、高速、综合、广域型数字式电信网络。

在网络环境中，原有的信息获取方式将发生重大变化，分散在不同地理位置的不同信息资源以数字化的方式存储，人们通过网络互联在任何一个终端都能获取所需要的信息。这样的环境不仅有利于信息的搜集与存储，同时也方便用户查询信息。这种不用考虑信息的地理存储位置、查询信息的特质，是传统的信息环境无法比拟的。

中国互联网络信息中心历年的调查表明，随着互联网的普及，我国的网络环境已初步形成，互联网以前所未有的发展速度与规模，将用户、信息和信息系统联系在一起，为企业创造了新的发展机遇。

（3）企业市场营销因素。企业市场营销因素包括企业营销战略、产品策略、价格策略、渠道策略和促销策略等[①]。下文将进行详细介绍。

4）营销因素研究

（1）产品调查。产品调查包括四个方面的内容：其一，产品生产能力调查，主要包括原材料来源、生产设施的现代化程度、技术水平情况、资金状况、人员素质等；其二，产品实体调查，主要包括产品的规格、颜色、图案、味道、式样、类型或产品的性能等；其三，产品的包装调查；其四，产品的生命周期调查。

（2）价格调查。价格调查主要包括目标市场的不同阶层顾客对产品的需求程度、竞争产品的定价水平及销售量、采用浮动价格是否合适、目标市场的不同消费者对产品价格的要求、现有定价能否使企业盈利及在同类企业中居于什么样的地位。价格对产品的销售量和企业盈利的大小都有重要的影响。

（3）分销渠道研究。分销渠道是指商品从生产领域进入消费领域所经过的通道。市场

---

① 所罗门，卢泰宏，杨晓燕. 消费者行为学（第 8 版·中国版）[M]. 北京：中国人民大学出版社，2009：13.

营销中大体有三种分销渠道，即直接卖给用户、通过商品经销商（批发、零售）卖给用户和委托代理商负责推销。市场调查需要研究的是，哪一种分销方式最能有效地辐射用户，使更多的商品进入市场，并能使更多的消费者了解和认可商品。

（4）促销策略研究。促销活动包括广告、公关、现场演示、有奖销售等一系列方式。根据产品的不同情况，采用哪一种或哪几种方式更能达到促销效果，就需要根据调查资料来进行决策。

5）竞争对手研究

竞争者信息的搜集工作是指企业系统地寻找并搜集关于现有和潜在竞争对手的及时的、相关的信息。在网络营销中，竞争十分激烈，企业要在竞争中取胜，必须"知己知彼"，需要充分地掌握同行业竞争对手的情况，并以此为鉴，扬长避短，充分发挥企业的竞争优势。当然，如果网络营销对企业可有可无，如排水管道公司，就可以不考虑竞争对手的情况，但是对于绝大多数企业而言，非常有必要了解以网络为基础的竞争对手的情况。

（1）主要内容。

① 市场上的主要竞争对手及其市场占有率情况。

② 竞争对手在经营、产品技术等方面的特点。

③ 竞争对手的产品、新产品研发水平及其发展情况。

④ 竞争者的分销渠道、产品价格策略、广告策略、销售推广策略等情况。

⑤ 竞争者的服务水平等。

可以创建一张图表，将上述内容量化：用"是"或"不是"回答问题，而不是使用"糟糕""缓慢"这样的词。根据客观事实更容易作出客观的判断。

对比的方面主要包括网址、网页数、用于接收反馈信息的电子邮件地址、所列举的销售地址、网上销售、图表利用、多媒体利用、推送技术的利用等。表4-4是一个简单的例子。

表4-4　　　　　　　　　　　　　竞争对手情况分析

项目	甲公司	乙公司	丙公司
网站	没有	有	有
博客	没有	没有	有
邮件列表	没有	有	有
在线服务论坛	甲论坛	没有	丙论坛
网址	无	www.bcd.com	www.abc.com
网页数	无	12页	几十页

做完上述比较之后，对每个竞争对手进行详细分析，列出各竞争对手的网站的主要评价指标，如公司介绍、产品、新闻、技术支持及信息反馈等。最后，写出总体感觉并列出竞争对手的优缺点。

（2）分析步骤。

① 选择关键词和搜索引擎。利用所有的相关关键词和有效的搜索引擎进行一系列的互联网搜索。

② 搜索竞争者的网站。竞争者的网站会透露企业的当前及未来营销战略，主要包括以下几个方面：风格、内容（年度报告、出版物、产品信息、人才招募计划等）、主要特色、促销战略、讨论组及顾客对竞争者的评论等。这些工作可以由自己来完成，也可以外包给专业公司。

③ 搜索第三方网站。其一，搜索贸易协会。贸易协会可以提供没有偏见的竞争者信息。这种信息可以作为从竞争者网站获得的信息的补充。其二，一些个人网站上也会有相关的信息。其三，通过一些信息服务平台（如某某信息网）、新闻来搜集相关竞争对手的信息。其四，外购竞争者信息。

④ 对竞争对手的客户进行调查。首先通过企业论坛等来确定竞争者的客户，然后在线调查竞争者的品牌形象、品牌特性、品牌资产、广告和促销的效果。找到竞争者的客户的难易程度取决于产品的类型。

4.2 搜索引擎

4.2.1 搜索引擎的系统结构与原理

搜索引擎的检索系统由以下几个部分组成：

1）搜索器

互联网每时每刻都在增加新的内容，为了及时反映信息源的情况，人们开发出一种名为"网络爬虫"的网页搜索软件（又名"网络蜘蛛"或"机器人"），负责访问网络上的各个站点，搜集网上不断更新的网页信息并带回搜索系统，为搜索引擎提供数据支持。搜索器的主要功能就是在互联网中漫游、发现和搜集信息。它通常是一个遵循一定协议的计算机程序，即蜘蛛程序。它日夜不停地运行，尽可能多、尽可能快地抓取网页，搜集各类信息。同时，由于互联网上的信息更新非常快，所以还要定期更新已经搜集过的旧信息，以避免死链接和无效链接，保证检索结果的质量。网络爬虫的更新主要基于以下三个方面：一是根据历史爬取数据来分析和预测信息更新规律；二是参考用户体验，优先更新检索结果排名靠前的爬虫程序；三是应用聚类分析技术，对属性相近的网页数据进行分类抽样爬取，从而提高更新效率。

2）分析器

分析程序通过一些特殊算法，从蜘蛛程序抓回的网页源文件中抽取主题词，并对其赋予不同的权值，以表明这些主题词同网页内容的相关程度，来判断网页内容。分析程序的目的是从一个URL到相应网页主题词建立一种关联，并通过对主题词的提取和分析，判断该网页所描述的信息。

3）索引器

索引器将信息进行分类整理，建立各种索引并更新搜索引擎数据库。索引器中将生成从关键词到URL的关系索引表。索引表一般使用某种形式的倒排表，即由索引项查找相应的URL，并以特定的数据结构存在索引数据库中。

倒排表是一个索引结构，包括两个索引表：文档表和术语表，如图4-1所示。

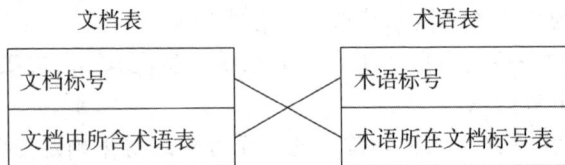

文档表   术语表

文档标号	术语标号
文档中所含术语表	术语所在文档标号表

图4-1 倒排表

文档表由文档记录组成。每一条记录包括两个字段：一个是文档标号（Doc-id）；另一个是"张贴表（Posting-list）"，张贴表是一组出现在文档之中的术语列表（或术语存储的地址表），它们按某种相关度排序。

术语表则由一组术语记录组成，每一条记录中包含两个字段：一个是术语标号（Term-id）；另一个也是"张贴表"，此表中记录了含有此术语的文档标号。

由此种结构可以很容易完成诸如"请返回所有与一个（组）关键词相关的文档"或"请返回与给定的一个或几个文档中术语相关的所有术语"这样的请求。

例如，用户输入了3个关键词，则可在术语表中先查到3个术语的标号，取这3个标号对应记录中的所有文档标号的交集（公共部分），作为检索的返回结果。它们是同时含有3个关键词的所有文档的标号集，由此标号集对应这些文档的链接地址，由此可链接所有文档[1]。

4）检索器

检索器的主要功能是根据用户输入的关键词在索引器形成的倒排表中进行查询，同时完成页面与查询之间的相关度评价，对将要输出的结果进行排序，并实现某种用户相关性反馈机制。

5）用户接口

用户接口的作用是输入用户查询、显示查询结果和提供用户相关性反馈机制，主要

① 杨坚争. 电子商务基础与应用［M］. 6版. 西安：西安电子科技大学出版社，2008：128.

目的是方便用户使用搜索引擎，高效率、多方式地从搜索引擎中得到有效、及时的信息。

通过 Web 服务器软件，为用户提供浏览器界面下的信息查询。每个搜索引擎都提供了一个良好的界面，并具有帮助功能。用户只要把想要查找的关键字或短语输入查询栏中，点击"查询"按钮，搜索引擎就会根据用户输入提问，在索引中查找相应的检索词语，进行必要的逻辑运算，最后给出查询的命中结果（均为超文本链接形式）。用户点击搜索引擎提供的链接，马上就可以访问相关网页。有些搜索引擎将搜索的范围进行了分类，如"网站""中文网页""新闻"等，在指定的类别中进行检索可以提高查询效率，搜索结果的"命中率"较高。[①]

4.2.2 搜索引擎的分类

1）按照信息搜集方法的不同分类

（1）目录式搜索引擎（Directory Search Engine）：通过人工方式来搜集信息并对信息进行归类。编辑人员通过查看相关网页，根据网页的内容提炼出主题词和网页摘要，并将该网页的链接归入事先确定好的分类目录中。这种做法与图书馆的分类人员所进行的工作类似。由于此类搜索引擎主要是由人工进行分类的，所以信息准确度高，能够比较好地满足查询者的需要，但是由于需要人工介入，因此目录创建的工作量大，搜集的信息量有限，信息更新不及时。这类搜索引擎的代表是 Yahoo!。

（2）机器人搜索引擎（Crawler-Based Search Engine）：由蜘蛛程序按照某种规则自动地在互联网上搜集信息，并进行归类，具体内容参见上一节的介绍。这类搜索引擎的代表是 Google。

（3）元搜索引擎（Meta Search Engine）。元搜索引擎和一般搜索引擎的区别在于：元搜索引擎没有自己的数据库，它是将用户的查询请求同时向多个搜索引擎递交，将返回的结果进行重复排除、重新排序等处理后，作为自己的结果返回用户。这类搜索引擎的优点是返回结果的信息量大，缺点是不能充分使用元搜索引擎的功能，用户需要做更多的筛选。网上的一些元搜索引擎地址如下：

http://www.mamma.com

http://dogpile.com

由于目录式搜索引擎和机器人搜索引擎各有优点，因此目前各门户网站上的搜索引擎通常是将两者结合起来使用。例如，新浪在使用人工分类的同时，也使用了机器人搜索引擎。用户在进行查询时，可以同时得到两种搜索引擎的反馈结果。

2）按照检索软件分类

按照检索软件的不同，搜索引擎可分为三大类：全文数据库检索、非全文数据库检索

---

① 詹仁锋，张丽. 经济信息检索与利用［M］. 2版.大连：大连理工大学出版社，2001：101.

和主题指南类检索。

（1）全文数据库检索。全文数据库检索能够提供完整的文献和信息检索，查全率很高，但由于信息量非常大，检索起来比较困难，对检索技术的要求很高。这类搜索引擎的代表是百度。

（2）非全文数据库检索。非全文数据库检索仅提供部分全文检索，有时需要二次检索，不太方便，但具有速度快、使用简便、索引量大的特点。

（3）主题指南类检索。主题指南类检索是目前网络检索中最常用的检索软件。这种软件查准率高、速度快、使用方便。现在大部分网站都具备主题指南类检索功能。

3）按不同终端分类

按照不同的终端，搜索引擎可分为移动（手机）端搜索引擎和PC（电脑）端搜索引擎。移动端搜索引擎和PC端搜索引擎呈现的网页内容一致，但两类终端的网站和页面代码是独立的，带给用户的浏览体验也有所差别。近年来移动端搜索引擎发展速度加快，原因在于其便携性。另外，手机的定位功能可以帮助用户获得更精准的信息和个性化服务。移动端搜索引擎的典型代表是百度，其率先完成了搜索引擎从PC端到移动端的转变。根据StatCounter的统计数据，截至2022年6月，百度在中国移动端搜索引擎的市场份额为90.85%，占据绝对优势。百度推出手机浏览器和手机百度App，设计出语音搜索、图像搜索以及智能文字搜索等多样化检索方式，更加便捷地帮助用户随时随地迅速搜索到想要的信息。百度移动端搜索引擎还推出了个性化资讯、热门频道等服务，从而优化了客户的搜索体验。

4.2.3 搜索引擎注册[①]

1）商业化注册及原因

在利用搜索引擎进行注册时，有两种途径：一种途径是分别到各个搜索引擎去注册；另一种途径是通过专业网站或软件进行一次性多个搜索引擎注册。

前者适合少量注册，后者涉及商业化的注册服务。在企业营销中，常用的是商业化注册，原因有以下几点：

（1）跟踪和了解搜索引擎站点资源是一件困难的事情。

搜索引擎站点的数目很大，要掌握这些站点，并了解每个站点的特点，是一件十分困难的事情。用户如果逐一根据搜索引擎提供的站点注册入口进行注册，非常耗费时间。

（2）搜索引擎注册已经成为网络空间的一种技术。

为了在搜索引擎结果中取得靠前的排名，需要采用许多复杂的注册技术。搜索引擎排列结果所依赖的因素各不相同，而且搜索引擎本身也在不断变化，因此要想在众多搜索引擎中都取得靠前的排名，就必须针对不同的搜索引擎进行页面的优化。也就是说，要为每

---

① 莱特福特. 搜索引擎优化宝典［M］. 陈钢，译. 北京：清华大学出版社，2009：96.

个搜索引擎定制不同的meta标记和其他页面元素。

2）机器人搜索引擎的注册技巧

根据机器人搜索引擎的工作原理，可以采用如下一些方法使自己的网站排名尽量靠前。

（1）确定恰当的网页标题。

网页标题是出现在Web浏览器顶端名称栏的内容，即网页文件源代码中<title>标记符与</title>标记符之间的那段文字。有些搜索引擎通过对网页标题的判断来确定网页主题最重要的因素。所以，标题与主题的相关程度对决定页面的级别是非常重要的，在设计标题的时候应该紧扣页面的主题。

（2）meta标记。

<meta>具有多种功能，具体的功能由它的两个参数指定：

其一，http-equiv参数：具有多种功能，具体的功能由它的内容指定。http-equiv="content-type"用来指定浏览器所使用的编码种类。

其二，content参数：具有多种功能，具体的功能由它的内容指定。Content="text/html; charset=gb2312"用来指定浏览器只使用GB编码汉字。

注意，这行语句的内容与格式基本上是固定的，不必深究它的细节，只要将它放在网页首部即可。加入这行语句后，不管浏览器目前处于哪种编码状态下，"网上音像店"这一网页标题总是自动显示GB编码汉字。

此外，<meta>标签能使搜索引擎更容易找到你的位置。在你网页中的<head>标签和</head>标签之间加上<meta>标签，当然别忘了把你自己的信息填入引号之内。

<meta name="key words" content="online marketing, online, marketing, high technology, Web, Internet, dummies, geniuses, veeblefetzer">

<meta name="description" content="在互联网上订购、销售中外音像制品">：该命令行用于为搜索引擎提供简介信息。

<meta name="key words" content="音像">：该命令行为搜索引擎提供关键词信息。

注意：某些公司在它们的meta标签内容上走了极端。它们使用与其竞争的公司及其产品的名字作为关键字，以使访问者浏览自己的网站。这种行为不仅不道德，而且还可能会承担法律责任。

（3）拟定准确的头行和主体的内容。

除了页面的标题之外，页面文件主体内容靠近主标题的正文部分的内容非常重要，通常也对搜索引擎判定页面的内容有较大的影响。有的搜索引擎不支持meta，这些搜索引擎的蜘蛛软件自动将正文的前20行视为描述文字，并将其中重复次数最多的单词视为关键字。

（4）制作站点的通道页。

多数搜索引擎拒绝对所递交的URL的第二级或第三级以下层次网页进行索引。解决的方法就是做一个"通道页"（Hallway Page），在"通道页"中放置网站的所有链接。注意，某些搜索引擎会限制同一域名下的网页数，所以建议在"通道页"中按网页的重要程度对链接进行排序，而且每个"通道页"中的链接数应当控制在50个以内。

（5）优质的页面。

其一，避免死链接。检查链接是否正确，避免死链接。

其二，蜘蛛软件对包含在图像中的超链接是不能识别的，也就是说，蜘蛛软件是不能沿着图像中的超链接过渡到下一个页面的。因此，除了图像链接之外还要包括文本链接。

其三，避免提交含有帧的页面。许多搜索引擎软件是不认识帧的，因此最好将主页设计成无帧的页面。

其四，经常更新。为了鼓励网页更新，搜索引擎将清除长期没有更新的网页。

3）目录查询站点的注册技巧

（1）提供良好的网页。

由于网页需要经过人工判断来决定是否纳入分类目录，所以设计良好的网页会增加进入搜索引擎的可能性。

（2）优秀的内容。

从搜索引擎的统计结果来看，尽管人们可以采取许多提升排名的方法，但是优秀的内容仍然是排在搜索结果前列的保证。

（3）选好适合的目录。

企业应当对自己的网站有一个准确的定位。企业需要研究搜索引擎的分类目录，看看企业的产品或服务最适合哪个分类目录。登录合适的网站目录对于企业的成功是非常重要的。

4.2.4　搜索引擎流程图①

在上网搜索之前，需要先制订计划，表4-5给出了一个搜索计划的例子，它以流程图的方式去搜寻关于"数据采掘"的学术文档。

表4-5　　　　　　　　　　　　　　搜索引擎流程图

普　通	特　定
1.搜索主题属于哪个领域	从现有的数据记录中挖掘信息
2.搜索主题的关键词是什么	市场调查、数据采掘、数据库、客户调查
3.这一领域有没有知名的调查专家	没有
4.这一搜索领域是否限于互联网的一个域名	Edu
5.布尔运算符是否有帮助	是的，"数据采掘"and"研究"and not"矿石"
6.哪个搜索引擎提供了所需的搜索设备	Hotbot

① 弗瑞斯特. 网上市场调查［M］. 李进，杨哲慧，成栋，译. 北京：机械工业出版社，2002：203.

4.2.5　生成式人工智能

1）概念

生成式人工智能（Generative Artificial Intelligence）是一种人工智能技术，旨在让计算机系统具备创造性和创新性，能够生成新的内容、图像、音频或视频等。生成式人工智能通常基于深度学习和神经网络技术，通过学习大量数据并从中提取规律，使得计算机系统能够自动生成符合规律和语义的新内容。

2）应用

生成式人工智能的典型应用包括：

（1）生成对抗网络（GANs）：生成对抗网络是一种生成式人工智能模型，由生成器和判别器组成，用于生成逼真的假数据。生成器负责生成假数据，而判别器则负责区分真实数据和生成的假数据。这种对抗学习框架使得生成器能够不断提高生成假数据的逼真程度。

（2）自然语言生成（NLG）：自然语言生成是生成式人工智能在文本生成领域的应用，能够自动生成符合语法和语义规则的文本内容。这种技术在自动化写作、智能客服、新闻报道等领域有广泛应用。

（3）图像生成：生成式人工智能能够生成逼真的图像内容，例如生成艺术作品、风景图片、人像等。这种技术在创作艺术、影视特效、游戏开发等领域具有广泛的应用。

（4）声音生成：生成式人工智能也可以生成人类语音、音乐等声音内容，使得计算机系统能够自动生成声音素材。

生成式人工智能的发展为创意产业、娱乐产业等领域带来了新的可能性，也为智能化应用和产品提供了更多的功能和创新思路。然而，生成式人工智能也面临着如何保证生成内容的准确性、逼真性和合法性等挑战。

4.3　网上市场调查的方法与特点

4.3.1　网上问卷调查法

网上问卷调查法是将问卷在网上发布，被调查对象通过 Internet 完成问卷调查。网上问卷调查的方法在本章的 4.1.2 中介绍过。下面对电子邮件调查、Web 页面（网站）调查和在线问卷调查作简要说明。

1）电子邮件调查

（1）电子邮件调查及其特点。

电子邮件调查就是使用纯文本（ASCII 码）、附件或 HTML 格式进行问卷调查，应答者把答案输入相应的地方，并在回答完毕后将问卷回复给调查机构，由专门的程序进行问卷准备、列出 E-mail 地址和搜集数据。这种问卷调查的优点是问卷制作方便，分发迅速，不需要专门技术。另外，这种方法还能防止用户的重复应答，除非应答者有几个不同的电子邮件地址。

这种方法的缺点是调查问卷反馈之前，没办法检查应答错误，因此，调查者不可能要求数据的再次输入，除非应答者自己寄一封电子邮件要求再填一次问卷。如果使用专门的软件把数据直接输入数据库，漏答的问题和毁坏的文本需要代价高昂的手工编码；否则，需要把所有的调查问卷打印出来并将结果——手工编码。

此外，由于用户使用的电子邮件软件多种多样，所以在用电子邮件进行调查时，被调查者看到的问卷可能不是发送的原件。格式、空格和换行可能会被歪曲，给被调查者填写问卷带来困难。

（2）电子邮件调查应注意的问题。

① 应当把主要的信息和调查的重点放在第一屏可以看到的范围内。

② 把文件标题作为邮件主题。主题是收件人首先可以看到的，只有主题富有吸引力，而且新颖、可以激发兴趣，才能促使他们打开电子邮件，这一点非常重要。

③ 调查问卷应当简洁。在使用传统营销手段时，有时推销文章越长越有说服力，电子邮件则不同。这是因为电子邮件信息的处理方法不同于印刷资料，尤其是当你有一大堆邮件需要整理时。必须了解这一特点，尽量节约收件人的上网时间。不要滥用多种字体，尽量使电子邮件简单明了，易于浏览和阅读。

2）Web 页面调查

采用 CGI 技术，将问卷设计者、服务器、数据库结合起来。用户访问网站时，在表格上进行填写，填写的内容可以自动存入数据库。

这两种方式实质上是一样的，都是通过问卷的方式进行调查。因此，问卷的设计就成为主要的问题。所有优秀的电子问卷调查软件都可以把原始数据转换成微软的 Access 和 Excel 等电子数据库格式。市场调查者应该确保自己使用的程序具有这种功能，否则就要人工输入搜集的数据，这样使用电子问卷调查就没什么意义了。

3）在线问卷调查

（1）在线问卷调查的流程及应用

随着网上调查问卷的广泛应用，网络上出现了以问卷星为代表的在线问卷调查平台。问卷星提供专业化的网上市场调查服务，其服务流程包括在线设计、发布并搜集问卷，随时查看和下载调查结果数据及统计图表，也可以将原始数据轻松导入其他统计分析软件进行处理。

在线设计问卷：问卷星提供了所见即所得的设计问卷界面，支持多种题型以及信息栏和分页栏，并可以给选项设置分数（可用于量表题或者测试问卷），可以设置跳转逻辑，同时还提供了数十种专业问卷模板。

发布问卷并设置属性：问卷设计好后可以直接发布并设置相关属性，如问卷分类、说明、公开级别、访问密码等。

发送问卷：通过发送邀请邮件、将问卷嵌入到公司网站发送给员工、客户、合作伙伴，或者通过QQ发送给好友、微博等社交媒体，或用邮件发送给相关联系人。

查看调查结果：可以通过柱状图和饼状图查看统计图表，卡片式查看答卷详情，分析答卷来源的时间段、地区和网站。

创建自定义报表：自定义报表中可以设置一系列筛选条件，不仅可以根据答案来做交叉分析和分类统计（例如，统计年龄在20~30岁之间女性受访者的数据），还可以根据填写问卷所用时间、来源地区和网站等筛选出符合条件的答卷集合。

下载调查数据：调查完成后，可以下载统计图表到Word文件保存、打印，或者下载原始数据到Excel、导入SPSS等调查分析软件做进一步的分析。

问卷星的典型应用包括针对企业的员工满意度调查、针对高校的学术调研，以及针对个人的讨论投票等。

（2）在线问卷调查的优点

① 高效率的自助服务。在线问卷调查平台会提供给用户各种问卷设计模板，用户可以自由选择不同类型进行问卷设计。问卷设计完成后，用户可以在平台上创建链接，向不同平台（如微信、微博）发送链接邀请被调查者进行填写。问卷星会对调查结果进行自动统计，用户可以随时查看和下载调查报告。

② 高质量的增值服务。问卷星依靠专业优势与丰富的样本资源，有偿帮助用户在短时间内邀请到符合条件（如性别、年龄、职业等）的被调查者，同时自动筛选无效问卷，大大节省了用户的时间与精力，提高了调查质量。

③ 低成本。问卷星按照题目数量、类型以及有效样本数量收费，题目数量在20题以内，价格仅为每份2元。

④ 回收率高。为了在有限的时间内达到预期的样本数量，问卷星会设置一定的奖励以吸引被调查者。奖励的方式具体表现为积分兑换、礼品赠送等。适当的回馈可以正面激励被调查者认真、严谨地作答。适度的反馈和奖励有助于调研工作效率的提高。

4.3.2　网上市场调查[①]方法的特点

自从互联网问世以来，人们就在探索如何对消费者进行网上市场调查。人们一直希望能够利用互联网搜集数据并从事定量分析，以准确地了解消费者对企业在线产品和服务的态度与看法。但是，达到上述目标对研究者来说是一个巨大的挑战。事实证明，我们并不能如愿地与在线消费者进行接触和沟通，也很难保证在线搜集的数据具有一般性和代表性。所以，尽管在互联网的发展初期，其就被用于数据搜集，但是效果并不明显。即便是

---

① 对于"网上市场调查"通常有多种解释，这里仅指利用互联网对网络用户（在线用户）进行调查。

涉及网上市场调查方法的文献和书籍，也主要偏重于定性研究，大多是把传统市场营销学中的市场调查方法进行了延伸和拓展，给人似是而非的感觉。因此，我们需要认真研究网上市场调查的自身特点和基本方法，以正确认识目前网上市场调查所面临的问题和发展取向。

1）网上市场调查定量分析的核心——调查样本的确定

不管网上市场调查的对象如何，不论采用何种网上市场调查的具体方式，也不论利用何种数学工具对调查结果进行分析，对于网上市场调查，最重要的是确定样本。根据样本的确定情况，网上市场调查方法可以分为两类：基于概率样本的网上市场调查和基于非概率样本的网上市场调查。

（1）基于概率样本的网上市场调查。

①截取调查法。

该方法获得的样本取自于网站的访问者。与已有的投票调查法类似，截取调查法以网站的访问者为目标，其所采取的方式是：邀请网站的每第n个访问者参与投票[1]。

②名单确定样本法。

该方法的样本框架是以已有的名单为基础的，如教师、工作人员或者学生的名单。调查人员随机地向这些名单中的成员发送参与调查的邀请以及调查问卷。

③混合调查法。

该方法是调查人员通过邮寄或者电话的方式来发布调查信息，被调查人员利用网络或电子邮件来进行回答[2]。这种调查方式所选取的样本与电话或者邮寄调查方式所选择的样本类似，而被调查者负担的成本却下降了。

④事先确定样本法。

该方法是事先确定好被调查者，如果被调查者是非网络用户的话，则需要为其提供上网条件，使其能够在线回答问卷。这种方法被认为是从所有人口中获得概率样本的唯一方法。

（2）基于非概率样本的网上市场调查。

基于非概率样本的网上市场调查通常意在了解网民的一般性观点，它可以在网站上以任何方式出现。

①娱乐性调查法。

门户网站或者新闻网站常采用此方法。这类网站一般没有进入限制，网络用户比较喜欢并经常访问此类网站。这类网站通常对一些大众关心的问题进行调查（例如，关于国足选帅的调查），而网站浏览者点击一下鼠标就可以进行回答。

②志愿者选择模式。

通过网站（通常是门户网站）上的旗帜广告来招募志愿参与者。然后，志愿者被邀请

---

① n是一个任意数，例如5 100，根据网站的实际访问量确定。
② 因为被调查者通常更愿意以网络或电子邮件的方式来回答问卷。

参与网络或电子邮件调查。

上文所述基本上包括了目前所采用的网上市场调查方法。尽管还有一些其他网上市场调查方法，但是实证研究发现，过去几年中互联网很少被用来搜集可供定量分析的数据。这种现象是什么原因造成的呢？要回答这个问题，就需要对目前在互联网上进行网上市场调查的优劣进行分析。

2）网上市场调查的优势分析

相对于传统的市场调查而言，网上市场调查通常被认为具有以下优点：

（1）网上市场调查的广泛性。

互联网本身所具有的技术特点保证了网上市场调查的广泛性。截至 2023 年 12 月，我国网民规模达到 10.92 亿人。此外，由于绝大多数上网用户都使用电子邮件，因此网上市场调查被认为是非常容易进行的。

（2）易于回复。

进行网上市场调查时，被调查者可以选择多种方式回复。以电子邮件调查为例，被调查者可以通过电子邮件回复，也可以把问卷打印出来填写，然后将问卷邮寄或者传真给调查人员。现在，在发送给被调查者的电子邮件中制作一个链接，可以让被调查者链接到网站上，并直接填写 Web 表单。

网络调查易于回复的特性提高了问卷的反馈速度，大多数电子邮件调查在 24～48 小时之内都可以得到反馈，这也使得回复率得以提高。

（3）低成本。

网上市场调查可以降低分发调查问卷的成本。调查者不需要支付邮资和打印成本。此外，在互联网发展的早期，调查人员通过搜索引擎，可以免费获得网络用户的电子邮件地址。

（4）保证被调查者的匿名性。

匿名性和隐私性对于许多被调查者而言是至关重要的。保证匿名性将直接影响到调查的回复率。网上市场调查可以保证被调查者的匿名性，特别是当调查不需要进行用户注册时。

（5）保证调查的准确性和客观性。

利用网络调查，被调查者所键入的数据可以直接导入数据库进行分析，所以网络调查能够降低调查人员对答案产生误解的可能性，尤其是相对于电话调查或面对面会谈而言。

此外，网上市场调查有助于降低被访者对调查人员产生偏见的可能性，调查人员在网络上的形象几乎不会影响被调查者的答案。

3）网上市场调查面临的问题

随着互联网经济的不断发展，网上市场调查面临着许多新的问题。有些被认为是网上市场调查与生俱来的优势（如低成本）也在悄然发生着变化。

（1）调查对象是否具有普遍性。截至 2023 年 12 月，中国有超过 10 亿的上网人数，普及率为 77.5%，虽然人数很多，但主要集中在发达地区，而且用户类型也比较集中。因此，这样一个以互联网为基础的样本就不可能从整体上代表中国人口的一般性。

（2）样本偏倚

首先，在线问卷调查是自愿参与的，参与者决定是否填写问卷。这可能导致某些群体更倾向于参与，而其他群体可能被忽略。例如，某些人群可能对特定主题更感兴趣或有更强烈的观点，因此更有动力参与调查，而其他人群可能对该主题不太感兴趣或没有时间填写问卷。

其次，在线问卷调查需要电子设备和互联网连接，这可能导致数字鸿沟现象。一些群体可能没有适当的设备或互联网接入，因此无法参与在线调查。这可能导致某些特定群体在样本中被忽略，从而产生偏倚。

再次，不同社会群体之间存在认知偏见、文化差异、社会经济地位等方面的差异，这也会导致在线问卷调查的样本偏倚。某些群体可能更有意愿参与调查，而其他群体可能由于种种原因而被忽略。

最后，在线问卷调查通常通过社交媒体、电子邮件、论坛等渠道传播。这些渠道可能有其特定的用户群体，可能导致样本在年龄、教育程度和兴趣等方面存在偏倚。例如，如果使用某个社交媒体平台进行调查，只有使用该平台的用户才有机会知道和参与调查。

（3）多次回复。

技术手段还不能阻止被调查者多次就问卷进行回答，所以，存在着某一个被调查者多次回答的可能性。也就是说，任何人都可以在任何时候对网络调查问卷进行回答。因此，调查者不可能评估实际回复率，网络调查结果的权威性也就值得怀疑了。

有以下几种方法可以防止重复回复：

其一，Cookies：只要用户不关掉此系统，并在同一台电脑上完成问卷，它就可以发挥功效。

其二，IP：可建立公共网关接口防止在同样的 IP 地址重复作答。但是，如果用户断开连接，然后再回来，他们就会有不同的 IP 地址。

其三，唯一的统一资源定位符：用电子邮件发送邀请时，就建立了唯一的统一资源定位符系统，这样每个用户就会收到独有的资源定位符地址。例如，http://www.domain.com/cgi-bin/survey.pl？12345，这里的 12345 是连接时必需的、唯一的、不连续的 ID 数字。如果用户删掉了数字，就无法进入问卷调查；如果改变了数字，则要花费几个小时去猜另外一个有效的数字。

其四，唯一的密码：建立用户名/密码的组合系统可使每个用户名/密码只参与一次。用户可以重复作答，但一旦用户名/密码在数据中被捕捉到了，以后重复的回答将被删除。

其五，事后清除：先允许重复作答，然后再清除它们可能是最简单的办法了。追踪重复作答也并非难事，只要分析 IP、浏览器类型、个人信息和打字模式等几个指标就可以了。

（4）样本容量不足。

在线问卷调查通常需要尽可能多的参与者来获得可靠的结果。如果参与者数量不够，可能无法对整个目标群体进行良好的代表性抽样，从而降低研究结论的可信度。

另外，有些参与者可能对一些敏感或私人的问题不愿意如实回答，或者出于社会期许而提供希望被接受的回答。这可能导致数据的不准确性和失真。

（5）调查结果是否具有一般性：概率样本与非概率样本的争论。

非概率样本的研究通常遵循这样一条原则，即实际回复的数量越多，回复就越具有代表性。要获得大量的回复，其中一个最有效的方法就是在网站上的不同地方采用不同的方式对网络用户进行调查，如旗帜广告等。但是，大量的回复率也并不一定能保证一个稳定的、具有代表性的人群。Tierney对一个旅游网站进行了调查，网站搜集的关于访问者的数据来自两个方面：一是来自网站的访问者自己所提供的信息；二是来自网站所获得的实际信息。他将这两方面的信息进行了比较，结果发现：如果回复者与未回复者存在着很大的差异，那么即便网络调查所获得的样本量再大也是没有任何意义的。因此，Tierney建议需要慎重考虑非概率调查方法。

与此相反，Witte、Amoroso和Howard建议采用非概率样本。他们认为随机性只是让人们觉得样本代表了人口的一般性，但实际上随机性也无法保证样本的代表性。为了说明这一问题，他们列举了Nielsen电视台进行调查时所采用的方式。该电视台对不同的人群进行调查，调查者认为，非概率样本也可以保证结果具有代表性，因为可以用一些外部尺度对其进行调整，以使研究者把非概率样本作为一个随机的样本（即概率样本）来对待。例如，一个为美国国家地理协会所进行的网络调查不仅仅在整体上将网络用户的人口特征与美国的人口特征进行了比较，还通过询问一系列问题的方式整体比较了在线回复者与整个美国人口的类似性。询问的问题如：上网的人和不上网的人各自喜欢什么样的音乐。对音乐偏好的比较就提供了这样一种可能性：能够对网络调查的结果进行调整，以使其更具有一般性。①

此外，为了更好地理解非概率样本，对概率样本分析的结果与非概率样本分析的结果进行比较是十分重要的。通过这种比较，可以了解两个样本中回复者的类似性和差异性，整个调查结果的类似性和差异性，以及调查问卷完成率的类似性和差异性。这样有助于解决非概率样本不具有普遍性的问题。

（6）回复速度真的很重要吗？

通常的观点认为：越早回复调查问卷的人一般来说对调查问题越感兴趣，所以较早回复调查问卷的人能够从整体上代表整个答复群体。但是，Shannon和Bradshaw的研究表明这种观点是不正确的。也就是说，在网上市场调查中回复速度并不像我们所认为的那么重要。

（7）低成本性不复存在。

网上市场调查的低成本性好像是天经地义的事情，但是目前就概率样本调查而言，互联网已经不再是一个低成本的方式了。一方面，针对无法覆盖到的特定人群，需要通过广告投放或购买用户数据库来获取样本，这会增加一定的费用。另一方面，为了提高问卷的可信度和有效需要额外的设计和测试，这也会增加成本。

---

① 尽管这种方法并不十分完美，但它提供了一个有益的思路。

此外，考虑到隐私权问题，许多人不愿意将自己的信息纳入到目录中，因此相对于电话号码本中的广告页而言，在线目录的价值降低了。由此可见，要确定调查名单需要大量的劳动。要进行网上市场调查，调查主体的选择必须是合适的，而且直接与样本的内容相关。因为网上市场调查只能对感兴趣的人群进行，而不能对整个人群进行调查。所以，从这个意义上说，只有对某一特定的人群进行调查时才能获得更大的成功。因为对某一特定的人群进行调查可以得到理性的样本。例如，对属于各种协会的个体进行列表调查，可以获得关于租金方面的数据。想研究学生、教师、医生以及其他目标群体的态度和观点的研究人员，可以找到令其满意的调查名单。

（8）关于问卷设计方面的考虑。

尽管互联网技术不断发展，但是，研究表明，问卷的设计仍然是影响网络用户参与调查的首要问题。我们必须认真研究影响调查回复的因素，以尽可能地保证数据质量，减少错误。Couper、Traugott 和 Lamias 所进行的一项研究发现，即便所要调查的问题一样，但要求被调查者填空的长度发生变化，也会影响到回复率。一些复杂的图表和看起来能使调查更有意思的设计只会增加下载时间，这也许会导致更低的调查问卷完成率。其他一些导致问卷不能完成的因素包括问题没有明确的答案或者表格形式的问卷，以及被调查者对 Web 表格不熟悉（如下拉按钮）等。显然，被调查者很看重网络调查的"易用性"，让用户感到更舒适的网络调查表格对搜集顾客信息来说是十分重要的。

（9）垃圾信息与隐私权问题。

随着垃圾信息的数量越来越多，人们越来越不愿意参与电子信息调查。此外，对隐私权的关心也会对调查有影响。对上述问题的研究表明，垃圾信息以及隐私权问题会使网上市场调查与一般性调查有所不同，因此需要进一步研究如何采取一些方法来改进网上市场调查在人们心目中的形象。

通过上述分析，我们可以认识到互联网并不是万能的，利用互联网进行网络调查仍是一项艰巨的任务。不论网络调查采用何种方法，要解决的关键问题就是调查结果是否具有一般性。事实上，本书所有的问题都是围绕这一原则产生的。尽管将互联网用来做定量研究还有待时日，但是作为研究者，我们需要创造出新的方法来更好地将互联网应用于市场调查活动。

4.3.3　网上市场调查的原则

1）认真设计网上市场调查表

由于用户的兴趣和耐心是有限的，所以网上市场调查表应该主题明确、简短（一或两屏），以获得高的应答率，这是所有问卷设计的基本原则。

2）采取激励措施，吸引更多的人参与调查

参与者的数量对调查结果的真实性十分重要。企业可以采取一些激励措施来吸引用户参与调查。奖励可以分为：经济刺激（例如，20 元的长途电话费）、智力刺激（例如，一张搜集了中国近代文学作品的只读光盘)、功能刺激（一种订购货物或邮递的在线方式）、娱乐刺激（提供当红演员的声音和录像剪辑），但是奖励措施通常会导致同一用户多次填写调查表的情况，所以，合理设置奖项有助于减少不真实的问卷。

调查者特别需要注意的是，不要对新闻组和BBS的用户进行调查，因为这很容易招致用户的反感。

3）声明对个人隐私进行保护

应向被调查者保证，网站所获得的信息一定对外保密。只有这样，才能让被调查者提供尽可能真实的信息，保证调查结果的准确性。

4）尽量降低样本分布不均衡的影响

样本分布不均衡表现在用户的年龄、职业、受教育程度、地理分布以及不同网站的特定用户群体等方面，因此，在进行市场调查时要对网站用户结构有一定的了解，尤其是在样本数量不是很大的情况下。此外，还要防止重复投票对样本的影响。

5）多种网上调查方法相结合

可以将网站网上市场调查、电子邮件问卷调查、对访问者的随机抽样调查、固定样本调查等调查方法结合起来。多种调查方法的结合使用可以获得尽可能多的有价值信息。

4.3.4 网上市场调查表的设计

网上市场调查是一个很好的了解顾客的渠道，但前提是必须设计一个好的调查表。只有设计正确的调查表，才能得到正确的反馈信息。

网上市场调查表的制作步骤见表4-6。

表4-6 　　　　　　　　　　　　网上市场调查表制作步骤

事前准备	调查目的的确认与明确化	调查目的的确认
		原有资料、信息的分析，设定假说
		汇总、分析方法的确定
调查问卷的设计	调查问卷的组成部分	卷首语、问题指导语、问卷主体以及结束语
	决定调查项目和提问项目	决定调查项目
		决定提问项目
	设定问题项目的制作	提问形式、回答形式的推敲
		设定问题方案内容的推敲
		措辞、用字的检查
		决定回答项目
	提问顺序的推敲	
	进行预备测试（模拟试验）	
事后的检查	调查问卷的完成	根据预测试进行修正、校对、印刷，完成调查问卷

4.3.5　撰写网上市场调查报告应注意的事项

网上市场调查完成后，需要做的工作就是撰写报告。

（1）调查报告应该用清楚的、符合语法结构的语言表达。

（2）调查报告中的图表应该有标题，对计量单位应清楚地加以说明，并且，如果采用了已公布的资料，应该注明资料来源。

（3）正确运用图表，对于过长的表格，可在调查报告中给出它的简表，详细的数据列在附录中。

（4）调查报告应该在一个有逻辑的框架中陈述调研结果。尽管特定的调查有特定的标题，但在调查报告中应对特定标题给出一些具体的建议。若涉及宣传方面的问题，调查报告的内容和形式都应满足特定要求。

（5）调查报告的印刷式样和装订应符合规范。市场调研对一个公司来说是至关重要的，它能促使公司生产适销对路的产品，及时地调整营销策略。

4.3.6　问卷调查软件的评估标准

在进行网上市场调查时，通常会购买一些问卷调查软件。在选择问卷调查软件时，要注意以下几个评估标准[①]：

（1）完全定制的 HTML 格式，而不仅仅是背景和字体。

（2）可选择一页或多页格式。

（3）可选择每页有多少个问题。

（4）将结果保存到数据库。

（5）真正的跳过模式。

（6）任意一页都可以根据多重标准选择跳过模式。

（7）真正的分支结构（根据应答者的答案提供多个调查问卷版本）。

（8）应答者必须能够使用浏览器的"后退"键而且不会丢失数据。

（9）定额控制选项。

（10）重复作答控制选项。

（11）安全或密码保护选项。

（12）数据有效性选项。

（13）调查结果的实时展示。

（14）问题的表格化，每隔一行彩色显示。

（15）能与所有显示表格的浏览器百分之百兼容。

（16）如果软件需要运行 Cookie 或者其他新的 Web 浏览器，那么上述一切就没有用了。

---

① 弗瑞斯特. 网上市场调查 [M]. 李进，杨哲慧，成栋，译. 北京：机械工业出版社，2002：230.

▌本章小结

　　本章是网络营销的重点内容，介绍了网上市场调查的特点、内容、步骤，并提供了网上市场调查报告的具体撰写方法；阐明了搜索引擎的工作原理、搜索引擎的分类以及各类搜索引擎的区别；介绍了网上市场调查的方法及其特点，以及如何进行网上市场调查。

▌本章网站资源

　　进行竞争对手调查的公司：

　　福尔德公司网络情报索引：http：//www.fuld.com

　　进行网上市场调查的公司：

　　3SEE市场研究信息网：http：//www.3see.com

　　Council AmericanSurvey Research Organization：http：//www.casro.org

　　Forrester：http：//www.forrester.com

　　Georgia Tech：http：//www.gvu.gatech.edu

　　Cyberatlas：http：//cyberatlas.internet.com

　　Clickz：http：//www.clickz.com

　　Statsoft：http：//www.statsoft.com

　　对公司进行调查的网站：

　　http：//www.stats.gov.cn

　　http：//www.cnnic.net.cn

　　http：//www.iresearch.com.cn

　　https：//s.askci.com

▌复习思考题

　　1.什么是网上直接市场调查？什么是网上间接市场调查？

2.网上调查相比于传统调查方式，有哪些特点和优势？为什么要采用网上调查？

3.我国网民有哪些人口统计特征？这些特征对调查者上网搜集信息有何影响？

4.利用互联网对某类产品或某个行业进行宏观环境监测，把你的监测结果写成一份摘要，并就短期（5年）和长期（大于5年）的营销战略提出合理的建议。

5.采用一种网上直接市场调查的方法，调查某一用户群体使用RSS阅读器的情况。

6.选择一家公司，用本章所介绍的方法在互联网上实施竞争者信息搜集工作。

网上开店

第 5 章

学习目标

掌握网上开店的概念；掌握自建网站、利用独立网店系统和通过第三方电子商务平台开店等方式；了解自建网站的经营方式；熟知三种网上开店方式的优点和缺点；熟悉网上开店的前期准备工作；熟练使用网络经营工具；了解网上经营平台；熟知网上开店的流程；了解搜索引擎优化技术。

5.1 网上开店概述

5.1.1 网上开店

网上开店是指店主（卖家）自己建立网站或通过第三方电子商务平台，把商品（形象、性能、质量、价值、功能等）展示给顾客，然后在网络上留下联系和支付方式，买卖双方相互联系，最后买家以汇款或网上银行的方式与店主进行买卖，达成交易的整个流程[①]。

网上开店可以通过利用第三方电子商务平台、利用独立网店系统和自建网站三种方式实现，在本节中，将对这几种方式进行介绍和对比。[②]

5.1.2 利用第三方电子商务平台

利用第三方电子商务平台开店是被广泛接受的一种开网店的方式，它具有很多得天独厚的优势。这些优势对于个人，特别是初次接触网络经营的人，有着巨大的吸引力。它可以让初次接触网络经营的人尽快熟悉网络经营的方式和方法，尽快了解网店经营的流程，尽快掌握网上开店的技巧。

目前，国内提供 C2C 服务的网站有很多，如淘宝网、eBay 等都是比较知名的网上开店平台。这些网站发展成熟，知名度高，人气旺，为企业提供了非常便利的开店入门条件。利用第三方电子商务平台开网店主要有以下几方面的特点：

1）简单易学的开店步骤

第三方电子商务平台的网站上通常都有相关教程来详细介绍和说明网上开店流程。通常企业只需注册一个网站账号，就可以找到这些教程，并按照指导，一步一步开设自己的特色网店，而且网站为了最大限度地方便用户操作，一般在开店流程设置上都非常人性化，可操作性强。由于有强大而成熟的服务器后台作后盾，企业只需用鼠标进行几个简单的操作，就可以在网上开一家属于自己的店铺，操作简洁，容易上手。

2）较低的初始投资

利用成熟的第三方电子商务平台开店，最大的优势就是节约了初始投资。这对于第一次创业的人来说，无疑具有巨大的吸引力。成熟的第三方电子商务平台具有很高的人气，在这里开店首先省去的就是大笔的网站推广费用，而且目前很多第三方电子商务平台都提供免费开店服务，也就是说，企业可以零成本拥有一家自己的网店。

---

① 根据百度百科资料整理。
② 本书所介绍的网络创业的实现方式主要针对网上开店而言。

3）全面整合的辅助工具

第三方电子商务平台为开店者提供了一整套模板式的服务。只要企业申请开店，便可以依据模板中的提示，依次将网店经营中需要用到的工具准备就绪。例如，在何处上传图片、何处添加描述、何处添加店主详情、支付工具如何开通和使用、如何查询订单信息及物流配送信息等，都一目了然。

4）超值合算的增值业务

在第三方电子商务平台上可以开免费的网店，这种服务提供了最基本的开店必备条件，但是如果想让自己的网店更有特色、功能更齐全，就要通过购买的方式获得平台提供的增值服务了，一般这种增值服务的价格并不昂贵，但是提供的服务非常周到，对店主推广网店大有帮助。

5）数目可观的客户资源

这一点是显而易见的，知名的第三方电子商务平台具有强大的品牌优势，这是普通的小经营者一时难以建立起来的。第三方电子商务平台事实上形成了一种规模经济，使得参与者都能从中获得可观的效益。

5.1.3　利用独立网店系统

目前，市场上与淘宝网这类第三方电子商务平台并行其道的是独立网店。如果说在成熟的第三方电子商务平台上开网店像是在传统的大商店中租赁一个柜台经营商品，那么独立的网店就如同自己开了一家专卖店。独立网店拥有自己独立的域名，拥有自己的品牌，不必受"大商场"条条框框的限制，有更大的经营空间，灵活性强，可以拥有更多自己的特色。最吸引人的是，这种独立网店的经营模式，使经营者可以拥有自己独立的店标，树立自己特有的品牌形象，甚至可能逐渐发展形成规模，建立起自己的实体企业。

1）独立网店系统的概念

独立网店系统[①]也称网上商店平台系统、网店管理系统、网上购物系统、在线购物系统。如今在市场上有很多独立网店系统，比较知名的有 SHOPEX、ECSHOP、HISHOP、EC-Spyder、网上商店系统（www.bohinet.com）、兰帕网上商店系统（www.lapss.com）等。本节将对其中比较常用的系统作简单介绍。

SHOPEX（www.shopex.cn）：该软件是国内持续研发时间最久的网店软件，可以免费下载、免费使用、免费升级。在 SHOPEX 的官方网站上，可以下载多种官方内置或网友提供的网站模板，并支持自行设计模板。软件的促销功能可以让使用者自定义优惠券，自定义商品批发方案，并可将商品捆绑销售。软件还支持多种货币和语言，并提供订单管理、会员分级、支付与配送、统计分析、搜索引擎优化、广告发布、即时通信、在线服务等网店经营所需要的全部功能，方便初学者快速掌握。

---

① 根据百度百科资料整理。

ECSHOP（www.ecshop.com）：该软件适合企业及个人快速构建个性化网上商店。系统是基于 PHP 语言及 MYSQL 数据库构架开发的跨平台开源程序。ECSHOP 网店系统可以免费下载、免费使用、免费升级。这款软件开发了独有的高效模板引擎，并结合 Dreamweaver 的模板和库功能，使得编辑制作模板变得更简单，与此同时也有多种现成模板可供选择，支付、配送、会员整合都是以插件形式实现。商家可以随时增加或变更支付方式和配送体系。ECSHOP 支持大部分 PHP 开发的论坛系统，只需在后台作简单的参数配置，就可完成会员整合。它还支持多种类型商品销售，具有强大的站内商品搜索引擎，并且集成了当前市面上几乎所有主流的第三方支付网关，是目前国内最受欢迎的网上购物软件之一。

HISHOP（www.hishop.com.cn）：该软件是国内最大的 ASP.NET 独立网店服务提供商，它可以为个人网商开发独立购物网站提供一站式服务及网店推广、货源提供、个性定制等相关增值服务。它同样可以免费下载、免费使用、免费升级。HISHOP 简单、灵活，使用者可以在最短时间内完成网店名称、网店公告、模板设置、客户服务等网店运营基本信息的设置。HISHOP 网店系统力求展现一种完美的购货体验，因此提供了支持商品图片局部放大功能的技术，同时允许店主为商品添加多张图片，全方位服务顾客，有助于提高客户购买率。

有关其他的独立网店软件，读者可根据自己的兴趣查阅相关资料进行了解。

2）独立网店系统的优势

借助于成熟的第三方电子商务平台开网店，对于网店经营者来说，有着不言而喻的便利和无法比拟的客户资源优势，但是不得不承认，不同的网商有不同的销售方式和促销体系，经营不同特性和不同类别的商品。因此，庞大的产品数量和行业结构必然会产生巨大的经营差异，这种差异是一个第三方电子商务平台根本不可能满足的，这也正是独立网店系统逐渐兴起的原因。

具体而言，独立网店系统的优势体现在以下几方面：

第一，独立的域名。这是独立网店系统最根本的优势所在。有独立的域名就相当于有了自己特有的标志。在第三方电子商务平台上的网店，其域名都是依附于平台的二级域名，一方面不易记忆；另一方面，由于域名与自己的店名没有清晰可见的对应关系，也不利于培养自己店铺的忠实客户。

第二，系统完全独立。独立网店系统为用户提供了一套完全自主装饰设计的网店系统，店主可以依照自己的喜好和经营产品的特点，独自设立自己喜欢的网店 Logo 和网店模板，提供独立的支付接口以及独具特色的服务。如果对自己的网店有一些特殊的经营需求，还可以通过个性化定制功能来实现。并且，在经营独立网店系统时，店主的自主选择权较大，不必受来自外界的种种规定的限制。

第三，可控的客户资源。利用独立网店系统开设的网店，可以拥有自己独有的客户资源数据库。店主可以随意搜集客户资源信息，包括客户访问来源、页面停留时间、产品偏好等关系到自身网店经营的敏感信息，都是店主可以独立管理并进行独立分析的。这些都是店主的独享资源，可以大大降低他人恶意抢走客户资源的概率。这与第三方电子商务平台上只能拥有公共的客户资源平台数据相比，确实具有更大的可控性和更大的经营自主权。

第四，相对固定的投入成本。购买独立网店系统软件、购买空间域名、支付相应的技术维护费用的投入是相对固定的，而且网店经营过程中的成本支出可控。第三方电子商务平台上的网店，虽然初始投资成本很小，但是由于客流量大，竞争非常激烈，甚至会存在网店间的恶性竞争，因此为了更好地经营，可能会需要投入更多的营销和管理成本，这部分额外的投资是网店经营者不可避免的。

第五，独立的品牌形象。这是独立网店最吸引人的优势之一。经营独立的网店，由于具备上述各方面的自主选择权，因此有助于店铺树立自己的独立品牌形象，更好地开展营销和推广。就像经营一家专卖店一样，可以逐渐积累起自己的忠实客户群体，拥有自己的店铺特色，甚至形成独特的店铺文化风格和服务特点，这些都有助于店铺更好、更快地发展，将店主的事业推向一个更高的发展层次。

5.1.4 自建网站

1) 自建网站的优势

尽管以上列举了利用第三方电子商务平台和独立网站系统开网店的众多优势，但是还有一种观点认为，这两种开网店手段还是不能满足如今人们追求个性化发展的需求。有人认为，独立网店实质上和淘宝网站上的店铺是一个道理，都是在一个平台上有不同的网店，可能独立网店里面的内容与之前的淘宝等店铺有所区别，但独立网店毕竟是一个已经完成的系统，其模板数量肯定有限，这就不可避免地造成店铺在整体效果上趋同。例如，服装店和手机店这两种截然不同的商品，其店铺从外形上看也不会有什么两样。换句话说，独立网店系统，也无法从真正意义上满足现代人们对"个性"的追求①。

自建网站可以很好地解决这个问题。事实上，对于那些希望将网店做大做强，并真正渴望在互联网上做出一番大事业的企业来说，自建网站是一种非常好的选择。自建网站开店有前两种开店模式无法比拟的优势。

（1）毫不受限的网站开发工具的选择。独立建设网站，很多基本的因素都是要由开发者考虑的，如选择什么工具进行网站的开发，选择何种语言用于网站程序的编写，哪种设计可使得网站的兼容性更强，怎样设计和维护网站可使网站的运行能够更加稳定，这些琐碎的细节，都需要开发者精细全面地考虑，才可以使网站正常使用。

（2）完全自主的网店装修。由于是自主设计网站，那么一切有关网店的布局、装修、排版、商品信息的陈述、图片安排、动画、超链接、支付方式的选择、客户入口，乃至网

---

① 林峰. 独立网站是电子商务的下一个热点? [J]. 信息系统工程, 2008, 21 (6) 44-46.

站的增值服务、其他合作厂家的链接和相关介绍、网站的基本信息、服务简介、客户留言等多方面信息的表达，都可以由店主自己决定和安排。在网站首页的制作上，店主可以运用最科学的方法安排主页空间，作出最人性化的设计，在保证加载速度的前提下，最大限度地适合客户的浏览习惯，在最短的时间内用商品和服务吸引客户的注意力。

（3）完全自主的网络服务商选择。由于普通的企业通常没有能够保持网站平稳运行的服务器设备，这就需要租用虚拟主机，保证自己的网站24小时正常运行。虚拟主机是在网络服务器上划分出一定的磁盘空间供用户放置站点、应用组件等，并提供必要的站点功能、数据存放和传输功能。所谓虚拟主机，也称"网站空间"，就是通过运用特殊的软硬件技术，把一台运行在互联网上的服务器划分成多个"虚拟"的服务器，每一个虚拟主机都具有独立的域名和完整的Internet服务器（支持WWW、FTP、E-mail等）功能[①]。目前互联网上提供虚拟主机出租的网络服务商很多，这些服务商会提供可满足客户不同需求的多种产品组合和服务项目，选择哪家提供商，选择哪种服务，需要企业根据自己的实际情况慎重选择。

（4）绝对独立的品牌形象。自建网站的网店，比独立网站系统建立的网站更容易树立起自己独立的品牌和特色。因为自建网站通常规模较大，投入更多，也需要更多的人参与维护和运营，因此一般选择这种经营模式的企业会将自己的网站做得很全面，经营范围比较广，并且由于是完全自主设计的网店，也就会使店铺更具自己的特色。这样一来，网店更容易向更高层次发展，逐渐建立起特有的品牌形象。

（5）多样化的经营项目选择。网店经营的内容可选择的余地和空间很大，这一点在淘宝网上其实就可以看出。从服装到食品，从代理充值到为淘宝店家提供商品拍照服务，可谓琳琅满目，应有尽有。拥有独立网站的企业其实也拥有了更多的选择机会，因为不必再受第三方电子商务平台上传商品数目的限制，也不必再受独立网站系统模板的制约，想经营多少类商品都可以，上传商品数量也完全由自己决定，只要是自己看好的有市场前景的项目，都可以被列为企业的网店经营内容。

2）自建网站的步骤

（1）购买一个顶级域名，如*******.com、********.cn等。

（2）需要购买一个网络空间，如云服务器、虚拟服务器、独立主机等，并且网络空间要和自己的域名绑定。

（3）备案：不需要费用，但是需要花时间谨慎操作。对于卖东西的网站，如果想做成商品交易平台，是有一定难度的。如果只是做成公司网站，展示和买卖自家商品，则比较容易备案。

（4）网站设计和制作：自己设计和编程最佳，方便日常维护和升级。

（5）引流：网站做成之后需要流量。店主可以自己分享链接推广或者购买百度竞价排

[①]　根据百度百科资料整理。

名推广。

（6）客户互动：引流后，客户会留下联系方式和购买意向，这时销售人员要及时跟进。

3）自建网站的风险

众所周知，高收益往往伴随着高风险。与另外两种网店实现手段相比，自建网站确实有着更大的发展空间和潜力。但是，自建网站也存在很大的风险。

（1）复杂的注册程序。与利用现成的第三方电子商务平台和网店系统开店不同，自建网站是建立一个拥有独立运营权的网上营利机构，因此要经历一系列复杂的注册过程。第三方电子商务平台本身可以作为其旗下网店信用和合法运营的担保主体，因此在平台上开店一般只要求企业进行实名注册就可以了。自建网站网店则不同，经营性网站首先要进行ICP许可证①的注册，才能取得合法的网站运营权。另外，建议进行市场监管部门的经营性工商注册，以获得开具税务发票的权利，这样会使网站更正规可信，事实上是一种提高网站竞争力的行为。此外，还有消费者协会、网络警察等多部门的注册，虽然这些注册并不是强制性的，但是有了这些注册，网店才更正规，也有利于网站今后向更高的层次发展。

（2）较大的初始投资。与前两种开网店手段相比，自建网站的初始投资成本要高很多，因为单独注册域名和租用虚拟主机是一笔较大投入，更关键的是，一般来讲，网站的建设和维护工作都要有专业的团队来负责，这将是一笔长期的、不菲的投资，要耗费大量的时间和人力。

（3）缺少坚实的客户基础。这是自建网站面对的一个巨大的现实问题。一般而言，人们进行网上购物，通常会很自然地选择淘宝、京东等熟悉的、成熟的第三方网上商城。因为一方面那里产品齐全，卖家多，很容易找到称心如意的商品；另一方面那里人气高，品牌优势强，可以降低顾客的搜寻成本。与之相比，自建网站的网上商城缺乏这样巨大的客户资源，客流量较少。更难做到的是，在最初的阶段，很难成功地推广自己的商城，使自己的商城被更多的人知晓。因此，选择这种经营方式时一定要慎重，在整个创业阶段，特别是在创业初期，可能会面临很多意想不到的困难。

（4）较大的推广成本。网站建立起来后，首先面临的问题就是网站的推广。事实上任何一家网店要想生存都要采取一系列的推广和营销手段。所不同的是，第三方电子商务平台的网店可以利用它所依附的平台进行网店的推广（如发布广告、购买增值服务等），而且，这也是这些网店推广的最主要、最有效的手段。自建网站经营网店则不具备这样的便利条件，需要自己开展网店的一切推广活动，包括广告推广和技术推广等。但是，无论哪种推广，都需要店主进行整体的规划和评估。要想从诸多推广方式中选择最适合的，并且能够取得预期的效果，是件相当不容易的事。这一系列复杂的活动，需要企业投入不少的

---

① ICP许可证是指各地通信管理部门核发的《中华人民共和国电信与信息服务业务经营许可证》。

资金、人力以及时间成本。

（5）较难建立客户的信任。事实上，即使有顾客光临这类网店，真正能够形成最后购买的，往往也是比较少的一部分顾客，因为顾客通常缺少对这类网店的信心。而淘宝这样的专业网上商店平台则不同，有强大的第三方电子商务平台作保证，客户在平台上任何一家网店的购买行为都可以得到淘宝网的担保，而淘宝网本身又具有多年的运营历史和良好的口碑，这些都在无形之中大大地增加了顾客在淘宝网上购物的可能性。面对这种情况，自建网店的商家最需要注意的一点就是要在自己网店的货源选择和经营项目上多花些心思。因为只有具有比较大的价格优势，或是经营那些其他地方很难找到的新奇特商品，提供特色化的、本土化的服务，才能使顾客更容易产生初次购买的欲望。另外需要注意的是，自建网站的网店店主必须提高客户服务的质量。由于顾客本身对店铺缺乏信任，因此只有具备了超越其他网商的优质服务，才能逐渐积攒越来越多的客户，引发重复购买行为，树立起客户的忠诚度，建立更为长远、更为牢靠的买卖关系。

综上所述，自建网站开店是件相当不容易的事情，它虽然具有更大的灵活性、更多的自主选择权，一旦成功也会具有更大的盈利空间，但是它同样具有更大的风险。因此，企业选择这种网上开店方式前一定要谨慎决策，在进行全局的规划和衡量之后，再作出决定。

5.2　网上开店的前期准备

与传统的经营模式相比，网络经营门槛可谓是降低了许多。同时，互联网上一个又一个的网络经营传奇，不断地激励着那些有创业意愿却还没有实践的人们。但值得注意的是，尽管互联网商机无限，尽管网上创业的门槛很低，但这并不意味着没有门槛，因此，一定要在网络经营前做好充分的前期准备。

5.2.1　网络经营的整体规划

根据网络企业的经验，想在网上开店，第一步要做的就是"想"。这个"想"字包含了很多内容，简单地说就是要对网店有一个整体的规划。其实，有些网店的初始投资较大，企业自己可能出现资金不足的情况，这时就需要投资者利用自己宝贵的无形资产——企业的构思、计划去吸引他人为自己投资，甚至需要将经营的整体规划书面化，为投资商写商业企划书。

在整体规划中，企业首先要对网上购物的客户群体有一定的认识，并根据客户群体的特点，开展自己的网络经营，这样有利于企业制定合适的经营策略，有的放矢。

网上购物的主要群体集中在经常上网的人群当中。CNNIC的调查数据显示，经常上网的人群的年龄通常为15~35岁。因此，卖家可以大致将自己的目标客户群锁定在这一批人当中。将目标群体继续细分，可以总结出以下规律：从职业上讲，以白领或从事计算机相关职业的脑力劳动者为主；从知识结构上讲，以知识青年居多，而且以在校大学生或城市中学生为主。具体来说，可以将客户分为不同的群类，如学生群体、妈妈群体、上班群体等。不同的群体有不同的特点和不同的购物倾向，例如，学生（特别是在校大学生）追求时尚，关注时装、饰品、化妆品以及休闲食品的消费；对于妈妈群体，特别是刚刚生完小孩的妈妈，大多数时间都在家里，因此将会是网店中母婴用品和家居用品的主要消费者，经营母婴用品和家居用品的商家可以着重研究这类人群的特点，以便更好地为她们服务。

之后，企业要根据自己的实际情况，确定自己选择何种经营形式、何种经营手段、经营何种项目，然后通过书籍、网络等各种途径，全面了解网上开店的详细步骤，学习开店的经营策略和网店业务发展的方法。本书在接下来的章节中，将对这些内容依次进行详细介绍。

5.2.2 网络经营前的抉择

企业在进行网络经营以前需要面临的选择是多方面的，在网络经营中，从经营形式到经营手段，从选择经营平台到选择编程软件，从销售哪种商品到选择哪家物流公司，都要经过认真的考量。事实上，每一个环节都可能会影响企业未来的经营状况和盈利能力，因此，必须在经营初期就做好一系列的规划和抉择。

1）选择经营形式

这是其他一切决策的基础。面对多种不同的网络经营形式，企业首先要决定，是自己寻找货源、经营实体商品，还是寻找加盟商、做品牌商品的下级分销商。这两种经营形式在成本投入和经营方式方面都有很大差异，需要企业在经营前期就作出选择，以便做好网店的总体筹划和预算。除此之外，企业可能还会进行其他的经营尝试，例如，代理网上充值业务，或者开一家专门服务于网络企业的网络咨询机构，为其他店主提供专业的商品拍照、照片处理等服务。

以上所列举的这些经营形式，它们在货源管理、面向的客户群体以及网店的经营策略方面各不相同，因此，只有做好这一阶段的选择，才能为今后工作的开展奠定好基础。

2）选择开店方式

这同样是一个需要企业慎重思考作出选择的问题。从某种角度说，选择不同的开店方式决定着网店日后的规模和发展前景。而且，不同的网络开店方式的操作难易程度相差很大，成功的概率也有巨大的差别，因此需要企业在全面衡量几种方式的各自风险、做好充分的心理和物质准备的基础上，选择适合自己的开店方式。本书已经对利用第三方电子商务平台开店和独立网店（利用独立网店系统和自建网站）两种开店方式作了较为全面的分析和比较，企业可以参考上述介绍，结合自己的实际情况进行选择。

开店方式的选择，其实很像是在投资，不同的选择代表着不同的风险，同样也代表着不同的"收益"——高风险往往伴随着高收益。通过对自建网站的网店经营者进行访谈，可了解到自建网站的经营难度较高，需要经营者投入非常多的心血和资金，面临着巨大的心理压力，较难打开客户市场，很多选择这种开店方式的店主最终都以失败告终。因此，对于企业，特别是第一次进行网络经营的企业来说，利用第三方电子商务平台开网店是一种更合适的选择，因为这不仅可以尽快熟悉完整的网店交易流程，还可以使新手尽快掌握网店经营的要领和技巧。而且，一些成功的平台网店的盈利能力很强，据受访者介绍，同期开店的两家平台网店与独立网店，也许独立网店仍在生死线上苦苦挣扎时，平台网店已经可以获得非常可观的收益了。然而，平台网店很难在树立独立的品牌形象方面取得突破，往往安于平台网店相对轻松的经营方式和较高的利润的现状，很难迈出独创品牌这一步。因此，运用哪种方式开展自己的网络经营，要根据企业的实际情况和自身的职业理想进行选择。

3）确定何种经营项目

确定何种经营项目，就是企业选择哪种商品在网店中销售。适合在网上销售的产品种类很多，一些虚拟商品，如共享软件、代理充值、为其他商家提供服务等都是目前网上比较热门的经营项目；实体商品的可选择余地更大，在这里列举几种产品，作为企业的参考。

（1）书籍。书籍是电子商务发展初期最先在网上进行出售的商品之一。如今，当当网仍然是很多人购书的首选之处，这说明在网络上卖书还是很有市场的。人们之所以在网上买书，是因为网上购书能够享受的折扣很大，其原因在于：一方面，在网络上直接进行书籍买卖，可以省去中间商的层层加价；另一方面，网络上书籍销售的货源非常重要，有了好的货源，书籍的利润空间可以非常巨大。在网上卖书比较容易，只需要把书的封面、作者、出版社、内容摘要以及价格等基本描述信息发布上网就可以了。目前在网上销售二手书籍也是一种流行的经营项目，很多在校学生在网上免费开家网店，卖自己手中闲置的书籍，是一种不错的经营实践。

（2）电子产品。在网上销售电子产品，是店主扩大销售市场的很好选择，网络是个开放的市场，面向的客户群体很大。然而，电子产品的专业性比较强，这就需要企业具备专业的知识来应对不同消费者的各种问题。另外，网络上销售的电子产品的质量，是目前顾客最关心的问题。作为商家，一定要保证产品的质量，不要因为是在网上销售且电子产品的质量问题暴露会需要相对较长的时间，就将商品以次充好卖给消费者。这种做法虽然能在短期内降低成本，获得利润，但不是长久之计，何况这样的做法容易遭到顾客的投诉，严重的还会被勒令停止营业。

（3）特色礼品。特色礼品在网上同样有市场。逢年过节，探亲访友，从网上选择一些本地没有、有地方特色的精美别致的小礼品送给亲友，能更好地表达自己的关怀和爱意。特色礼品包括的种类很多，如工艺品、土特产等，这些商品的地方性很强，在网上经营，可以充分利用网上客户资源广这一特点，在一处开网店，就可以把这些产品卖给不同地区不同城市的买家，而这对于实体经营者来说是不太可能实现的。销售特色礼品一定要注意商品描述和包装，为商品添加生动有趣的描述和多角度的清晰照片，往往会吸引购买者的注意，而且购买特色礼品往往是用来送礼，因此将商品包装得更精美、通过与买家交谈了解礼品接受者的特点，会给顾客留下热心周到的印象，也会增加顾客再次光临和推荐其他人购买的可能性。

（4）家用电器。家用电器同样是一种很有市场、适合在网上销售的商品。其实，越是这类价格比较高的商品，在网上销售越容易取得价格优势。对于经营这类商品的企业来说，寻找到好的货源，降低成本，是获得市场的关键。另外，消费者对于家用电器的价格一般都比较敏感，如果在实体店中购买，即使是小件的电器，可能也要货比三家，跑遍半个城市去选购。但是如果在网上购买，就可以很好地杜绝这种麻烦，大大方便了消费者。因此，只要商家能够保证商品的质量，让消费者在购买中尝到甜头（如低廉的价格、优良的品质、周到的服务等），就很容易留住消费者，进而形成第二次或经常性的购买。

（5）食品。很多消费者对在网上购买的食品并不放心，一则担心食品的质量问题，二则担心食品在运送过程中发生包装的破损，从而影响食品的品质。但是，随着物价的上涨，网上食品特别是休闲食品的价格优势逐渐凸显出来，很多人也开始尝试在网上购买食品。网上销售食品同样容易带来品牌忠诚，但是商家应做好以下几点：首先要保证商品的分量足、品质优。在网上销售食品，特别是称重的食品，一定要给足分量，并且做到实际商品与商品描述相符，这会给顾客留下好印象。其次要注意食品的包装，食品包装一定要用干净的包装物，而且密封性要好，确保在货运过程中包装不会破损。最后要注重价格，食品的销售商很多，而且同质性极高，消费者在购买商品时往往会比较很多家的商品后才进行购买。对于第一次购买的顾客来说，价格无疑是其选择商家的关键。如果商家的定价合理，又能配合适当的促销手段，如多购包邮等，就可以取得薄利多销的良性循环。并且，由于顾客购买食品往往会进行较多的比较和选择，因此，一旦商家提供的商品和服务能够令顾客满意，很容易取得顾客的信任进而再次购买。由于食品对于个人来说消费量相对较大，如果成功打开市场，那么利润是非常可观的。

（6）服装。在网上销售服装同样很有市场。企业可以选择为大品牌做销售代理，这样可以省去一些品牌推广的费用，并且大品牌服装的品质消费者信得过，也增加了购买的可能。但是，品牌代理商数量很多，并且还要与实体店竞争，因此也在无形中增加了网上销售服装的难度。当然，企业也可以选择那些性价比较高的非品牌服装在网上销售，只是推广成本较高，而且商家一定要保证货源可靠，服装的质量有保证。还有一类网络企业在网上销售自己手工制作的服装，自己设计，甚至自己剪裁加工，这类服装以其美观、有特色以及做工精细等特点非常吸引买家。但是，并非所有人都可以经营这样的服装店，要有一定的服装设计功底，并且设计的服装要在市场上独一无二才能有好生意，可以说，这类网店是靠店主的手艺盈利的。

（7）电脑相关配件。在网上购物的大多是年轻人，这类人群通常对电脑比较精通，因此可能会在网上购买一些电脑的相关配件，甚至电脑维修工具。对于一些自己组装电脑的人来说，在网上购买电脑相关配件更是个不错的选择，因为网络上商家众多，消费者可以在网上随意选择本地买不到的电脑配件，而且价格相对比较低廉，专业性强。

以上列举的仅是几个简单的例子，除此之外，能够在网上出售的商品还有很多，如首饰、化妆品、皮具、玩具等。但是，无论选择哪种商品进行网上销售，企业首先要做的就是了解自己经营的项目，找到自己的优势和劣势，知道自己擅长什么，这对网店的成功运营会很有帮助。总结开店成功的技巧其实很简单，概括一下就是两个字：专业。对自己销售的商品有专业的知识和充分的了解，能够为顾客提供最专业的服务，才能让顾客在购买商品时获得一种满足感，认为得到了最好、最高品质的商品或服务。特别是对于那些销售专业性很强的商品的店主，专业知识显得尤为重要，对待顾客的任何问题都要应答如流，否则就会显得服务不周到或不够专业，让顾客对店里的商品不够放心。在为顾客提供服务时一定要注意，要以顾客的需求为导向，以尽可能地满足客人的需要为目标，不断学习，增长见识，补充自己的专业知识，在需要时才能信手拈来，使交易得以顺利实现。

5.2.3　必备的网络经营工具

1）电子邮箱

注册电子邮件是开网店的必要步骤，它不仅可以用来接收和发送电子邮件，而且也是注册的必要工具，如注册支付宝账户，就需要用电子邮箱地址作为支付宝账户的用户名。因此，必须首先有一个网上开店的专用电子邮箱，这样就可以有效地保护信息的安全。

互联网上很多网络服务商提供免费的电子邮箱服务，如网易邮箱（mail.163.com）、新浪邮箱（mail.sina.com.cn）等，企业可以随意选择以上邮箱进行免费的注册。在开网店的过程中，它可以帮助企业接收各种激活注册信息、交易信息等，也可以用来与顾客、平台或软件的提供商进行沟通和交流。

如今电子邮箱的使用早已为人所熟知，因此电子邮箱的申请方法在本书中不再赘述，仅对使用电子邮箱进行商务活动时的一些细节问题作简单讲解。

邮件主题容易被很多人忽视，大家在发电子邮件时往往随便填写一个主题，甚至干脆省去，而事实上对于收件人来说，第一眼看到的就是邮件的主题，他们希望能从主题中了解到邮件的大体内容。因此，这就要求在商务沟通中必须把邮件主题写清楚，而且要能够精练地概括邮件内容。

邮件签名是很多商家推广自己网店的常用手段，在邮件末尾加上自己的个性签名，的确可以为网店起到很好的宣传作用。个性签名一般经过精心设计，要融入网店的特色和店主的风格，也要容易记忆，但是签名不要太长，否则会给人本末倒置的感觉。

此外，很多店主喜欢通过给顾客发电子邮件的方式进行营销推广，但是这种方式要慎重使用，搞不好会事与愿违，因为很多人并不喜欢每天处理几封甚至更多的陌生人的广告邮件。

2）即时通信工具

目前国内的即时通信工具主要有腾讯QQ、微信等。本书介绍三种较为主流的、适合网店经营者使用的即时通信工具——腾讯QQ、微信和阿里旺旺。

腾讯QQ是深圳腾讯计算机系统有限公司开发的一款即时通信软件，支持在线聊天、视频电话、点对点断点续传文件、共享文件、网络硬盘、自定义版面、QQ邮箱等多种功能，并与移动通信终端等多种通信方式相连。QQ在线用户由1999年成立时的2人发展到了现如今的上亿人，腾讯QQ已然成为目前使用最广泛的聊天软件之一。广大的用户群体意味着其存在巨大的价值——腾讯QQ可以成为商家经营网店时很好的助手。商家可以把腾讯QQ作为自己的即时服务工具。由于QQ问世时间较长，用户数量巨大，使用方便、操作简单，具有语音、视频等多种功能，因此能够满足创业者在线客户服务的多样化需求。并且，创业者可以利用腾讯QQ实现好友分组管理，并进行QQ群营销，只需要将同样拥有QQ账号的潜在客户加为QQ好友或加到某一特定的群组中，就可以在不投入任何资金成本的情况下，开展网店的推广与营销活动。

微信（Wechat）是腾讯公司于2011年1月21日推出的一个为智能终端提供即时通信服务的免费应用程序。微信支持跨通信运营商、跨操作系统平台，通过网络快速发送免费（需消耗少量网络流量）语音短信、视频、图片和文字，同时也可以使用通过共享流媒体内容的资料和基于位置的社交插件"小程序""朋友圈""视频号""公众平台"等服务插件。微信提供公众平台、朋友圈、消息推送等功能，用户可以通过"搜索相关内容"、"附近的人"、扫二维码等方式添加好友和关注公众平台，同时用户可以将内容分享给好友以及将其看到的精彩内容分享到微信朋友圈。微信作为时下最热门的社交信息平台之一，也是移动端的一大入口，正在演变成一大商业交易平台，其给营销行业带来的颠覆性变化开始显现。微信商城是基于微信开发的一款社会化电子商务系统，消费者只要通过微信平台，就可以实现商品查询、选购、体验、互动、订购与支付的线上线下一体化服务模式。

阿里旺旺是淘宝网和阿里巴巴为商家量身定做的一款免费网上商务沟通软件，它能帮助商家轻松地找到客户，发布、管理商业信息，并且支持手机版本，可以帮助商家随时把握商机，洽谈生意。阿里旺旺于2007年1月推出，与腾讯QQ相比，阿里旺旺出现的时间比较晚，用户人数也相对少得多。然而，阿里旺旺是一款专注于网络销售的客户服务软件，因此在功能上比腾讯QQ更为专业。阿里旺旺提供专门供卖家使用的版本，可以实现多种功能：卖家可以自行设置聊天窗口数量上限，达到上限后自动将买家信息缓存起来，并可以设置为向没有被及时接待的买家发送问候语；在好友名片中，阿里旺旺提供增加直接备注的功能，方便卖家使用，可以有效进行销售管理；阿里旺旺还可以在聊天窗口显示商品预览，使卖家可以更好地为顾客提供有针对性的服务；此外，阿里旺旺同样提供群功能，创业者可以建立自己的店铺群，通过群公告及时推广最新的宝贝信息，并且普通群成员也有权限邀请好友加入群中，这在无形之中大大扩展了商家的客户范围，发展了大批潜在客户。阿里旺旺是淘宝网的官方即时客户服务工具。

当然，除了以上三种即时通信工具之外，独立网店还可以在网页上提供网页版的在线服务，方便消费者使用，即使没有任何客户端软件，顾客还是能够得到商家的即时服务。

3）银行账户

网络企业还要有自己专用的银行账户，并开通网上银行，方便在经营过程中资金的流转。无论是独立网店还是利用第三方电子商务平台开网店，店主都应该最大限度地方便消费者，提供尽可能多的支付方式，目前通过第三方支付实现的交易在全部交易额中占很大比重，而比较流行的第三方支付网关都要求实名认证，要以银行账户作为依托，所以开通自己的银行账户也是网络经营的必要工具。

5.2.4　网店的工商注册

我国《网络交易监督管理办法》第八条规定：

网络交易经营者不得违反法律、法规、国务院决定的规定，从事无证无照经营。除《中华人民共和国电子商务法》第十条规定的不需要进行登记的情形外，网络交易经营者应当依法办理市场主体登记。

个人通过网络从事保洁、洗涤、缝纫、理发、搬家、配制钥匙、管道疏通、家电家具修理修配等依法无须取得许可的便民劳务活动，依照《中华人民共和国电子商务法》第十条的规定不需要进行登记。

个人从事网络交易活动，年交易额累计不超过10万元的，依照《中华人民共和国电子商务法》第十条的规定不需要进行登记。同一经营者在同一平台或者不同平台开设多家网店的，各网店交易额合并计算。个人从事的零星小额交易须依法取得行政许可的，应当依法办理市场主体登记。

5.3　选择网络经营平台

本节将对目前国内比较流行的两家第三方电子商务平台作简单介绍，目的是使读者更好地了解不同类型的第三方电子商务平台，以便通过比较，选择适合自己的经营平台。

5.3.1　当当网

当当网是知名的综合性网上购物商城，从1999年11月正式开通至今，销售品种已从早期的图书拓展到各类百货。

当当网于美国时间2010年12月8日在纽约证券交易所正式挂牌上市，当当网是中国第一家完全基于线上业务在美国上市的B2C网上商城。

在业态从网上百货商场拓展到网上购物中心的同时，当当网也在大力开放平台，目前当当网平台商店数量已达数万家。

当当商家中心旨在汇集各类优质电子商务外包服务商，这些服务商可为当当网第三方入驻商家提供个性化电子商务产品及服务，从而促进商家经营活动的良性发展。

5.3.2 淘宝网

淘宝网是亚太地区较大的网络零售商圈，由阿里巴巴集团在2003年5月创立。淘宝网是中国深受欢迎的网购零售平台，拥有近5亿的注册用户数，每天有超过6 000万的固定访客，同时每天的在线商品数已经超过8亿件，平均每分钟售出4.8万件商品。

2011年年底，淘宝网单日交易额峰值达到43.8亿元，创造了270.8万个直接且充分的就业机会。随着规模的扩大和用户数量的增加，淘宝网也从单一的C2C（C2C是电子商务的专业用语，是电子商务模式中的一种，它为买卖双方提供一个在线交易平台，使卖方可以主动提供商品上网拍卖，而买方可以自行选择商品进行竞价）网络集市变成了包括C2C、团购、分销、拍卖等多种电子商务模式在内的综合性零售商圈。目前淘宝网已经成为世界范围的电子商务交易平台之一。

2019年12月12日，《汇桔网·2019胡润品牌榜》发布，淘宝以3 000亿元品牌价值排名第四。

2023年年底，第三方平台QuestMobile报告显示，淘宝App2023年月平均日活跃用户数达4.02亿，2023年"6·18"大促期间，总活跃用户数达9.15亿，居电商平台第一位。根据报告，2023年"6·18"大促期间，淘宝网平均每天获得450万增量用户，持续活跃用户占比达84.8%，在所有电商平台中排名最高。如此庞大的消费者群体带来的商机可想而知。

5.4 网上开店的流程

做好开店前期的一切准备工作，选择好最适合自己的第三方电子商务平台，企业就可以正式进入开网店的阶段了。由于淘宝网在目前国内C2C市场上占有最大的市场份额，也是很多初次在第三方电子商务平台上尝试经营的人的首选。因此，本书将以淘宝网为例，对具体操作过程进行详细说明。在开设网店的过程中，除了在诸如平台规则（如上传商品数量、网店评价规则）、平台使用费用、平台辅助工具、增值服务等方面，不同的平台有着不同的规定以外，在任何一个平台上开网店的整体经营思路和关注要点都是相同的，因此，无论企业选择哪种经营平台，都可以参照以下的操作流程进行具体操作。

5.4.1　网店注册

1）注册淘宝会员

在淘宝网上开店，首先要进行淘宝会员的注册，在淘宝网首页的左上角点击"免费注册"选项，就可以进入注册页面。淘宝网目前提供"手机号码注册"和"邮箱注册"两种方式。如果选择手机号码注册，可以支持会员用手机号码登录，而且号码保证不会被公开。此外，该号码还可以绑定支付宝账户，并且一旦密码丢失，用手机找回密码更加方便。不过，使用手机号码注册也存在一些麻烦，一旦手机号码更换，就需要重新进行注册了。如果选择邮箱注册，企业可以方便地通过邮箱直接登录淘宝网。因此，这两种注册方式各有优点，企业可根据实际需求进行选择，但根据淘宝网的推荐，卖家账户最好选择手机号码注册。注册的最后一步是激活淘宝系统自动发送到会员注册邮箱的激活邮件，单击邮件中的完成注册后，就正式成为淘宝网的注册会员。

注册成为淘宝网会员之后就可以买东西了，但还不可以开店卖商品。如果想开网店，企业还要进行一系列的实名认证，这也是淘宝网为了保证交易可靠的主要措施之一。

进行实名认证，就要开通支付宝账户。支付宝是淘宝网推出的网上安全支付工具，它作为买卖双方交易过程中可信的第三方，是联系买家和卖家的纽带，其基本职责是保障交易过程中双方资金的安全。这个认证从一定程度上增加了网上开店的复杂度，但在很大程度上增加了整个淘宝网交易的安全性。过去的话一定要上传身份证等待淘宝网人工验证，现在淘宝网已经跟全国各家银行合作，只要有银行实名登记的银行卡，淘宝网可以通过银行系统认证身份。通过支付宝进行的交易，买家不必担心已经付款却收不到卖家的货物，或是产品质量存在问题，无处投诉；卖家也不必担心货物已经发送却收不到买家的付款，因为如果买家没有在规定的时间内进行申请退款等非常规操作的话，交易会自动结束，支付宝将会把货款自动支付给卖家。淘宝网"确认收货"超时自动打款机制如图5-1所示。

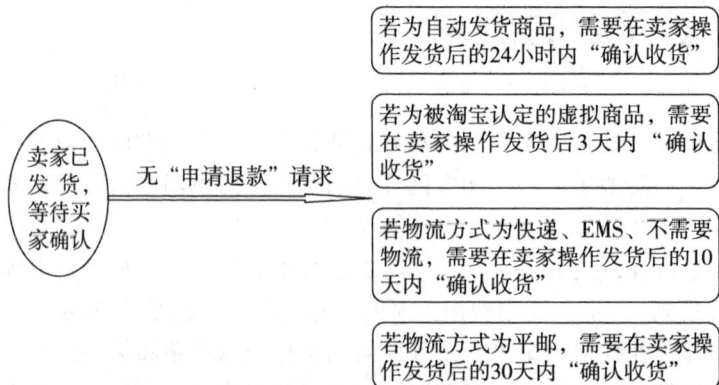

图5-1　淘宝网"确认收货"超时自动打款机制

实际上，在注册淘宝网会员的时候，淘宝网已经为会员自动创建了支付宝账号，这时会员只需安装必要的安全控件，并填写部分个人注册信息，就可以启用支付宝账号了。在上述准备工作完成之后，会员可以进行支付宝的首次登录，账户名为注册的电子邮箱（或手机号码），登录的初始密码是注册淘宝网会员时设置的密码。在登录成功以后，会弹出一个新页面，提示用户已经免费获得一个支付宝账户，但是要完成一系列支付宝设置信息的填写，这时，可以自行进行系统设置，包括修改登录密码等操作，随后账户注册就彻底完成了。需要注意的是，在整个注册过程中，个人信息的填写一定要真实，否则会影响之后的实名认证和付款情况。

之后要进行的是支付宝实名认证。支付宝的实名认证既要核实用户的身份信息，也要核实其银行账户信息。淘宝网通过会员提交的身份证或者营业执照等证件核实会员身份的真实性，并且与公安部门、银行系统接轨，防止交易欺诈行为的发生。

认证时，首先要选择认证方式，支付宝提供的认证方式包括个人认证和商家认证两种，不过，在注册支付宝账户时，一般选择的支付宝账户类型为"个人账户"，因此这时系统会只提供支付宝个人实名认证选项。个人认证需要提供个人的身份证明，可用的证件包括身份证、护照、驾照、军官证、户籍证明（需要邮寄原件）。个人认证时需要填写个人信息，提供身份证号和银行账号。如果是持有非中华人民共和国证件的会员，必须有国内担保人同时上传的身份证明。信息（个人信息、身份信息、银行账户信息）全部填写完成以后，将进入等待审核阶段，直到通过支付宝向提交的银行卡账户打入一定的金额，用户需确认打款的具体金额，然后重新登录支付宝，才能完成认证。商家认证需要提供营业执照、本人的身份证明，如果申请人不是法定代表人，还必须提供企业委托书。与实体经营相同，企业务必保持出售的商品和经营范围一致，否则淘宝网有权追究责任。在淘宝网上，不能同时提交两种方式的认证，而且一旦认证成功就不可以再更改用户名等资料。因此，在进行实名认证之前务必做好充分的准备，要结合自己的实际情况，选择适合的支付宝账户类型和适合的认证方式。

在注册淘宝及支付宝账户时，一定要注意密码设置是否安全。密码设置有很多讲究，为了提高密码的安全性，应注意以下几个原则：

① 密码设置要尽量复杂，不要有规律，最好使用数字、英文字母、特殊符号组合的密码，而且密码长度不宜过短。

② 不要用易被他人获得的身份证号、电话号码、生日，甚至注册会员名作为密码，并且，不同的在线服务应设置不同的密码，特别是支付宝的登录密码和支付密码，一般建议不设为相同的，以提高支付宝账号的安全系数。

此外，密码设置得复杂，就要做好记录，以免忘记密码带来不必要的麻烦。但是，一定要保证记录的安全，不要丢失或破损。

进行开店认证。进入"商家入驻"页面，点击"我要开店"或"0元开店"，即可开始开店认证。首先要同意淘宝网卖家服务协议、消费者保障服务协议、支付宝支付服务协议、数据出境协议（仅适用境外人士开店）。开店认证包括支付宝实名认证及上传真实个人照片（身份信息认证）两部分。

接下来卖家需要通过开店考试：进入"卖家中心"，点击"我要开店"或"免费开店"进入开店任务页面，点击"开始考试"即可开始开店在线考试。考试内容主要涵盖《淘宝网规则》，包括但不限于店铺运营规则、商品发布规则、交易纠纷处理规则等。考试形式为在线答题，题目数量与难度可能因时期而异，但通常会包括选择题、判断题等题型。考生需要在规定时间内完成考试，并且达到一定的分数才能通过。通常情况下，考试分数要求达到60分，且基础题部分必须准确率100%。如果考试过程中关闭页面，系统会有提示，重新登录后可以继续考试，但试题需要重新回答。

通过开店在线考试后，卖家就可以继续完善店铺信息，包括店铺名称、店铺LOGO、经营类目等。

下一步是设置店铺基本信息。如果进入"卖家中心"页面点击"我要开店"或"0元开店"，开店认证显示"已完成"，那么继续完成"在线考试"和"完善店铺信息"便可以拥有自己的店铺了，在左侧菜单栏"店铺管理"处即可看到"查看我的店铺"字样。第一步：进入"卖家中心"，点击"我要开店"—"参加考试"。第二步：点击"开始考试"进入考试系统进行考试。第三步：提交答卷后，马上会跳转到考试结果页，考过60分则考试通过，点击"请点击这里填写店铺信息，创建店铺吧"。如果考试不通过，需要重新考试直到通过为止。第四步：点击"填写店铺信息"完善店铺信息。第五步：出现"诚信经营承诺书"，待阅读10秒后，会显示"同意"或"不同意"字样，阅读完毕后点击"同意"。第六步：填写店铺信息时带"*"为必填项，勾选同意遵守"商品发布规则"和"淘宝规则"及同意签署"消保协议"，点击"保存"。完成以上步骤，开店成功后卖家可以进入"卖家中心"—"店铺管理"看到"查看我的店铺"。

2）淘宝助理

淘宝助理是淘宝网专门为店主们量身定做的一款客户端软件工具，使用它可以进行编辑宝贝信息、快捷批量上传商品图片、批量编辑交易管理信息等操作，是淘宝网上专门用来管理网店商品图片及进行商品信息处理的管理软件。

运用淘宝助理可以实现离线管理，并能轻松编辑商品信息，还可通过模板快速创建新的商品。淘宝助理的下载功能，可以对已经发布的商品进行修改，并且可以批量打印快递单、发货单，降低了大量的人工成本。

批量好评功能方便商家通过好评进行营销，节省了大量的工作；图片搬家功能方便店主将商品描述中的图片自动迁移到淘宝专门的图片空间中。

淘宝助理还支持视频、FLASH，这为更生动地展现商品提供了条件。它的数据库修复功能，可以最大化地修复受损数据库①。

---

① 根据百度百科资料整理。

除了淘宝助理以外，在淘宝网上开店还有一个必不可少的辅助工具，那就是阿里旺旺，由于前面已经对阿里旺旺进行了介绍，在此不再赘述。

5.4.2 店名与店头

为网店起个好名字，是今后网店能否获得成功的重要一关。在前面的章节中已经介绍过，在第三方电子商务平台上开店，网店并没有独立的域名，其域名都要依附于第三方电子商务平台，这本身就是平台网店的一个劣势，因为顾客很难记住某个特定的网店。面对这样一种情形，企业更应该重视网店的名字。店名是一个网店在网络世界里的一个符号，店名要响亮特别，也要便于记忆，而且要易于检索。起店名时要注意名字尽量简洁，也要朗朗上口，可以与自己经营的商品相关，这样当顾客在搜索某一产品关键字的时候，就很容易检索到商家的网店。另外，店名切忌太过通俗常见，在网上购物的消费者通过检索的方式进行商品搜索，目的是降低搜索的难度，缩小特定商品的搜索范围，如果企业的店名过于通俗和常见，没有一点特色，就会造成自己的网店淹没于消费者的众多搜索结果之中，不能脱颖而出，吸引不到买家的眼球。

店名起好以后，要对店名进行包装处理，简单地说就是对店名和店头进行修饰。目前有很多软件可以用来处理图片和加工文字，店主可以将店名做成漂亮的艺术字，或者与背景图片、店标相结合，做成有鲜明特色的店头，让人印象深刻，容易产生购买的欲望。但是在进行店名的装饰处理时，一定要注意与网店经营商品、面向的顾客群体相匹配。例如，专门销售儿童商品的网店，就可以把店头设计得活泼而充满童趣；专门面向少女销售饰品的网店则可以把店头的主色调设计为适合这一客户群体的粉色，文字也可以选择可爱跳跃的字体；面向商务人士销售男士服装的网店则要把店头设计得庄重而正式，这种风格适合成熟稳重的中青年男性，因此这样的店头更容易引起他们的共鸣，也就更能吸引他们进行购买。

在进行网店取名和店头设计时应该注意遵循基本设计原则，切忌忽略细节。最后需要提醒的是，淘宝的注册账户名同样很重要，它与店名一样，是店主和网店在网络上的标志，因此建议店主无论是在论坛中发帖还是进行电子邮件个性签名，都应该尽量使用自己网店的店名或是淘宝账户名，这样既有利于被搜索引擎检索，同时对自己的网店也能起到很好的宣传作用。不过，淘宝网账户一旦注册不得修改，因此要在注册时仔细斟酌，取好淘宝账户名。

5.4.3 进货

开网店卖货，货源至关重要。在网上购物的消费者除了要承担商品本身的价格外，还要额外承担货品的物流费用，并且由于不是面对面发生的买卖活动，消费者无法现场检查产品的质量和规格是否能够满足自己的要求。但是，尽管面对这样一种情形，消费者可能还是会购买网店销售的商品，这样做的理由主要是网上销售的商品价格比实体店销售的同种商品的价格低很多，消费者愿意去承担上述的费用和风险。

这里所说的进货其实是指如何才能找到好的货源。前面已经介绍过，网上开店的一个很大的优势就是商品库存成本低，甚至可以实现零库存。概括地说，就是实现了货物的库存管理和销售的分离，即网络企业通过与供应商合作不必承担库存管理的成本，只负责进行网上销售。

1）不同地区的货源选择

企业所处的地理位置不同，在货源选择方面必然会有所区别。概括而言，大城市的卖家比较有优势，各大城市都有自己的批发市场，找到了批发市场，就找到了货源。中小城市不具备大城市的方便条件，但可以在货源的特色上另辟蹊径，选择一些有地方特色的商品在网上出售，同样会很有市场。一位受访者介绍，她经营的网店主要出售云南丽江地区的东巴木刻，这是纳西族的民族特色艺术品，全手工雕刻，手艺是当地人世世代代传承下来的，并且用于雕刻的木质材料数丽江地区最优，是非常具有地方特色和艺术价值的工艺品。她采取与当地工匠合作的方式经营网店，本人并不直接与实体货物接触，只负责销售和客户服务，收到订单后与实体店联系，按照要求定做商品，并由实体店主直接发货。在整个交易过程中，网店不与商品有任何接触，这就最大限度地节约了库存管理的成本。而且由于她与实体店之间是一种长期的合作关系，她事实上是从实体店购入了大量的货物，价格很低，同时她的库存管理成本为零，因此从她的网店购买商品的价格甚至比在云南当地实体店购买的商品价格还要低。这是一种薄利多销的经营手段，她对自己几年以来网店的获利能力也颇为满意。

以上这个例子说明在没有特别明显的价格优势时，企业可以选择某种有鲜明的地方特色的商品在网上销售，以避免网店之间激烈的竞争。然而这种有特色的商品，以及例子中网店与实体店的合作模式，似乎都是可遇而不可求的，对于大多数卖家来说，还是会选择比较常规的商品在网上出售。

2）寻找货源途径举例

前面已经说明了货源的重要性，对于大多数在网上销售常规商品的卖家来说，寻找好的货源直接决定着经营的成败，因此在这一节中，本书将对寻找货源的途径作简单的总结。

（1）大型批发市场。

这是网络卖家最常采用的进货方式，目前很多城市都有规模较大的批发市场，对于本地卖家来说，这是最值得利用的货源，因为具有地理位置的优势，可以大大降低进货时的货运成本，而且进货取货方便，不会影响卖家在网店上的正常销售。但是卖家需要注意的是，虽然拥有本城市的批发市场资源，但是在商品和供货商选择方面仍然不能掉以轻心，卖家一定要经常去批发市场调研，了解市场行情。这样的做法一来可以了解时下的潮流，二来可以知晓市场中某商品的大致价位。

批发市场的商品数量多，种类齐全，挑选余地大，因此也就方便卖家"货比三家"之后再选定自己的合作商。卖家要注意，一定要善于沟通，懂得双赢互惠的道理，与批发市场的供应商建立起一种良好的合作关系，只有这样，卖家才可以方便地拿到第一手行业流行商品，也能够保证自己的进货成本低廉。与供应商的良好关系是网店经营者实现低库存甚至是零库存的基础，因为只有在一种彼此信任的合作关系中，供货商才可能允许卖家卖出产品以后再进货，节省卖家的资金并减少库存积压，当商品出现质量问题或者不能满足消费者要求时，也方便卖家进行更换。

当然，从大型批发市场进货也有一定的缺点。大型批发市场往往价格低，客流量大，尤其是那些经营时间较长的商家，他们有固定的老顾客，不怕没有生意做，因此一个刚刚经营的卖家往往很难在他们那里取得特别优厚的条件。由于他们订单多，直接从供应商处发货的速度也比较慢，这在某种程度上可能会影响到网店的信誉。

（2）厂家直销。

一件商品从生产厂家到消费者手中，往往要经过如下环节：生产厂家→各级批发商→零售商→消费者。在如此复杂的分销过程中，每层分销商都会将商品加价后卖给下级分销商，而且多次物流运输也会增加商品的价格，所以商品卖到消费者手中时，价格已经远远高于其出厂价格。因此，企业如果能够实现直接从厂家进货，会是一个不错的进货渠道。

在选择合作的厂家时，一定要选择正规的生产厂家，因为正规厂家商品质量好，信誉高，并且能够保证商品的正常供应和充足的货源，如果能与厂家实现长期的合作关系，那么企业一般可以获得低廉的价格以及良好的售后服务，因为厂家通常允许长期合作者进行商品的调换甚至退货退款。

但是与厂家合作存在着一个巨大的问题，因为多数厂商往往不愿意与小规模进货的卖家开展合作，一般要求批发量非常大，因此只有当企业有足够的资金储备，并且有足够的分销商品能力时，才可以感受到这种进货方式带来的好处。当然，对于一些网下销量不好的商品，厂商也会允许少量批发，不过这样的商品毕竟是少数，所以还是建议企业在自己网店生意发展到一定阶段，具备了一定量的客户积累，甚至是具备开连锁店的能力以后，再采用这种方式进货。

（3）品牌积压或清仓商品。

在实体店中发现一件心仪的商品，然而却对商品高昂的价格望而却步，于是悄悄记下商品的品牌和生产批号，转向网上寻找相同的商品。这是很多消费者购买品牌商品时都有过的体验。企业不要忘记，在网上购物的主要群体是青年人或在校学生，这类人群有一个显著特点，他们可能还不具备消费高昂价格商品的能力，但同时又对优质的品牌商品有一种追逐的愿望，因此在网上销售比实体店价格低廉很多的品牌商品，正好迎合了客户们的这一心理。品牌商品的最大优点就是质量和售后服务可靠，而且目前一些商家会专门把积压的品牌商品卖给网商进行出售，原因就在于地域性的差别，同样的商品在某地滞销，却可能成为另一地区的畅销商品。

品牌积压商品之所以可以成为网络企业不错的选择，是因为这类商品同样具有价格低的特点。由于库存积压，供应商往往急于清仓回笼资金，以投入下一轮生产，因此价格方面自然容易洽谈。但是在购进这类商品时，企业也要有所选择，要关注网上的潮流动向，关注同类网店的畅销商品有哪些，要尽量准确地把握市场需求量，不能盲目购进，避免将库存压力转移到自己身上。

清仓商品是我们通常所说的"货底"，这类商品可能号码不齐全，可能品种不齐全，也有可能是款式过时，或是反季商品，难以在一个地区销售。无论怎样，这些商品都是商家急于处理的，价格通常会很低，拿到网上出售，可以利用地理位置或是季节的差别，获得丰厚的利润。

换季清仓处理是网络企业可以抓住的一次进货机会，但是购进这类商品也要注意一些问题，例如，要关注商品的保质期，要关注商品是否为残次品，当然也要关注商品的性价比，看看是否值得购买。拿到网上销售要保证价格优势，这是企业时刻都要关心的。

商家做"清仓抛售"的原因有很多，总结一下，大致包括拆迁清仓、转让清仓、节后清仓等。能够利用这样的机会获得一批价廉物美的货源固然是好事，但是购买清仓商品要特别留心供应商的陷阱，如果商家不是要拆迁或转让店面，而只是拿此作为一种营销的噱头，在价格上也采用"先涨价后打折"的障眼法，那进这样的货企业恐怕就要吃大亏了。

（4）网店加盟。

企业可以作为一些大规模网店，如某一品牌商品旗舰店的下级分销商，简单地说就是加盟网店。这样，加盟商与自己的上级供应商达成协议，由上级供应商为其提供商品图片和信息（不是实物），并以加盟价格进行销售。一般来讲，在这样的合作过程中，发货、货物管理、售后服务都由上级供应商承担，加盟商只负责卖货，并不接触商品实物。

网店加盟可能会有陷阱，例如，有些供应商自己并不是最终的供货商，却自称是多种产品的代销网站，有些供应商提供的商品与向加盟商描述的商品差别很大，或者存在严重的质量问题，有的供应商不提供完善的售后服务等，这些都会影响到企业的服务质量和网店的信誉，需要企业在寻找供应商时谨慎提防。为了使企业能够尽量避免在网络加盟中上当受骗，提供以下几点建议：

第一，对于不支持线上交易、不按照正规途径办事的供货商，尽量不要合作。

第二，尽量不要做贵重商品、不易托运商品的分销商。

第三，保存好与供货商的交易凭证、相关的聊天记录等证据，事先商量好若干问题的解决办法，以避免出现纠纷时责任不明。

第四，尽量选择支付宝等第三方支付工具进行支付。

网上的货源数量大、品种齐全，选择余地大，目前有一些大的网上进货平台，专门为卖家提供货源寻找服务。阿里巴巴网上贸易市场就是个不错的选择，良好的定位、稳固的结构、优秀的服务使阿里巴巴成为全球商人销售产品、拓展市场及网络推销的首选网站之一，企业只要注册成为该网站的会员，就可以从阿里巴巴这个大的网上批发市场进货了。

（5）其他。

外贸商品：外商在国内工厂下订单时，一般工厂会按照5%~10%的比例多生产一些，这就是通常所说的外贸尾单商品。

这部分商品的性价比较高，但是可能商品尺寸或规格不齐全。虽然价格比较低，但是供货商往往要求进货者将商品全部购进，因此适合经济实力较强、有一定货物分销能力的企业。

二手闲置商品：在网上出售这类商品适合将网络经营作为兼职的人群，如在校的学生，他们并不以网店作为自己的事业，但是可以通过网店出售自己一些闲置的商品，如衣服、书本等，这样既可以腾出自己的空间，又能"变废为宝"，还可以挣一些零花钱，是一种不错的选择。

特别的进货渠道：国外世界一流产品同样存在前面提到的款式过季需要清仓处理的现象，如果企业有海外的亲戚朋友，可以通过他们帮忙，拿到较低的折扣后在网上出售这类商品，同样有利可图。

以上列举的这些进货途径旨在为企业拓展思路，当然企业还可以开拓其他的货源渠道，但是无论选择哪种进货方式，企业一定要记住，即使不能实现零库存，也务必保证进货数量不要过大。商品的数量可以少一些，但是品种要尽量齐全，以便顾客有更多的选择余地。此外，对于那些不能及时供应给消费者的商品，店主一定要在第一时间调整网店上传的商品目录，或者作出必要的缺货说明，避免消费者要货时却不能及时供货，对自己网店的信誉造成不良影响。

5.4.4　申请店铺和发布商品

商品选择好后，就要进行商品的录入了。值得注意的是，即使企业打算零库存经营，也要事先选定自己要销售的商品，然后精心处理商品图片，并为图片添加详细的文字描述。

主要分为三类："宝贝基本信息"、"宝贝物流信息"和"其他信息"。在"宝贝基本信息"中需要填写商品类型、属性、标题等，并且需要上传商品图片；在"宝贝物流信息"中需要填写商品所在地和运费，这需要企业与物流公司进行沟通，在了解市场行情的基础上，根据实际情况填写；在"其他信息"中需要填写某件商品上传的"有效期""开始时间"，以及选择是否"秒杀商品"、是否"橱窗推荐"等。填写完毕后，可单击页面底部的"预览"按钮，预览添加的宝贝详情。如果觉得信息填写完整，单击"填写宝贝基本信息"页面中的"发布"按钮，就完成了一件商品的上传工作。同样的操作进行10次，企业就获得了申请店铺的资格。如果在经营过程中要对已添加的商品信息进行修改，可以在"我的淘宝"页面中"我是卖家"下的"出售中的宝贝"链接里进行修改，单击"编辑宝贝"，就能实现这一操作。

当然，企业也可以使用淘宝助理软件批量上传并编辑宝贝。有关软件的使用方法，读者可以根据自己的兴趣课下学习。

　　前面提到，在上传商品时企业要填写商品的相关信息。在网店上销售商品，商品的图片和文字描述都非常重要，因为这是顾客了解网店商品的最重要方式。因此，企业一定要关注图片的质量，除了要满足淘宝网对图片规格的要求外，还要关注图片的视觉效果是否优质，比如色彩是否柔和、与背景的搭配是否和谐、与周围颜色的对比是否美观、图片中商品的状态是否能够引起顾客购买的兴趣等。此外，从负责任的服务态度出发，一定要注明商品的图片与实物是否存在比较严重的色差。有时虽然会减少一部分商品销售数量，但是能为商家避免很多麻烦。商品的文字描述同样很重要，而且商品描述应该尽量做到细致，最好可以面面俱到，因为越是这样越可以减少顾客的疑虑，也就增大了顾客购买的可能。在为自己的商品添加文字描述之前，建议企业多浏览同行业其他店铺的文字描述，借鉴热销商品的详情描述技巧。

5.4.5　交易的达成

　　网店正式开张以后，就可以进行商品的买卖了。当然，一笔交易真正实现之前，需要企业付出很多努力，特别是对一家新开张的网店来说，宣传推广工作更是至关重要。本章对各种网店宣传推广环节暂且不提，在此首先呈现交易实现的过程。

　　顾客登录淘宝网站，搜索自己想要的商品，经过一系列的比较、选择，与卖家沟通、商讨之后，买家决定购买某家淘宝店铺的商品，一般在淘宝网上购物用支付宝付款。

　　如果买家没有经过任何讨价还价就顺利地购买了商品，那么卖家就可以耐心等待客户收到商品以后确认付款就可以了。直到买家确认付款，支付宝将货款转账到卖家的账户，这次交易才算真正完成。但是，如果买家对商品价格不满意，就会通过与卖家议价的方式，最终可能以一个比既定价格更低的价格实现交易，这时卖家需要在订单中修改交易价格。具体操作方法是，卖家点击"我是卖家"列表中的"已卖出的宝贝"，在打开的页面中选择需要修改价格的项目，单击"修改价格"按钮，然后在"邮费"或"涨价或折扣"中输入相应的价格，再单击确定，就可以看到修改后的价格信息了。

　　交易完成以后，支付宝会将货款转到卖家的支付宝账户中，卖家可以将支付宝中的钱提现转到自己绑定的银行卡中，当然也可以留在支付宝里，留待以后交易使用。

　　还有一种可能就是交易未能顺利完成，此时买家有权申请退款。退款分为部分退款和全额退款，退款必须经过买卖双方达成协议才能顺利进行。合理处理退款，既可以留住客户，也能降低损失。当买家申请退款后，卖家登录到支付宝专区的"交易提醒"中会有"买家向您申请退款，需要您确认"的提示，单击以后会进入"退货管理"页面，然后点击"查看"按钮，弹出"退款详情"页面，若买卖双方已经协商好退款事宜，卖家单击"同意退款申请"就可以了，随即弹出"处理退款协议"页面，卖家需再次确认同意退款，然后在"请输入支付宝账户支付密码"的文本框中输入密码并单击"同意退款协议"按钮，此后支付宝还会要求卖家继续确认是否真的同意退款，点击"确定"，退款流程就结束了。需要提醒卖家的是，自退款单修改之日起15日后，卖家若不响应退款，支付宝将自动按照退款协议退款给买家。

以上就是在一次交易中卖家可能会遇到的几种操作情况，有关支付宝的具体操作方法和其他支付方式的使用情形，将在本书后续章节中详细说明。

5.4.6　客户服务

开店做生意就要把顾客奉为上帝，这个道理无论在哪里开店都是适用的。因此，网络企业要特别重视网店经营过程中各个阶段的客户服务工作，这对网店能否长期经营下去具有重要的作用。

1）售前服务

售前服务主要负责顾客在浏览网店选购商品阶段的服务工作。这一阶段的客服人员应尽量做到对商品的情况了如指掌，特别是一些销售专业商品的网店，如乐器、高端数码产品，一定要保证客服人员对商品的规格、特点、性能十分熟悉，无论面对顾客的何种疑问，都能对答如流。因为购买这些商品的顾客往往自己具有一定的专业知识，他们通常对商品的品质要求比较高，在购买过程中咨询的问题一般专业性较强，客服人员只有应对自如，才能让顾客觉得网店有专业水准，购买商品时才能放心。

除了对所卖商品充分了解以外，服务态度也非常重要。网店销售的最大特点就是买卖双方并非面对面进行交易，顾客看不到实物，就首先要付款，这对于很多人，特别是初次尝试网上购物的顾客来说，是一件不太容易接受的事。他们很自然地怀疑虚拟网络的真实性，担心自己是不是会被骗。抱着这样一种心理进行网上购物，顾客可能会在向卖家咨询时流露出对网上购物的不信任，甚至使用一些不恰当的言语。这时候，卖家切不可冷言冷语或是与顾客针锋相对。相反，卖家要尽量体谅顾客的处境和心态，以一种友好的态度面对顾客的各种有关商品和网购的质疑，尽量做到态度诚恳热情，让顾客感觉就像是在实体店中购物一样，尽量消除他们对网络世界的虚无感。因为对于那些初次网上购物的消费者来说，如果他们可以在某家网店上得到质量好的商品以及耐心周到的服务，他们很容易成为这家网店的忠实客户。

另外，面对顾客提出的一些商家实在无法满足的要求，客服人员也应该用尽量委婉或者幽默的方式回绝。有一位店家，他曾经遇到一位顾客，要求先发货再付款，但是这位店家以一种幽默的方式回绝了顾客："我一直保持款到发货这个好习惯，希望你能支持我，不要把我教坏了。"他的幽默让顾客觉得他是说话很有趣、很好相处的人，于是按照商家的规矩，很快付了款[①]。最后还要注意，要及时回复顾客的咨询，因为与实体店不同，在网上购物的顾客如果不能及时得到店主的回应，可能就会去浏览其他网店的商品。如果这时他们找到了一件替代品，并且及时获得了新卖家的在线服务，那么前面的卖家就会流失一位顾客。为了避免这一问题，卖家可以将一些常见问题的答案添加到网店中，以供顾客

---

① 脸盆妹妹. 在淘宝网开店：淘宝网淘金完全攻略 [M]. 北京：中国宇航出版社，2006：104.

自己查看。当然，如果卖家实在是忙得应接不暇，还可以通过阿里旺旺，定时向顾客发送信息，不至于让顾客觉得自己太被冷落。要知道网店之间的竞争其实很激烈，顾客坐在电脑前就可以光顾成百上千家销售同样商品的网店，如果卖家的态度不好，服务不及时，顾客可以不付出任何成本就更换一家网店，这对于商家来说却是个损失。

企业开网店做生意，面对的是全国甚至全球的顾客，每天都会遇到很多客人，中间可能还包括很多网购的新手，如果注意积累客户资源，尽量友好地对待每一位顾客，相信随着时间的推移，网店一定能够获得好的口碑，取得好的收益。

2）售后服务与响应投诉

顾客确认收货之后，一次完整的网购交易彻底结束，但是还有一个环节就是买卖双方进行互评。评价分为三种：好评、中评和差评。这里建议卖家尽量给顾客好评，顾客就是上帝，如果顾客对卖家留有比较深刻的好印象，那么他们可以通过自己的购买记录再次光临商家进行购买。

卖家也应该关注顾客对自己的评价，如果遇到交易不顺利时，尽量多沟通，了解事实情况，妥善地处理问题。卖家尽量做到服务到位，不要让顾客留下差评，毕竟很多顾客在选购商品时会比较介意这类评价。当然，当卖家真的得到差评时也不必太过悲观，毕竟淘宝网为每位店主提供了一个更为客观的评价标准——好评率——这才是顾客更为关心的。

在网店经营过程中，也会遇到顾客对商品不满意而申请退款的情况。这时，店主要尽量与顾客沟通，用平和的心态倾听客户的意见和抱怨，甚至可以通过电话与顾客直接进行沟通，及时消除交易中的误会，最大限度地维持与顾客的关系，并尽量使自己的损失降到最低。因为一般顾客只要自己的问题能够得到妥善解决，都不会为难商家。如果沟通不畅，通过支付宝进行支付的顾客可能会申请淘宝仲裁。一般情况下，只要顾客能够提供充分的证据，淘宝网会站在顾客一方，直接将货款退给顾客，这时卖家损失的不仅是一笔生意，更损失了客户资源和网店的信誉——对于应诉失败的网店，淘宝网会发出警告，若卖家收到3个不同顾客投诉后的淘宝警告，网店就会受到1个月停止交易的处罚，同时会关闭店铺，并下架所有未出售的商品。因此，为了尽量避免这种情况出现，建议卖家在自己的网店中明文制定"退换货制度"，将相关的"店规"事先向顾客声明，这也可以使纠纷发生时有章可循、有"法"可依。

至此，在淘宝网上从开店到卖出一件商品的完整流程就结束了。一次交易的过程看似简单，但是对于商家来说，在交易的背后还蕴含着很多深层次的东西，是值得商家去慢慢钻研的。能够成功地经营一家网店并非一件容易的事情，需要付出很多心血，学习很多技巧，同时要关注每个细节，善于思考和总结，在既往的成功或失败的经历中汲取经验和教训。只有把每一个环节都做到尽善尽美，把更好地满足客户需求作为自己服务的目标，才可能取得网络经营的成功。

本部分已经对在淘宝网上开店的整个流程进行了详细的介绍，参照讲解，相信卖家可以轻松地开一家属于自己的网上商店，并且能够顺利地完成一笔交易。但是，会开店并不代表着会经营，企业只有认真学习网店经营的技巧，善于在实践中思考，关注经营过程中的每个细节，才能领悟网店经营的真谛，实现网络经营的成功。

5.5　自建网店开店

在网上经营中，自建网店方式是一种常用的方式。它存在着许多与利用第三方电子商务平台开店不同的特点和内容。

5.5.1　网站注册

1）域名概述

（1）IP（Internet Protocol）地址。

在 Internet 上有千百万台主机，为了区分这些主机，人们给每台主机都分配了一个专门的地址，即 IP 地址，通过 IP 地址就可以访问任何一台主机。

IP 地址由 4 部分数字组成，每部分都不大于 256，各部分之间用小数点分开。在计算机的浏览器上打入一个 IP 地址，就可以访问一台主机。

（2）域名（Domain Name）。

域名用于映射国际互联网上服务器的 IP 地址、Internet 上的某个服务器或某个网络系统的名字，从而使人们能够与这些服务器联通。世界上没有重复的域名，域名由若干个英文字母和数字组成，以"."分隔成几部分，如 ibm.com 是一个国际域名，shantou.com.cn 是一个国内域名。无论是国际或国内域名，全世界接入 Internet 的人都能够准确无误地访问。

根据 IP 地址的编码规则，最多可以注册 42 亿个域名。从表面上看，域名的注册空间是很大的，但是，供用户选择的有价值的域名却要少得多。

一般而言，域名以 3~5 个字符为好，超过这个长度的域名不便于记忆。目前，有意义的域名基本已经被注册完了。

（3）可供注册的域名种类。

域名是由两段或三段字符串构成的，如 cxinfo.com。"cxinfo"这一段字符串可由申请域名的人自己定义，而"com"这一段字符串则是域名体系早已规定好的。域名主要有以下几种类型：

ac——适用于科研机构；

com——适用于工、商、金融等企业；

net——适用于互联网络、接入网络的信息中心（NIC）和运行中心（NOC）；

org——适用于各种非营利性的组织。

随着互联网的不断发展，新的顶级域名也根据实际需要不断被扩充到现有的域名体系中，例如，.biz代表商业，.coop代表合作公司等。

（4）注册国内域名与注册国际域名的区别。

国际域名是指在美国的域名注册机构InterNic注册的域名，国内域名是指在中国互联网络信息中心注册的域名，二者的区别在于：国际域名没有国别标志，而国内域名最后加了cn这个"中国"的国别标志。从运作机制上看，二者的作用是一样的，但从标志意义上讲，二者在国别标志方面显示出较大的区别。

国内域名和国际域名在结构上有一定的区别，国内域名是以.com.cn或.net.cn或.org.cn结尾的，而国际域名是以.com或.net或.org结尾的。

（5）域名查询机构。

国内域名查询：http：//www.cnnic.net.cn，中国互联网络信息中心（CNNIC），是国内域名注册的权威机构。

国际域名查询：http：//rs.internic.net，美国Network Solutions，Inc.，又名InterNic，是国际域名注册的权威机构。

（6）域名和网址的关系。

域名不是网址，一般来说，在通过注册获得了一个域名之后，需要根据网址所载信息内容的性质，在域名的前面加上一个具有一定标志意义的字符串，才构成一个网址。例如，www.cxinfo.com，www标志着服务器是Web服务器，而cxinfo.com则是域名。网址代表着企业拥有一个Web服务器，不管它是一台整机还是虚拟主机。当访问者要访问这台主机时，浏览器会以指定的http（Hypertext Transfer Protocol）协议向主机发出数据请求。为此，我们描述一个完整的网址时都会加上前缀http：//。而域名主要是用来映射服务器的IP地址，从而起到便于人们记忆的作用，所以只注册了域名，显然还不能说就有网址了。

（7）可以用于域名的字母和数字。

英文26个字母和10个阿拉伯数字以及"-"可以用作域名。字母的大小写没有区别，每个层次最长不能超过26个字母。

2）域名注册流程

网店经营者在对网店的内容、形式有一个初步的规划后，应根据网店的品牌、销售商品的特点进行域名注册。通常情况下，网店经营者应注册.com类别的英文域名，有条件的网店经营者也可以在此基础上注册以".cn"为后缀的英文域名[①]和中文域名，方便消费者查找。目前我国互联网应用服务提供商在域名注册方面的服务十分便捷，网店经营者可以通过互联网应用服务提供商网站进行域名注册。

网店经营者可以委托拥有经营许可的服务提供商，向ICANN[②]下任意一个国际域名注

---

① 　cn英文域名的注册要求用户必须提供企业营业执照，个人身份不允许注册。
② 　互联网名称与数字地址分配机构——ICANN（The Internet Corporation for Assigned Names and Numbers），成立于1998年10月，是一个集合了全球网络界商业、技术及学术各领域专家的非营利性国际组织，负责互联网协议（IP）地址的空间分配、协议标识符的指派、通用顶级域名（gTLD）及国家和地区顶级域名（ccTLD）系统的管理，以及根服务器系统的管理。（引用自百度百科）

册机构申请进行国际域名注册，流程如图5-2所示。

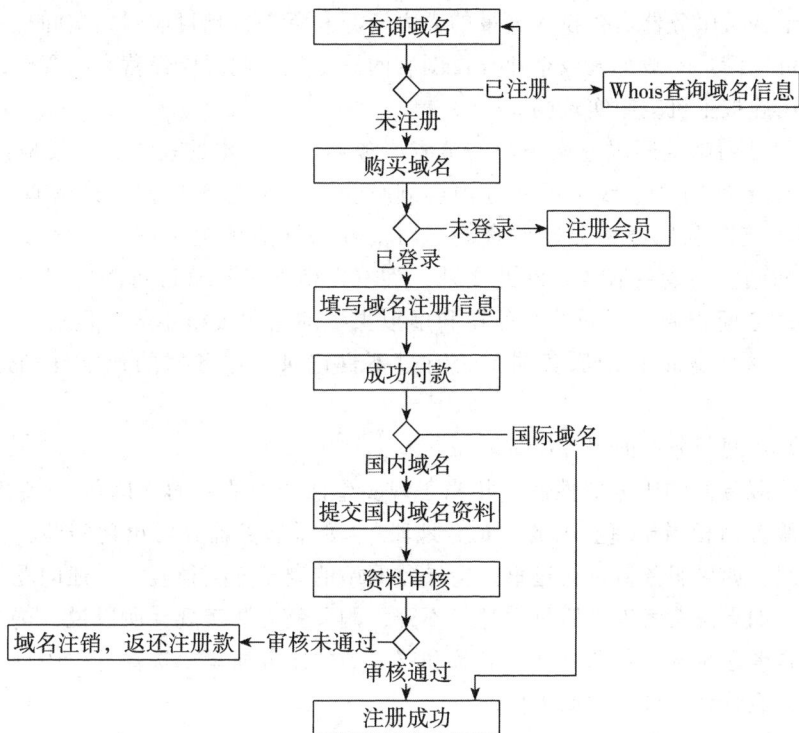

图5-2　注册域名流程①

首先，网店经营者要查询域名是否可用，在可用的基础上，需要根据网店品牌特点申请一个适合的域名，此域名不得包含色情、不健康、违法、反动等不良信息。在域名的选择上，可以直接用网店品牌的Logo缩写，或网店名称的首字母缩写等字串作为网店的域名，也可在此基础上加上与行业相关的词组，方便消费者查找和记忆。有企业营业执照的网店经营者可以同时申请以".cn"为后缀的域名，防止商标侵权。此外，也可以申请网店名称的中文域名，扩大搜索范围，方便消费者。

得悉域名可用后，网店经营者须填写注册信息。注册信息日后还要作为网店的基本信息提交给市场监管部门审核，作为申请网站备案、经营性工商注册的重要信息，所以必须保证所填写的注册信息真实、准确、完整，并且不含有引人误解或者虚假的陈述。

提交注册信息后，网店经营者需向服务提供商缴纳域名注册费用，可根据自身需要选择付费年限，缴费成功后将由服务提供商向国际域名注册机构提交域名注册申请，通过审核后方可归网店经营者所有。

3）购买网站空间

网站空间（Webhost），又称虚拟主机空间，就是存放网站内容的空间，包括文字、文

---

① 注册域名流程图摘自中国万网。

档、数据库、网站的页面、图片等文件。网站空间可以通过购买服务器和租用虚拟主机空间获得，由于购买服务器需要投入大量的人力资源和资金，且目前网站空间租用技术已经较为完善，可以满足一般个人或企业开设网店的需要，因此网店经营者购买网站空间通常都是通过租用虚拟主机空间实现的。

网站空间是网站空间服务商采用的节省服务器硬件成本的技术，主要应用于 Http 服务，将一台服务器的某项或全部服务内容划分为多个服务单位，对外表现为多个服务器，从而得以充分利用服务器硬件资源。目前互联网服务提供商在提供域名注册的同时，也提供网站空间购买服务，除此之外，拥有电信业务经营许可的虚拟主机服务商也能够提供网站空间服务。不同的服务器和虚拟主机的出租价格不等，网店经营者在选择网站空间时，要考虑所选的服务器是否有过不良记录、服务器的稳定性和运行速度等因素。

（1）网站空间服务商的服务质量。

网站空间服务商的服务器性能，相当于现实生活中商业街的"地角"，专业的、稳定的网站空间服务商相当于商业街的"黄金地段"。如果服务器经常出现问题，会导致网站无法正常访问；如果服务器负荷过重，会导致网站的浏览速度很慢。上述问题都是网店经营中的大忌。如果消费者连网店页面都打不开，购买就无法实现。所以说，选择网站空间的首要因素是考虑所选服务器的性能参数和服务商的服务质量，选择有"中华人民共和国增值电信业务经营许可证"的服务商。

（2）网站空间的价格。

网站空间服务商很多，服务器容量也千差万别，所提供的服务价格存在很大差异。网店在选择网站空间时应考虑到客流量和商务订单等因素，尽量购买价格高于静态虚拟主机的动态虚拟主机，虽然现在互联网上能提供一些免费的动态虚拟主机，但是因为免费不承担任何法律责任，随时可能关闭。一般来说，有规模的大型网站空间服务商的价格要贵一些，一些小型服务器提供商价格比较便宜。但是购买网站空间的成本与整体网店建设和推广的成本相比并不是很高，因此网店经营者在此环节切勿过度节约成本。

（3）网站空间的容量。

网站空间服务商都是根据用户购买的网站空间容量进行定价的，在选择合适的服务商后，网店经营者应根据自身需要选择网站空间容量。如果动态虚拟主机的容量无法满足网站的规模，网店经营者可以考虑与少数人合租一台服务器，或单独租用一台服务器。

4）域名解析

域名解析 DNS（Domain Name System），是指域名与 IP 地址间一一对应的转换工作，通过专门的域名解析服务器来完成。域名注册成功后，只说明网店经营者对此域名拥有使用权，只有进行域名解析后，网站的域名才能正式投入使用。网络服务提供商会将域名解析服务和域名注册服务绑定提供给用户，通常一小时内即可生效。

5）域名规划

（1）域名对企业的作用。

通常便于记忆而且具有一定标志意义的域名可以免除人们记忆数字化 IP 地址的不便。企业通过注册域名可以宣传企业形象，开展网上商务，同时域名也是企业重要的网上商标。

域名不同于名字和商标，不同的企业，可以因为行业不同而拥有相同的商标，而域名则不然，它具有专属性和唯一性。也就是说，很可能会出现几家同名或同商标的企业争用同一个域名的情况。

（2）域名规划的注意事项。

定义域名除了要根据企业性质或信息内容的性质来选择之外，还要使域名做到简洁、易记、有很强的视觉冲击力、标志性强，或具有一定的内涵。一个好域名显然会有助于企业的网址成为公众熟悉的站点。按照习惯，一般使用企业的名称或商标作为域名。域名的字母组成要便于记忆，能够给人留下深刻的印象。如果企业有多个很有价值的商标，最好都进行注册保护。企业也可以选择其产品或行业类型作为域名。例如，某企业是大连市的一家计算机公司，dalian.com 将是一个很好的选择，只是这类域名很难注册到。

一般来说，一个好的域名需要注意以下几个问题：

第一，容易记忆，域名可以但不一定是企业的中英文缩写，一般要根据企业的实际情况确定。例如，IBM 公司当然选择 ibm.com 作为域名，但是不能死板地套用这一原则。有些企业的中文名字很长，即使采用中文的拼音缩写也很长，而且不容易记忆，所以在这方面要灵活对待。

第二，尽量与企业的商标保持一致。尽管域名不是商标，但它是企业在互联网上的商标，同样代表着企业的形象、产品和服务，所以与商标保持一致可以有力地保护企业在互联网上的利益。

第三，多种后缀。在企业资金许可的情况下，尽可能地把所有的后缀（.com、.net 等）都注册为己有。Sohu（早期的 Sohoo）和 8848 在这一问题上就存在着失误。

第四，把与企业相关的产品、服务等内容都进行域名注册，这种注册是保护性的。例如，联想集团把"幸福之家"等都进行了域名注册，其目的就在于对其产品和服务进行保护。

第五，把与企业相关的所有名称都进行注册。例如，联想集团需要把"联想集团""中国联想""北京联想"等都进行注册。这一点对于子公司、分公司众多的大企业来说至关重要，否则就会被某些别有用心的人钻了空子。

当然，在进行域名注册的时候，需要注意的问题还远不止上述这些。例如，知名企业在进行域名注册时，还需要把企业领导人的姓名进行注册等。由于域名直接代表企业在网上的形象，而对域名的保护又不如商标和专利那样完善，所以，企业需要对自己的域名进行认真规划。

5.5.2 申请 ICP 许可证

ICP许可证，也称互联网信息服务业务经营许可证，或称增值电信业务许可证中的互联网信息服务业务。根据《中华人民共和国电信条例》《互联网信息服务管理办法》，国家对提供互联网信息服务实行许可证制度。

ICP许可证申请具有强制性，以营利为目的的网站必须获得ICP许可证，否则被视为非法经营。《互联网信息服务管理办法》第4条规定：国家对经营性互联网信息服务实行许可制度；对非经营性互联网信息服务实行备案制度。未取得许可或者未履行备案手续的，不得从事互联网信息服务。第22条规定：违反本办法的规定，未在其网站主页上标明其经营许可证编号或者备案编号的，由省、自治区、直辖市电信管理机构责令改正，处5 000元以上5万元以下的罚款。

1）申请ICP许可证所需条件

（1）经营者为依法设立的公司；注册资金大于等于100万元的内资公司。

（2）有与开发经营活动相适应的资金和专业人员。

（3）有为用户提供长期服务的信誉或者能力。

（4）有业务发展计划及相关技术方案。

（5）健全的网络与信息安全保障措施，包括网站安全保障措施、信息安全保密管理制度、用户信息安全管理制度。

（6）涉及ICP管理办法中规定需要前置审批的信息服务内容的，已取得有关主管部门同意的文件。

（7）国家规定的其他条件。

2）申请ICP许可证所需资料

（1）注册资金100万元以上，有独立的企业法人。

（2）公司法定代表人签署的经营增值电信业务的书面申请。

（3）ICP备案登记表。

（4）公司的企业法人营业执照副本及复印件并加盖公司公章。

（5）公司概况，包括公司基本情况，拟从事增值电信业务的人员、场地和设施等情况。

（6）公司近一年经会计师事务所审计的财务报告或验资报告（新公司仅提供验资报告）。

（7）公司章程、公司股权结构及股东的有关情况。

（8）从事新闻、出版、教育、医疗保健、药品和医疗器械等互联网信息服务的，应提交有关主管部门前置审批的审核同意文件。

（9）从事经营ICP业务的可行性报告（含经营服务项目、范围、业务市场预测、投资效益分析、发展规划、工程计划安排、预期服务质量、收费方式和标准）和技术方案（含网络概况及结构、组网方式、网络选用的技术及标准、设备配置等）。

（10）为用户提供长期服务和质量保障的措施，包括后续资金保障、技术力量保障、商业经营保障、内置管理模式。

（11）信息安全保障措施，包括网站安全保障措施、信息安全保密管理制度、用户信息安全管理制度。

（12）接入基础电信运营商的证明，即服务器托管协议（预期服务保障）。

（13）公司法定代表人签署的公司依法经营电信业务的承诺书。

（14）证明公司信誉的有关材料（新申请公司无此项，由非经营性公司转为经营性公司需提供）。

网店经营者准备好上述材料后，向公司所在省通信管理局提交，等待审批。电信主管部门应当自发出受理申请通知书之日起60日内完成审查工作，作出批准或者不予批准的决定，审批通过后即可领取证书。

3）网站备案

网站备案（Website Approve）是指根据国家法律法规，需要网站的所有者向国家有关部门申请备案，依据《中华人民共和国立法法》和《法规规章备案条例》予以执行。法律规定经营性网站必须备案，申请备案的经营性网站必须满足以下条件：

（1）网站的所有者拥有独立域名，或得到独立域名所有者的使用权。

（2）网站的所有者取得各地电信管理机关颁发的"中华人民共和国电信与信息服务业务经营许可证"，即"ICP许可证"。

（3）网站所有者的"企业法人营业执照"或"个体工商户营业执照"中核定有"互联网信息服务"或"因特网信息服务"经营范围。

在网店经营者满足上述条件的前提下，可向通信管理部门提出申请，或通过官方备案网站提出备案申请，填写"经营性网站备案申请书"，需要提交网站的名称、域名、IP地址、管理负责人、ISP提供商、服务器所在地地址、联系方式等相关内容，在线提交并打印。提交材料包括：

（1）加盖网站所有者公章的"经营性网站备案申请书"。

（2）加盖网站所有者公章的"企业法人营业执照"或"市场监督管理营业执照"的复印件。如网站有共同所有者，应提交全部所有者"企业法人营业执照"或"市场监督管理营业执照"的复印件。

（3）加盖域名所有者或域名管理机构、域名代理机构公章的"域名注册证"复印件，或其他对所提供域名享有权利的证明材料。

（4）加盖网站所有者公章的"ICP许可证"复印件及相关批准文件的复印件。

（5）对网站所有权有合同约定的，应当提交相应的证明材料。

（6）所提交的复印件或下载的材料，均应加盖申请者的公章。

网站备案流程如图5-3所示。

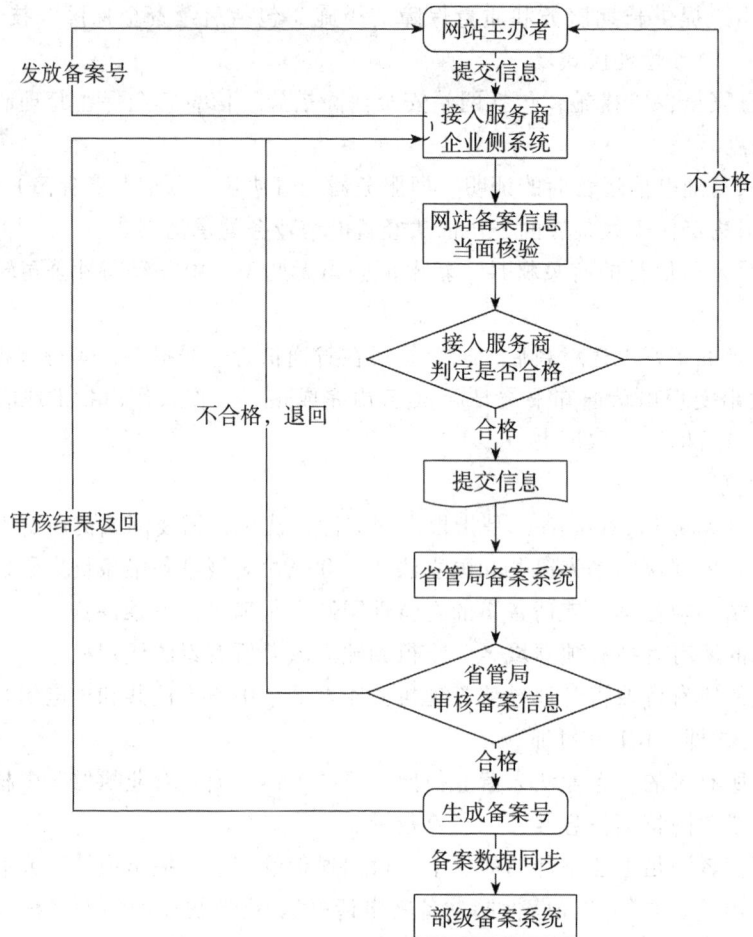

图5-3　网站备案流程

网站备案后，网店方可正式运营。网站成功备案后，网站所有者须在15日内将备案电子表置于网站首页的右下方，并将其链接到市场监管部门"经营性网站备案信息数据库"，以供消费者查询。[①]

5.6 网络服务提供商的选择

从广义上讲，网络服务提供商是指为互联网使用者提供信息传输、存储、处理等服务

---

① 内容详见《经营性网站备案登记管理暂行办法》。

的经营机构，包括提供中介服务的服务商和提供内容服务的服务商。提供中介服务的服务商被称为网络服务提供商（简称 ISP），提供内容服务的服务商被称为网络内容提供商（简称 ICP）。

我国主要的 ISP 有中国电信、中国联通、中国铁通、中国移动等电信服务部门，其作为基础运营商提供网络服务。网店经营者主要是在选择虚拟主机或服务器时需要考虑选择哪种 ISP，不同地理位置各公司提供的服务质量略有差异。在网店建店、经营的过程中，网店经营者接触更多的是 ICP。目前，很多 ICP 包揽了域名注册、虚拟主机及服务器租用等建店业务，下面介绍两家规模大、信誉高的 ICP 供网店经营者参考。

5.6.1　中国万网

中国万网（https：//wanwang.aliyun.com）是中国领先的互联网应用服务提供商，是企业网络服务首选品牌。中国万网致力于为企业客户提供完整的互联网应用服务，服务包括域名服务、主机服务、企业邮箱、网站建设、网络营销以及高端的企业电子商务解决方案和顾问咨询服务，以帮助企业客户应用互联网，实现电子商务，提高企业竞争力。

中国万网是中国域名注册服务的先行者、中国虚拟主机服务的开创者、中国企业邮箱服务的领先者和中国网站建设服务的创新者。中国万网一直秉承专业、诚信、服务、进取的价值观，坚持客户第一的服务理念，以"关注企业需求，实现企业价值"为导向，向企业提供全面优质的互联网应用服务。

中国万网是国内首家通过 ISO9001 质量管理体系认证的互联网企业，并获得了 AAA 级（最高级别）信用等级评价，具有国家信息安全应急响应资质。中国万网是世界互联网名称与数字地址分配机构（ICANN）在中国的首批域名注册服务商，是其重要的合作伙伴。中国万网连续数年获得中国互联网络信息中心（CNNIC）五星级注册服务机构美誉。中国万网得到了政府和社会的广泛认可，历年来获得表彰奖励达几百项。

目前，中国万网已经成为在全国拥有 16 家分公司、近万家代理商的集团企业，业务遍布 31 个省（自治区、直辖市）和全球几十大国际城市，成为互联网应用服务行业名副其实的旗舰。众多世界 500 强企业、中国知名企业、中国各级政府、社会服务机构、中小企业和个人客户信赖中国万网，依托中国万网的服务开展互联网应用。

中国万网研发中心拥有一支由多名网络安全专家、软件工程专家和项目管理专家组成的专业队伍。50% 以上的工程师拥有微软、ORACLE、CISCO、HP 的认证资质，申请了多项专利及近百项软件著作权。中国万网构建了 365 天不间断的稳定运行保障体系，其服务器群分布在国内外 10 个顶尖 IDC 机房，全部机房均部署独立 IP、光纤接入及线路冗余、INTEL 多核服务器平台、DDT 备份体系、电信级网络设备以及网络实时监控系统等，为客户提供高质量、高效率、高安全性的 7×24 小时专业运维保证。

中国万网拥有设施齐备、功能完善的专业级呼叫中心，下设的中国万网客户服务中心和技术支持中心为中国万网用户提供 7×24 小时不间断的专业电话服务和全方位的网络实时智能监控。

　　阿里巴巴集团于2009年收购中国万网，2013年1月6日阿里巴巴集团宣布，旗下的阿里云与万网将合并为新的阿里云公司，合并后"万网"品牌将继续保留，成为阿里云旗下域名服务品牌。

5.6.2　美橙互联

　　美橙互联（http：//www.cndns.com）的业务范围和中国万网类似，也是一家国内领先的互联网基础应用服务提供商，主要面向广大海内外客户提供域名注册、国内/海外虚拟主机、企业邮箱、智能建站、智能DNS、虚拟服务器（VPS）、服务器租用、服务器托管等丰富的网络产品服务。

　　美橙互联自从2006年成立以来，一直是提供互联网服务行业的佼佼者。客户在购买虚拟主机产品时，可享受30天内无条件全额退款服务。此外，美橙互联还经常推出捆绑促销活动，十分适合中小型自建网店使用。

■5.7　搜索引擎优化技术

　　搜索引擎（Search Engine）泛指在网络上以一定的策略搜集信息，对信息进行组织和处理，并为用户提供信息检索服务的工具和系统，是网络资源检索工具的简称。[①]消费者在寻找意向商品的时候几乎都是以搜索引擎查找的方式实现的，所以说，利用搜索引擎将互联网上庞大的潜在客户群体引导到自己的网站是网站经营者推广网站的重要手段之一。

5.7.1　搜索引擎优化概述

　　搜索引擎优化，术语为SEO（Search Engine Optimization），是针对搜索引擎的排名法则，通过对网站结构、页面设计以及链接设置等内容进行改进，使网站在搜索引擎中排名靠前的一种技术性网络营销手段。SEO通过利用搜索引擎，以最小的投入换取最大访问量并衍生商业价值，是目前电子商务领域里较受推崇的营销手段。SEO是一个需要长期投入并且注重细节的工程，时刻关注搜索引擎的动态变化，继而对网站作出改进才是有效的SEO。

　　SEO是针对搜索引擎进行的，因此了解搜索引擎的排名法则是有效实施SEO的第一步。搜索引擎通过搜寻已有的网页索引数据库，写回与被输入关键词有关的一切相关网

---

　　① 隋莉萍. 网络信息检索与利用［M］. 北京：清华大学出版社，2008.

页，再按照固有的算法进行排序后，生成搜索结果。不同的搜索引擎拥有不同的计算法则和排名偏好，但是参数大同小异。对于面向所有搜索引擎工作的SEO来说，主要有关键词优化、页面设计优化、链接优化和数据检测与分析4种方式。

5.7.2 关键词优化

搜索引擎是按照程序运作进行机械性寻找，只有按照一定的规律才能得到有效的信息。网站的关键词是网店经营者和客户联系的第一座桥梁，也是搜索引擎准确定位网站的路标，如何让潜在客户群体通过搜索引擎找到自己的网店，关键词优化是最基本的SEO。

1）设置符合产品特征的关键词

网店的经营者必须针对自己的企业形象和产品特点，为网站设计一个或几个（不能过多）关键词，其中最重要的是网站的标题。在搜索引擎中，网站标题的优先级最高，通常会以下划线或加粗的方式作为搜索结果展示给潜在客户。除了同时展示给潜在客户和搜索引擎的可见关键词外，自建网站的网店经营者还可以利用HTML代码单独为搜索引擎的搜索设置一套网页不可见标签——meta标签，直接与搜索引擎对话。[1]将关键词嵌套进meta标签中，这样就确保了搜索引擎的搜索程序能够抓取到网店经营者想表达的信息，继而反馈给潜在客户。一个准确定位的关键词是网店成功登录搜索引擎的首要因素，关键词必须简洁，且能高度概括产品的特征，在客户一目了然的同时，结合不可见标签，使搜索引擎的搜索程序能实现快速、准确地抓取。

2）适当安排关键词密度

对于同时面向客户和搜索引擎的可见标签来说，在考虑关键词之外还要注意语句的流畅性和易懂性，这一表达过程就需要其他的辅助词汇以通顺语句。一些网店经营者在设计meta标签时，不考虑语句的流畅性，企图通过反复叠加关键词的方式提高搜索频率。从搜索引擎的机械性来考虑，这种想法是有一定根据的，但是，在meta标签中写入的关键词并不是越多越好，过高的关键词密度可能会导致被搜索引擎惩罚甚至屏蔽。前人对SEO的研究表明，虽然不同的搜索引擎对于关键词密度的态度有细微的差别，总体来说，关键词密度保持在3%～8%时比较合适。在meta标签中，标题中一般包含1～2个关键词，关键词一般不超过4个，描述中通常用包含关键词的语句形成长尾关键词[2]。

3）动态追踪热门关键词

对于任何一类产品或服务来说，关键词都不是一成不变的。根据市场的变化来预测与产品相关的热门关键词是网店经营者必做的功课。搜索引擎根据被搜索的次数来统计一个词语的热门程度，从而在一切搜索情况下自动将热门关键词排列出来。网店经营者可以根据一些统计数据来查看与自己产品相关的关键词，百度、谷歌等搜索引擎都提供关键词榜

---

① meta标签用来描述一个HTML网页文档的属性，meta标签的设计对于SEO是至关重要的一部分。此外，此处提到的HTML语言是目前大部分网站使用的语言，具有普遍性。如企业有能力可以利用HTML语言进行网站设计，可以获得更稳定的搜索排名。

② 长尾关键词是指网站上可以带来搜索流量的非目标关键词。

单作为参考。

　　网店经营者可根据自身需求输入关键词进行查找，可得出相关趋势图、相关检索词分布、地区分布等指数作为参考。

5.7.3　页面设计优化

　　1）简化代码

　　和网店的商品摆放是否漂亮无关，搜索引擎访问的是网站的代码。相对于HTML中传统的表格嵌套，利用DIV+CSS①设计网站可以通过丰富注释的方式完善网站的内容，这样既方便搜索引擎抓取信息，又可以及时根据SEO的进度进行关键内容调整。即使网站使用的依然是传统的表格定位技术，也要力求用最少层的表格完成设计。因为搜索程序爬取表格时，遇到多层表格嵌套会直接放弃这一网页的读取。

　　此外，网店在实际运营中很可能多数商品都存在一定程度的重复，这种重复如果在网页标题中体现出来，可能就会造成搜索引擎在抓取这一部分信息的时候跳过，或者反复抓取导致对网页的不信任。利用CSS统一文件格式再做成外置文件可以避免这种状况，正如前文中提到，使用XHTML架构的网站排名状况一般都会比普通表格嵌套的网站好一些。

　　2）文字链接作为目录导航

　　网店经营者在设计网页时，一定要通过设计便捷的菜单作为导航，原则是既要保证让来访客户一目了然，也要让搜索引擎能够准确无误地抓取信息。很多网店为了吸引消费者的眼光，将产品链接制作成动态的图片形式，而一个动态的链接十分不方便搜索引擎对网站信息的抓取。虽然目前主流的搜索引擎数据库都支持对动态网页的录入，但是搜索引擎更偏爱那些能够快速抓取的静态信息。一个有效的静态文字链接能够保证搜索引擎可以快速、准确地将信息传达出去。为确保搜索引擎能够快速地将网站要表达的内容传送给搜索者，在布置网店的时候必须保证导航有一个有效的静态文字链接，在此基础上再设计其他网页结构。

5.7.4　链接优化

　　从搜索引擎的角度来说，一个拥有很多链接的网站就是一个好网站。网店经营者可以通过优化内部链接和建立外部友情链接来提升PageRank（PR）值，从而提高排名。

　　PageRank值是Google排名法则中的一部分，PR值越高说明网站越受欢迎，并且在一定程度上影响网站在搜索引擎上的排名。举例来说，网店就相当于一篇学术文章，引用的人越多说明这篇学术文章越具有权威性，如果被较为权威的著作引用的话，更会提升这篇文章的学术价值——PR值也正是如此，我们可以通过优化内部链接（建立网站导航、平

---

　　①　DIV+CSS：标签+层叠样式表，是网站标准术语，区别于HTML表格定位的XHTML定位标准。符合W3C标准，有利于SEO。

行页互联）和外部链接两方面进行SEO。

1）建立网站导航

网站的导航目录最好设置在页面的上面或者左面，针对搜索程序的爬行方式方便搜索程序第一手抓取，同时也方便客户浏览。首先，在设计网店的时候，为了兼顾搜索引擎和消费者，可以在设置的时候同时设置图片链接和文字链接，不过值得注意的是，图片链接文件不要太大，这样不方便搜索程序抓取信息，也不方便电脑配置一般的消费者打开网页，两方面都损失了商机。其次，要对产品进行明确分类，尽量确保3次点击就能够找到所有产品，这样有利于搜索引擎对每一页信息的抓取，消费者也能够对商品一目了然。最后，制作一份包含网站所有链接的网络地图也是优化内部链接的好方法，鉴于谷歌、百度、雅虎等搜索引擎识别的网络地图方式不同①，网店经营者可以根据自身发展需要制作不同格式的地图。

2）平行页互联

一个网站的PR值传递是递减的，这样使得对消费者最直接的链接——单独一个商品页面的PR值最低，可能不易被搜索引擎抓取。但是消费者在进行搜索的时候，目标往往也正是单独商品的网页。消费者的搜索意向是商品而不是网店名称，毕竟如果消费者知道你的网店地址的话就不需要搜索引擎查找了。因为消费者输入了较为详细的搜索条件，搜索引擎回馈给消费者的可能是单一商品的页面，如果每个单独商品的页面仅是和上一级页面链接，PR值是远远不够获得排名的。因此，在保证网站的整体是一个树形结构的基础上，各种产品页面之间的互联也有利于搜索排名。一种市场上的热门商品的点击率，可能会带动其页面链接的其他商品，以及网店主页的点击率。

3）优化外部链接

在内部链接优化的基础上，稳定、优质的外部链接也能给网站带来可观的访问量。在外部链接的选择上，从技术上讲，最好选择在搜索引擎上排名不错、行业内比较有权威的网站进行外部链接；从内容上讲，避免选择和自家网店处于竞争关系的网站做链接，也不能为了追求产品的配套或互补盲目增加大量链接。链接并不是越多越好，PR值低的链接反而会降低网站的排名，确保外部链接的有效性是最重要的。

5.7.5 数据检测与分析

SEO是一个长期的动态过程，对网店经营各个阶段的情况追踪了解，才能够给予适当的SEO使其成长。通过对网站流量数据进行分析，可以从更深层次来了解客户的偏好和需求。网店经营者可以通过免费的网站流量统计系统来查看SEO的进展情况，常用的有百度统计、谷歌统计、雅虎统计等。以百度统计为例，只要注册成为百度联盟会员，申请百度统计测试服务后，获得统计代码将其应用于网站就可以开始统计。统计数据包括流量

---

① 每个搜索引擎主要识别地图格式效果不同，百度：建议使用HTML格式的网站地图。Google：建议使用XML格式的网站地图。Yahoo!：建议使用TXT格式的网站地图。

统计、关键词分析、来访者分析等，这些数据可为网店经营者适时制定 SEO 策略提供很大帮助。

本章小结

本章首先介绍了网上经营活动要进行的前期准备。随后介绍了目前国内流行的两种主流第三方网上经营平台，并以淘宝网为例，对利用网上平台开店的流程，从申请淘宝账户到卖出商品后的售后服务这一完整的过程进行了详尽的介绍。本章还对自建网站开网店的建店方式和前期准备作了介绍，介绍了如何开设网站，还介绍了经营性网站必须注册的 ICP 许可证的申请和报备流程；同时对目前网络服务提供商进行了简述，列举了中国万网、美橙互联两家 ICP 提供商；最后详细介绍了搜索引擎优化的内容和技巧。

本章网站资源

金米网：https：//www.jinmi.com

阿里巴巴生意经：https：//p4psearch.1688.com

当当网：http：//book.dangdang.com

淘宝网：https：//www.taobao.com

站长网：https：//www.guokeyun.cn

国家市场监督管理总局：https：//www.samr.gov.cn

易网国际：http：//www.eznet.hk

硅谷动力：http：//www.enet.com.cn

中华人民共和国工业和信息化部：http：//www.miit.gov.cn

甩手网：https：//www.shuaishou.com

复习思考题

1.经营性网站需要进行哪些注册才可以投入运营？请简述步骤。

2.什么是ICP许可证？获得ICP许可证的条件有哪些？

3.SEO 是一个长期的过程，如何进行网站数据管理分析？试结合百度指数予以说明。

4.目前很多商业网站注册域名选择通用顶级域名（gTLDs）中的 .com 和 .cn（中国），对此谈谈你的看法。

5.咖啡生产企业的竞争十分激烈。对于咖啡生产企业而言，关键是要建立与其客户的联系，这样当客户在超市里看到该品牌咖啡时就会购买。你的工作是为一种新的咖啡品牌设计一个网站，为建立该网站，你需要考虑下列问题：目标市场的特征是什么？建立与客户的联系时，你希望的主要卖点是什么？你认为目标市场会如何看待接收到的信息？（目标市场都熟悉网络吗？喜欢图形吗？使用什么系统？）在促销中你会采用什么媒体来与网站结合？网站如何设计？完成该设计后，将你的网站与其他咖啡网站进行比较，看看这些公司是如何建立与其目标受众的联系的。

6.学习淘宝助理的使用方法，并以其中一种功能为例，介绍淘宝助理软件。

网店的建设推广

学习目标

　　了解网店的装饰与美化技巧；掌握平台网店的推广方式、自建网店的推广方式；了解网络广告的发展历史以及我国网络广告的现状；掌握网络广告的尺寸和各种计费方法；了解网络广告的特点、网络广告与传统广告的区别；了解网络广告的各种分类和网络广告的测评方法。

6.1 网店的装饰与美化

网店的主页就相当于实体网店的门面，商品的陈列给消费者带来直观的感受，网店经营者可以通过计算机软件和网络技术进行网店装修，营造一个良好的购物环境。对于网店的装饰与美化，网店风格、促销信息、商品目录都是关系网店整体效果的关键因素。

网店经营者可以根据自身情况，自行设计网店或购买、定制模板。自行设计的网店经营者可以利用Dreamweaver、Photoshop等软件，对网店进行装饰和美化。目前互联网上也有很多家专业的网站在做网店装修，可以根据网店经营者的要求进行设计，方便省时，价格也比较实惠。

6.1.1 确定网店风格

网店装饰的第一步就是确定网店风格，经营不同的商品需要有不同的风格，如果千篇一律地使用固定模板，是难以留住消费者的。一个整体形象统一的网店，可以使消费者在浏览过程中感觉舒适，产生一种信赖感。

在浏览过程中，影响消费者第一眼直观感受的就是网页整体的色彩。在网店风格设计中，需要注意网店所选的色调要能够体现销售商品的特点，否则会十分突兀。不同行业在色彩选择上都有其偏爱，大致可以归纳为以下几种：护肤品行业主要突出清透、优雅，常用的主色调有绿色、粉色、蓝色等；女装行业风格广泛，根据不同的风格选择较多；数码行业较多使用黑色、灰色等商业氛围重的颜色；家居行业普遍偏重于温馨，棕色、粉色都是不错的选择。

6.1.2 商品目录清晰，布局合理

随着消费者购买意愿的多元化，网店的商品目录要适应消费者不同侧重点的查找。对网店销售的商品，可采取多种形式的分类，各种商品不能只在一个目录下，要根据其功能、款式、上市时间等进行多重分类，方便消费者查找。

网店经营者可以通过设定多种模块来丰富商品目录，在保证条理清楚的前提下，通过添加GIF动态图片、超链接等方式丰富页面布局，并且动态地管理商品目录。优秀的网店经营者每周都会花费大量时间在商品目录调整和页面布局上，此项工作可以结合搜索引擎优化共同完成。

有购买目标的消费者往往进入的是单个商品的页面，这里网店经营者必须对单个商品的图片信息、描述信息都做足功课，只有这个页面吸引住了消费者，消费者才会产生浏览整个网店的想法。如果网店整体类目清晰、布局合理，消费者想买的商品通过几次简单的

点击就找到了，方便快捷会给消费者带来好感，那么就比较容易达成交易。

6.1.3 及时更新促销信息

一家浏览量大的网店总是有各种促销信息吸引消费者，网店经营者可以根据货源供应、商品销售情况，以周为单位定期更新促销信息。虽然网店的页面设计、商品类目都很整洁、清晰，但如果很久没有任何变动，已经对网店产生审美疲劳的客户也会逐渐流失。

网店主页应总是保留一块位置作为促销信息的模块，并且要注意及时更新。促销信息应该是消费者来到网店首先看到的模块，直接影响消费者对网店产品的第一印象。在促销信息的设计上，网店经营者必须给予其和广告投放同样的重视，这是因为主页上的促销信息比投放到其他网站上的广告更具有针对性，而且还不用交纳额外费用，可以有效利用促销信息为自己免费打广告。

6.2 网店初期的信用积累

万事开头难，设计完网站的页面和内容，网店就正式"开张"了。网店和消费者沟通最大的障碍就是信赖度，只有对网店建立了信心，消费者才会产生购买行为。类似淘宝网这样的第三方电子商务平台针对消费者的这种心理，通过记录销售次数来量化信用，一家网店开店时间越长、卖的东西越多，代表信誉的"钻石"就越多。针对第三方电子商务平台的这种机制，不少商家开始通过出售虚拟商品（如点卡、游戏中物品等）、互相购买等方式"炒店"，就此本节不作介绍，仅从销售策略视角提出几点网店经营初期的建议。

6.2.1 交叉促销提升网店知名度

交叉促销，也称异业联盟，是指寻找与自己不直接形成竞争关系，但针对同一类目标客户可以互补的商家合作，共同促销、合作共赢的营销方式。此方式对于建店初期点击率较低的网店效果显著，网店经营者通过向知名网站免费提供试用商品或优惠券的方式，吸引消费者点击；也可以寻求行业互补型商业网站，交换促销链接或组合销售。交叉促销的优势主要有以下几点：

1）迅速获取客源

交叉促销的最大好处就是利用其他商家的客户资源快速获取客户，并且不会引起其他商家的反感。通过交叉促销，在合作商家和网店经营者获得双赢的基础上，消费者也享受到了更多的购物信息服务，在购物上有了更多的选择。消费者可以体验到更多的购物价值，他在一家网店消费的同时享受了其他网店的优惠，会让消费者感受到此网店很有实力，值得信赖。

2）长期利益可观

在建店初期，网店经营者通常要使用促销力度较大的手段才能和其他商家合作，这在短期来看可能利润很低，甚至亏本经营。但是从长远来看，交叉促销无疑是树立网店品牌、提升网店知名度的好方式。通过交叉促销，可以迅速从行业竞争者手中争夺客户，这就为长期竞争打下了坚实的基础。

3）节约广告成本

建店初期，很多网店经营者为开拓市场，首选就是大力投放广告。除去投放广告需要大量的资金不谈，由于网店没有形成一定的知名度，投放广告即使获得点击量，也很难形成有效购买。交叉促销避开了广告投资，直接和想要创造同样利益的商家合作，虽然产生了一定的成本，但是和广告投资相比，风险低、投资回报率（ROI）高，只需让出一部分利润就能获得更多高价值的、有潜力的客户。

交叉促销是一种在短期内获得大量新客户、增加销售额的有效推广方式，在执行过程中，要注意合作商家所售商品和网店商品具有互补性，促销方式最好建立在产生购买的基础上，充分利用双方的客户资源和消费者的购买潜力。

6.2.2 搜集客户名单，建立数据库

著名的营销大师哈里·哈尔博特曾经说过这样一段话："假如今天你在海滩上开一个卖热狗的小摊，在你旁边还有其他的竞争对手。如果你只能够采取一种手段来和你的竞争者对抗，你会怎么做呢？你是会选择比较好的地点，还是选择更好的制作原料？是要采取最诱人的广告，还是选一位美丽的销售员？而事实是，上述的策略都没有用，你需要的是一群饥饿的人。"

开网店也是如此，迈向成功的关键是拥有一群忠实的客户，而网店经营者要做的就是培养客户对网店的信赖，通过反复促销让客户重复购买。

建店初期的客流量和购买量都很小，网店经营者要在留住这些客户的基础上，寻求新的客户群体。比较好的方法就是在与行业相关的网站或论坛上宣传，或者在竞争者的网站上寻找其客户的信息。值得注意的是，寻找新客户固然重要，但是留住老客户更能给网店带来长远的收益。已经在网站购买了商品的客户会给网店带来更大的价值，因为客户在重复消费的过程中，已经形成了消费习惯或对网店产生了信赖感，这部分客户是网店最有价值的客户群体，网店经营者必须保留住这个群体，并致力于扩大这个群体。

6.2.3 针对客户名单开展促销

正如前面提到的，建店初期的推广活动可能会在资金上有一些亏损，但是从长远利益来看是不可或缺的手段。要想快速获取新客户，必须在价格上给予优惠。在网店获得了一定数量的客户名单后，就可以随时对客户开展促销活动。

1）价格底线促销大众商品

面对光临网店的所有消费者，网店经营者必须通过促销一种价格较低且大众化的商品来留住消费者。这个阶段消费者刚刚接触到网店，完全没有一点信赖感，只有通过价格优势让消费者立刻产生购买欲，才能有机会让消费者成为网店重复购买的忠实客户。对于促销的力度，网店经营者可以采取短期亏本的方式加大促销力度，因此而获得的客户名单给网店带来的长期收益将远大于此。

2）质量优势打动老客户

对于已经在网店消费过的客户，网店经营者可以向此类名单中的客户推荐价格比较高但质量更优的产品。因为这些顾客在购买过程中已经形成了消费习惯，对网店也较为信任，加之其以往的购买行为，网店经营者可以推测出无论从心理上还是能力上，这部分客户都能够接受质量更好、价格稍高的商品。网店经营者可以从这部分客户身上赚取更高的利润。

3）巧用促销技巧

网店经营者一定要定期依照客户名单发送促销信息或商品介绍，这样才能维持客户名单的价值。消费者在网购时有太多的选择，浏览的信息量也很大，消费完一段时间后就会渐渐淡忘网店。就此，网店经营者应在不对其信息浏览产生干扰的前提下，对消费者作出"适时提醒"，而这种提醒，必须能够引起消费者的购买欲。网店经营者可以定期开展店庆活动、周年庆活动、节日特惠活动等，给客户发促销短信或电子邮件。通过这种方式，既能保持与客户之间的联络，也有可能带来新的订单。

建设网店是一个长期的过程，初期的良好建设可以为以后的发展奠定坚实基础。网店经营者在这一过程中要善于思考、善于总结，通过分析成功模式和经验，整合创新出适合自己的经营方式。

6.3 网店的内容

网店的内容是网店推广的基础，本节分别对自建网店和平台网店给予说明。

6.3.1 自建网店内容

自建网店在推广过程中直接面向搜索引擎，因此在程序编写方面应注意符合搜索引擎搜索程序抓取信息的习惯，分类目录必须在网页的上方和左方，最好是两个方向都有。使用简洁的 URL 结构，避免过长或含有特殊字符的 URL，这有助于搜索引擎更好地解析和索引网页。在编写内容时，要确保网页展示的内容原创、丰富且有价值，避免过度堆砌关键词或复制粘贴内容；注意使用适当的标题、段落和列表等结构，以提高内容的可读性和搜索引擎的理解度；在使用动态图片、超链接吸引消费者眼球的基础上，确保文字链接能被搜索程序有效搜索。

1号会员店（原1号店）首页最上方为网店的Logo，即店标，如图6-1所示；目录页有明确的分类目录，如图6-2所示。促销信息通过横幅广告的形式在首页正中央醒目显示，确保消费者可以第一时间注意到。

图6-1　1号会员店首页

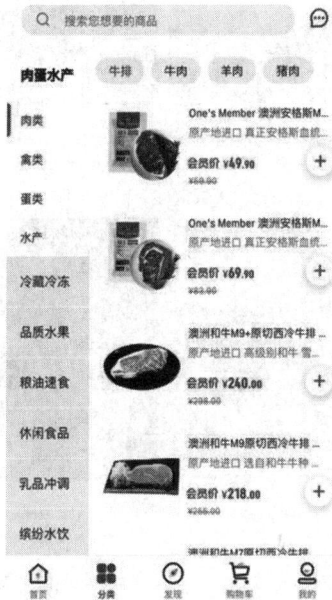

图6-2　1号会员店目录页

6.3.2　平台网店内容

平台网店一般都有固定的模板，虽然平台网店也支持模板自定义，但是建议网店经营者还是根据平台固有的模板排列习惯稍作改进，否则会显得不伦不类且有悖于消费者的浏览习惯，弄巧成拙。

网络平台上的旺铺不太注重SEO，此网站的Logo和分类目录都是图片链接，因为根据单独的商品链接和平台推广，网络平台更看重单独商品标题的设定是否已经购买了平台推广的广告位，所以平台网店经营者可以将设计重点放在提高消费者浏览的愉悦度上。

当消费者在平台网店内选择点击其中一个商品后，应当出现商品规格、优惠、参数、默认配送地址等，以及详细的介绍。继续下拉网页，应当出现筛选、定位商品的页面，在这里可以根据商品种类、销量、价格等条件缩小消费者的选择范围，

以通过销量筛选商品为例，点击销量，便会出现一个新的网页，网页通过记录销售件数来吸引消费者。此网站的分类目录依然是图片形式，这与平台网站的搜索方式有关，网店经营者在设计时只考虑美观性即可，如图6-3所示。

图6-3 平台商品排行

　　网页的最下方显示消费者给网店的留言，网店经营者可以在此处回答消费者提出的问题，具有互动性。此外就是网络平台的相关信息、帮助系统及相关注册信息。

6.4 平台网店的推广方式

6.4.1 平台网店简述

　　目前，互联网上已经形成了一些较为完善、成熟的交易平台，类似淘宝网、eBay等C2C购物网的日渐兴盛，使得网络经营这片未来最具有发展前景的领域能够融入更多的新鲜血液。对于资本拥有量一般，且初探网络的企业来讲，利用成熟的第三方电子商务平台开拓事业，能够节省购买域名、进行相关工商注册等一系列网站建设、管理工作的时间和费用，可谓省时省力。

　　本章以淘宝网为例，介绍成熟的购物平台最显著的优势。

（1）知名度高，总体浏览量大。以淘宝网为例，据国际著名监测公司Alexa公司2019年11月的数据，按照访问量排名，淘宝网的全球排名为第12名，略低于全球第6名的Amazon，但高于全球第24名的Ebay。如此庞大的消费者群体带来的商机可想而知。

（2）操作方便，适合大多数人经营。作为成熟的购物平台，其最大的卖点就是门槛低，经营者不需要有多高的技术水平，根据固定的模板按照规章制度填写个人资料，就能够顺利在平台上拥有自己的一家网店，并且大部分购物平台（或购物平台中的一部分模块）对货源和库存等资本量没有限制，这使得普通人的创业梦想更容易实现。

（3）规范化的交易流程，保障了经营者和消费者的权益。消费者在选择网络购物时，大部分人优先考虑的都是货款的安全。消费者如何保证付款后就能拿到商品呢？经营者如何确定在发出货物后收到货款呢？等等。这些是最基本的交易问题，在双方信用未知的情况下，一个有力度的高信用第三方的介入将成为交易达成的保障。我国网络商务中最具有代表性的网上独立的第三方支付平台就是阿里巴巴公司旗下的支付宝。在利用第三方购物平台经营时，费用是类似于支付宝之类的第三方电子商务平台支付而不是经营者自己承担。[①]

利用成熟的网络购物平台经营有很多的好处，但是，这并不意味着经营者入驻交易平台后就一劳永逸、万事大吉了。交易平台有上千万的日浏览量，经营者如何确保在众多的竞争者中争取到消费者呢？这一主要问题随即衍生出一系列的问题：如何装修网店店面？如何设计出吸引消费者的商品图片？如何在购物平台上推广网店的商品？如何在购物平台海量商家中提升知名度，建立起自己的品牌？这些都是作为平台网店经营者必须掌握的技能。

6.4.2 设计内容全面丰富的商品标题

不同于传统意义上的SEO，在平台网站上被检索的规则是十分简单的，这种简化了的搜索引擎营销仅仅是关键词的查找。登录平台的消费者通过搜索一些特定词语来搜索商品，如何利用商品标题中的文字，使得潜在客户群能够第一时间找到店里的商品——这是网店经营者登录平台后要考虑的第一步。

对于网店经营者来说，如何利用商品的标题来抓住潜在客户群体的点击是成功的基础。一个内容全面的商品标题，必须在表达出它使用功能的同时也将它的价值最大限度地展现给消费者。商品的标题设置原则可以归纳为：

商品标题=商品描述+优化词+煽动词

在任何一个市场中，有一部分商品的消费存在攀比效应。而在信息分享迅速的第三方电子商务平台上，这种效应的作用更加被放大了。优化词通常包含流行因素，提高商品的检索点击率。例如，"韩版"在一段时间内比较流行，很多网店或者网站都在介绍，消费

---

① 如果消费者使用信用卡付费，一般级别的网店需要支付附加费，其费用根据买卖双方协商决定由哪一方支付。

者在搜索时不知不觉就会倾向于流行的词汇，这里的"韩版"就增加了潜在客户群点击商品的概率。而"热销"这类比较具有煽动意味的词汇，更加体现了这种攀比效应。随着业务量的增加，在拥有了一定销售积累后，也可以加上"销售过千"这样的信用保证词汇——当然不推荐虚假用词，因为当一位消费者点进来看不到相关证据时依然会离开，甚至还会留下不好的印象，而网店经营者可能会永远失去这名潜在客户。

6.4.3　熟悉第三方电子商务平台的排名规则

对于拥有大量同类商品的购物平台来说，如何使自己的商品在搜索结果中排名靠前基本决定了商品的点击量。而类似天猫、拍拍网这样的购物平台都是有一套固定的检索排名算法来排列同类商品的。

1）商城优先

天猫商城是阿里旗下的一个B2C平台，如果想成为商城卖家必须有注册公司和营业执照注册号，并且缴纳商城保证金和技术服务年费。天猫商城B2C优于淘宝C2C，有专门的推广团队策划定期促销、主页推广等，有一定实力的企业可以考虑进驻商城。

2）商品下架时间优先制

天猫商城的确能够给经营者带来更多的商机，但是对经营者的实力要求也较为严格。在实际搜索过程中我们可以发现，在一种商品的搜索结果中，商城的商品仅仅也就是前面几个，并不会将所有的先机全部占尽。根据天猫网固有的算法，越是临近下架日期的商品，排名越是靠前。所以，作为普通的经营者，可以利用商品上架的技巧力争上游。店内的同类商品要巧妙地排列上架时间，这样就能保证每个时间段都有潜在客户群通过点击一个商品而进入网店，从而增加交易达成的基数。

6.4.4　利用第三方电子商务平台提供的广告机会

第三方电子商务平台经过几年的发展，已经形成了成熟的营销体系，作为第三方电子商务平台网店的经营者，花费一些时间和精力可以免费为自己的网店推广，也可以支付一定费用使用平台提供的广告服务。

1）淘宝论坛推广

淘宝论坛可以通过文字、图片、视频等方式发布企业产品和服务的信息，达到宣传企业品牌、加深市场认知度的网络营销活动。淘宝论坛分类明确，在行业相关的类目下发帖可以增加网店的浏览量。很多消费者在购买商品之前会来论坛浏览，因为论坛里会有很多消费分享帖——绝大部分是商家的软广告，网店经营者可以根据自己网店的特点写一些消费分享、产品推荐等帖子，侧重于描述经历或经验，争取与消费者产生共鸣。

淘宝的广告功能，可以让商家短期内提高点击浏览量。可以进入广告位搜索和类目页面，通过关键词搜索或点击类目进入，进一步进行高级筛选以缩小搜索范围，从而找到你想要的广告位。找到广告位快照或广告位名称后进入广告位详细信息页面，可以查看广告位的详细信息，包括价格、展示时间等。购买时长一般按周或日计算，按周购买最短购买一周，最长购买四周，根据自己的需求，选择合适的购买方式和时长。如果网店经营者对自己的发帖有信心，可以通过申请精华帖子的方式进一步提升点击量。精华帖子不但可以让更多的消费者点击，还可以获得论坛奖励的"淘宝社区银币"，"淘宝社区银币"也可以购买广告推荐位，对提高网店客流量效果显著。①"淘宝社区银币"是卖家进行社区互动和推广的重要工具，通过积极参与社区活动，卖家不仅可以赚取"淘宝社区银币"，还可以提升店铺的知名度和影响力。

2）淘宝空间博客推广

淘宝空间博客推广使网店更加人性化，比起生硬地推广网店的商品，网店经营者应在博客发表一些商品相关知识和使用说明的日志，转载一些精华帖子，吸引更多的潜在客户注意。第三方电子商务平台的广告已经足够多了，消费者在浏览空间时寻求的是经验分享或是纯粹的兴趣阅读，直白的推广会让消费者敬而远之。

除了用软文形式吸引消费者外，淘宝空间的另一个功能就是"宝贝推荐"。"宝贝推荐"功能允许卖家在博客文章中插入商品链接或图片，以展示和推荐特定的商品。这些推荐商品通常会以图片或缩略图的形式呈现，并附带商品标题、价格等关键信息。读者在浏览博客文章时，如果对商品有兴趣，可以直接点击这些推荐商品进行购买。

网店经营者还可以定期检查博客的访问量、用户行为等数据，进一步调整博客内容、策略来提高推广效果。

3）淘宝直通车

淘宝直通车是一种免费展示、点击付费、通过关键词和类目把产品优先、精准地展示给潜在客户的广告推广工具。淘宝直通车是淘宝网上很多网店经营者进行推广的首选，如果操作得当短时间内就能扩大成交量。通过淘宝的卖家界面"我要推广"栏目可以直接进行注册，完成注册充值后可以投入使用（首次充值最低500元，后续充值最低20元，最低日限额是30元）。

淘宝直通车作为平台普遍使用的推广方式，主要有以下两个优点：

（1）曝光率高。淘宝直通车推广的宝贝会在搜索栏目的右方、下方显示，消费者有更多机会看到商品，进而主动进入网店。淘宝直通车有效地提高了商品曝光率，带来潜在客户；同时，通过关键词的设置，能够筛选出更具有购买意向的高质量点击率，成交率也比较高。

（2）成本可控。淘宝直通车是通过点击量进行收费的，网店经营者可以根据自己的实际情况制定自己的竞价，控制成本。当预存广告费用用完后不会继续扣费，方便经营者管理。

淘宝直通车虽然具有以上优点，但是网店经营者决定推广时还要慎重考虑。一些热门

---

① 淘宝社区银币：可购买广告推荐位，还可以用于购买礼物赠送给消费者，鼓励消费者重复购买。

关键词的竞价较高，导致推广成本过高，可能造成广告费用超支。在选择要推广的商品时也要从商品人气高、商品图片美、货源充足等方面考虑，特别是竞价词的选择上，需要多浏览、多了解。此外，购买了淘宝直通车服务还可以参加很多淘宝其他的附带推广活动，如首页热卖单品活动、频道热卖单品活动、周末购物活动等，衍生价值也比较高。

6.4.5　加强与其他商家的合作

第三方电子商务平台上有很多网店，对于网店经营者来说有竞争者也有互补者，通过加强和其他商家的合作可以提升网店知名度，提高品牌影响力。

1）添加友情链接

交换友情链接对于任何形式的网店来说都十分重要，对于网店宣传和品牌推广都有很大的帮助，很多网店的点击量都是通过友情链接带来的，这在营销体系中属于交叉营销，是一种互助互利的双赢营销方式。

网店经营者可以登录社区论坛寻找友情链接，或者直接发帖主动呼吁友情链接，最好和信誉高、好评度高的网店链接，同时注重商品的互补性，避免同行间的恶性竞争。此外，与此类似的合作方式还有互相添加收藏，收藏的数据在一定程度上体现了网店的综合竞争实力，并且在平台算法上影响产品的曝光率。

2）加入商盟

商盟是第三方电子商务平台上拥有一定信用度的网店，以共同的背景组成的联盟群体，可分为行业联盟和区域联盟两种。加入商盟不但可以提高网店的知名度，而且通过和其他网店经营者的交流也可以学到更多的经营手段，商盟团体在集体促销时也可以吸引更多消费者关注。

通常情况下加入商盟都是需要审核才能通过，对于好评度、信用等级和商品数量都有较高的要求，这也确保了商盟网店的素质。加入商盟后，网店经营者可以通过积极参与商盟组织的促销活动，提高在商盟中的地位，获得更多点击量以及更高水平网店的友情链接。

6.5　搜索引擎营销

搜索引擎营销贯穿于网络营销的各个领域，是网站推广的主要形式。搜索引擎营销力求以最小的投资换取客户的大量点击，是一种在实践中被验证投资回报率（ROI）较高的营销手段。在进行网店推广时，网店经营者首先通过在搜索引擎中注册[①]确保网站被数据

---

① 搜索引擎网址登记处：百度：http://www.baidu.com/search/url_submit.html。

库收录，继而通过 SEO 或付费排名的形式，吸引潜在客户的点击，最终将点击转化为交易。这一过程的 SEM 如图 6-4 所示。

图中内容（金字塔自上而下）：

购买

潜在客户点击

排名靠前
（SEO 或付费排名）

录入搜索引擎

图6-4　搜索引擎营销

　　搜索引擎营销主要通过搜索引擎优化、竞价排名、关键字广告、登录分类目录等方式，实现自然排名的提升以及获得付费排名。其中，搜索引擎优化是针对自然排名的一种技术性营销策略——从优化网站内容、页面设计、链接等角度对网站实施长期技术监控。而竞价排名、关键字广告、登录分类目录则是需要投入一定的广告费用以获取搜索引擎的付费排名的营销方式。

6.5.1　搜索引擎优化技术

　　搜索引擎优化是针对搜索引擎的排名法则，通过对网站结构、页面设计以及链接设置等内容进行改进，使网站在搜索引擎中排名靠前的一种技术性网络营销手段。SEO 针对搜索引擎的工作方式，以最小的投入换取最大访问量并衍生商业价值，是目前电子商务领域里较受推崇的营销手段。

　　本书在前文详细介绍了 SEO，将 SEO 的方式概括总结为关键词优化、页面设计优化、链接优化和数据检测与分析 4 种方式。关键词优化是进行 SEO 的基础，是潜在客户通过搜索引擎找到网店的前提；页面设计优化致力于在让网店给消费者带来良好浏览感受的同时，兼顾搜索程序准确快速抓取网站信息并第一时间反馈给潜在客户；链接优化是提升网站排名的因素之一，指向清晰的链接保证了消费者能够准确找到目标商品；在以上三方面优化都得以实现后，还需要对优化的结果进行实时监督，动态地应对来自搜索引擎的反馈数据，因地制宜地调整 SEO。

6.5.2　付费搜索引擎广告

　1）付费搜索引擎广告概述

　　搜索引擎广告（Sponsored Search）是网络广告中一种主要的形式，当消费者使用搜索引擎（目前国内最常见的搜索引擎广告媒体是百度）搜索到这些关键字的时候，关键字广告就会在搜索结果页面上显示。理论上讲，网店经营者通过实施 SEO 技巧的确能够增加网店的浏览量，获得较为不错的自然排名。但是，在实际操作中往往会出现这样的情况：网店经营者投入了大量的人力资源和时间进行 SEO，但是自然排名并没有立竿见影地排到前面。一方面，这与 SEO 是一个长期的工作过程有关；另一方面，同类竞争者可能实施了更好的 SEO。在搜索中我们会发现：排位靠前的几条信息以及每页的右侧都是标有"推广"（或"广告"）字样的链接，这些位置的链接就是付费搜索引擎广告。

"天下没有免费的午餐"，利用免费的 SEO 存在着诸多局限性和不确定性，为使网店在短时间内获得更多的曝光机会，网店经营者可以在资金允许的情况下进行一定的广告投资。搜索引擎广告相对于网络广告及其他媒体广告具有以下优点：

（1）成本可控，投资回报率高。

竞价排名和关键字广告都是根据点击率进行收费，在控制得当的前提下，点击链接的用户都是网店的潜在消费者，这种基于绩效的营销方式大大提高了广告的投资回报率。通常来说，网店经营者提交的每一个关键词都是与网店业务息息相关的，并且根据点击量可以随时更换关键词以控制成本，依靠这种付费方式不会将广告费浪费在不可控的地方，这是其优于其他新媒体广告最显著的特点。

（2）目标明确，针对性强。

搜索引擎用户只有输入特定的关键词，结果页面内容才会显示相应关键词的广告。通过这种方式，搜索引擎直接将消费者的购买意愿和网店经营者的销售意愿联系在一起，双方都排除了因信息不对称造成的浪费，基于此，用户乐于利用搜索引擎表达购买意愿，网店经营者也节省了网店推广的费用。

（3）实时监控，便于调整。

网络广告和传统传媒广告最明显的区别就在于其时效性，网站的广告一经推出，效果都是立竿见影的。当网店经营者购买一个关键词后，这个关键词带来的浏览量很快就会上升。根据浏览量的变化，网店经营者可以随时调整广告成本，控制预算，而且搜索引擎广告往往会附带数据统计服务，方便用户随时监控广告效果。

2）竞价排名广告与关键字广告

竞价排名广告是近年来风靡世界的网络推广服务，它按照客户网站带来的实际访问量进行收费（CPC），即记录下有效点击次数，并以此作为收费依据，是一种真正按照效果收费的网络推广服务。关键字广告是利用用户在检索时对搜索结果页面内容的关注实施营销信息的传递，两者主要在位置上和资费上有所区别：一般情况下，竞价排名出现在结果页面内容的右侧上方，关键字广告出现在结果页面内容的右侧，两者都标有推广或广告字样；竞价排名广告顾名思义是通过与相同的关键字进行底价竞争，按出价多少排列顺序，关键词广告固定位置的底价是固定的。

网店经营者可以根据网站的情况选择不同的投资组合，如果网站因为 SEO 已经在同行业中拥有了靠前的排名，那么网店经营者只要投资关键字广告，就基本上达到占领结果页面信息的效果了。

网店经营者通过竞价排名广告和关键字广告推广网站时要遵循以下原则：

（1）谨慎选择关键词。

关键词是消费者找到网店的敲门砖，网店经营者只有设置合适的关键词才能找到其潜在客户群体。不同于SEO，关键词提交给搜索引擎后，获得的浏览量是要按点击数收费的，所以网店经营者一定要谨慎地选择关键词，关键词必须与网店的业务联系紧密并能高度概括产品特点，一个热门的关键词可能给网店带来大量的点击，但是这些点击往往不会直接转化为消费，而一个过于生僻的冷门词汇又不会带来点击。在设置关键词的时候，网店经营者可以换位思考，调查一下消费者在购买类似商品时的搜索习惯，同时调查同行业竞争者使用什么关键词，效果如何。百度推广在用户提交广告关键词时，会给出相应数据供用户参考。

（2）小规模试投。

竞价排名广告和关键字广告可以根据浏览量绩效随时调整关键词，网店经营者在这一步骤上不能有半点马虎，如果关键词过于热门，带来大量的浏览结果却没有转化为消费，就会给网店带来损失。[①]操作中经常会出现因为关键词点击量过大却没有转化为消费，导致成本预算超额给网店经营带来困难的案例。网店经营者在确定几个推广关键词后，可以先进行小规模的试投，前文提到，搜索引擎广告的效果几乎是即时生效，小规模试投不会占用网店经营者太长时间，而反馈的数据却给网店经营者带来宝贵的统计资料。

（3）实时监控。

互联网的信息每时每刻都在更新，对于同一种商品的描述也变化很快。网店经营者正式投放广告后，必须实时监控每天的成交比例是否和之前试投时计算过的统计数据相近，如果差别较大就必须立刻修正投放策略。这与SEO有相似之处，但是比SEO更加严重的是，SEO缺乏实时控制的结果是排名靠后，而搜索引擎广告缺乏实时监控的结果是要花费大量广告费用。基于CPC的付费方式，网店经营者必须实时、适时增减、调换关键词，这样才能确保广告费用有的放矢，达到预期营销目标。

竞价排名广告和关键字广告是网络中网店经营者使用比较多的推广形式，其低投入、高回报、易注册的优势成为很多个体网店、中小企业进行网店推广的首选。自建网店经营者在进行网店推广时，没有平台网店的高浏览量以及平台信用优势，搜索引擎广告为其提供了良好的广告投资方式，在广告资费、浏览量方面不逊色于成熟的购物平台，提高了自建网店经营者的综合竞争实力，是自建网店经营者进行网络推广时的首选形式。

3）分类目录登录

随着竞价排名广告和关键字广告的火爆，分类目录的广告效果没有早期明显，而是通常作为竞价排名广告和关键字广告的辅助工具和附带功能提供给用户。很多早期比较著名的分类目录门户网站都被百度、谷歌等大型搜索引擎公司收购，作为其搜索引擎广告的一

---

①　本处着重从盈利的视角来进行介绍，如果网店经营者的经营目标是推广品牌，不在乎短期盈利及成本预算，可以长期购买品牌关键词进行网站推广。

部分①。

一部分消费者在进行网络购物时还是会选择通过分类目录的方式查找商品：一种情况是因为此类消费者不想输入文字（例如，不会打字的用户或电脑不支持中文输入的用户）；另一种情况是这类消费者没有明显的购物意图，以类似现实生活中"逛街"的心理进行搜索。

一般用户的浏览器主页都是这类分类目录的门户网站，能够在这类分类目录首页立足的网站都是实力雄厚的网站，这对于实力一般的网店企业来说门槛过高。网店经营者可以根据自身的行业特点，寻找合适的行业网站联盟，登录其分类目录的费用较低，操作得当也有很大的盈利空间。

现在互联网上有很多网站联盟提供免费登录的分类目录，网店经营者一定要花一些精力进行这方面的网络推广。

6.6 网络广告及效果测评

6.6.1 网络广告的发展

1）网络广告及其起源

所谓网络广告，是指在互联网站点上发布的以数字代码为载体的各种经营性广告。网络广告以 GIF、JPG 等格式建立图像文件，定位在网页中，大多用来表现广告内容，同时还可使用Java等语言使其产生交互性，用Shockwave等插件工具增强表现力。

1994 年 10 月 14 日，美国著名的 Wired 杂志推出了网络版，其主页上设有 AT&T 等 14 个客户的旗帜广告（Banner），这标志着网络广告的诞生。以目前流行的社交网络广告为例，eMarketer 的调查发现，全球社交网络广告收入飞速增长，每年保持20%以上的增长率。根据 iResearch（中研普华产业研究院）的调查，2023 年中国网络广告市场规模已突破万亿大关，达到 10 065.4 亿元人民币。现在，网络广告已经越来越受到传统产业的重视。

2）我国网络广告的发展历史和重大事件

我国网络广告的萌芽大约始于 1995 年，以马云创办国内第一家中文商业信息站点"中国黄页"为标志。最初的网络广告步履蹒跚，其后在英特尔技术发展有限公司的推动下才有了一定的发展。1998 年 6 月，国中网大手笔买断了法新社世界杯中文报道的权利，收入 200 多万元，既标志着网络广告开始进入主流传媒行业，也在广告界引起了震动。在

---

① 例如，http://www.hao123.com 现今为百度旗下的网站。

此之后，网络广告开始受到关注，国中网、Chinabyte 都举办了不同形式的研讨会或者培训，而国内的广告主们也开始青睐网络广告这种新形式。2004 年，首届中国搜索力经济高峰论坛在厦门举行，这是我国第一场搜索引擎营销专业会议，为搜索引擎营销和广告带来了重要的发展机会。随着网络广告市场发展的日趋成熟，2008 年中国网络广告迎来新的发展机遇，在有效借助奥运契机快速提升网络媒体影响力的同时，植入式营销、口碑营销等新的营销模式不断涌现并获得快速发展。2016 年，由中国互联网协会主办的 "2016（第六届）中国互联网产业年会" 在北京举行，年会以 "推动网络经济发展，促进产业共同繁荣" 为主题，进一步提高了互联网网络广告与其他领域融合所带来的机遇与挑战。如今，网络广告已在视频、音乐、游戏等各个领域植根，成为新的营销利器。

6.6.2 网络广告的计费

1）网络广告的尺寸规范

网络广告尺寸（包括价格等其他方面）很不规范。目前，国内还没有一家机构来规范网络广告，国际网络广告也还没有法定的尺寸。但是，绝大部分的供应商和广告客户都遵循 IAB 标准。该标准由美国互联网广告局（以下简称 IAB）和资讯暨娱乐广告联盟（以下简称 CASIE①）共同提出，旨在建立一套标语广告尺寸的参考标准。尽管不是所有的广告出版商都遵循该标准，但越来越多的网站正在采用该标准。

1996 年 12 月，IAB 与 CASIE 共同宣布了 9 个网络广告尺寸标准，希望各网站采用。美国报业协会（Newspaper Association of America，NAA）在 1997 年 1 月 24 日正式发布网络广告标准尺寸，这是关于网络广告尺寸规格的第一次规范标准，现在广泛采纳的网络广告规格也是按这个标准来定义的。2001 年 2 月底，IAB 宣布了几个新的网络广告尺寸标准，这是根据当时采用较多的规格来定义的。IAB 在 2001 年 8 月 6 日公布了富媒体（Rich Media）网络广告的标准，这是 IAB 继当年 2 月推出 7 种大尺寸广告之后，第三次针对网络广告相关的尺寸与档案大小所制定的参考准则。这次公布的规范重点是强调网络广告突破了传统媒体 "所见即所得" 的限制：除了一开始与网页同步下载（Initial Load）的广告之外，IAB 规定，如果使用者的光标经过（Cursor Over）或点击（Click），媒体可以进一步下载（Additional Load）的档案大小。目前，网络广告已经摆脱了原有尺寸大小的束缚，而更多地注重创意的设计和新技术的应用，更加立体化并更具深度。

就我国而言，2001 年 2 月 7 日，CNET 正式推出自己网站的大规格网络广告，引起各大网站的报道和关注。以前也有不少网站推出新的大型广告（大型广告是指高于 60 像素，宽于 150 像素的网络广告），但大部分是根据客户要求特意制作的，并未广泛采用。在 CNET 推出大型网络广告后，新浪、网易、Chinabyte 和硅谷动力等都推出了自己的大型网络广告。

---

① CASIE 是 The Coalition for Advertising Supported Information and Entertainment 的缩写，网址为 www.commercepark.com/aaa。

（1）IAB网络广告标准。

这里的网络广告标准规格指的是IAB在2017年发布的网络广告尺寸规格。本次公布的标准为：

160×600	"摩天大楼"形（Skyscraper）
180×150	长方形
300×250	中级长方形
336×280	大长方形
240×400	竖长方形
120×20	小型手机横幅
168×28	中型手机横幅
216×36	大型手机横幅

（2）规范广告规格尺寸的原因。

其一，网络广告的自身特点。电视广告和广播广告的规格是以时间，通常以秒作为单位。报纸广告是以版面尺寸为单位的，一般以整版、半版、1/4版、通栏、通版计算。可以说，传统媒体的广告规格已经比较成熟和规范。但是网络广告由于互联网自身的特性，不可能以广告刊登的时间为单位进行规范。如果以版面的长度尺寸为单位又会受到不同显示器的大小、不同分辨率的影响。所以，网络广告作为第四媒体，目前主要以像素为规格进行约束。如果网络广告缺乏规范，将会极大地限制网络广告的进一步发展。

其二，有利于广告销售和定价。网络广告的现状是总体供给大于总体需求。也就是说，提供网络广告服务的网站很多，如果没有一个统一规范的广告规格，一方面会使广告主无所适从，难以进行选择；另一方面提供网络广告服务的网站难以制定价格。

其三，有利于网络广告监测。随着企业对互联网投资越来越理性，企业在花费高额网络广告费的同时自然会要求网络广告提供商提供网络广告效果的统计情况，如点通率、购买率等。规范的网络广告规格可以帮助广告主对不同网站相同规格的广告投放进行比较，可以分析在哪个网站投放更有效果，从而得到一个比较客观的结果。

2）网络广告的计费方法

网络广告的收费应采用何种指标争议很大，目前还没有一个很好的标准来对网络广告进行计费。一般来说，计算网络广告费用的主要指标大致有以下几种：

（1）点击数（Hits）。

通常某个页面上的1个文件被访问1次称为1次点击，点击数是点击次数之和。

但是，用点击数来测试站点的吸引力是不准确的。因为一位上网者可以在一次访问中多次浏览一个主页，所以一个网站主页的点击数不等于真正访问它的人数。

（2）页面印象（Page Impression）。

页面印象也称页面浏览（Page Views）、访问次数（Visits），是指在某一个连续的时间阶段中一位用户对网站的访问，他可能浏览主页及其他页面，也可能在浏览其他页面时返回主页，但访问次数仍是1。访问数不像点击量那样重复累加，它是一个较为客观地反映网站受欢迎程度的统计量。通常，这个统计量能表示每天（或单位时间内）进入网站的用户的总数。

但是，如果一位用户完成一次访问，退出站点后，隔了一段时间，又返回原先访问的站点，此时访问次数要再累计一次。除非站点设置了专门的分析软件能辨识来访者的身份，否则就会对访问次数重复累计，导致不能准确测试广告效果。

（3）印象（Impression）。

如果一位用户点击并看了广告，就认为是创建了一个印象，印象对创建品牌意识和品牌辨识具有很大的价值。但这种印象不一定都能起到作用，如果该用户对广告不感兴趣，他就不会沿着广告提供的链接去深入了解有关信息，企业也就没有达到想要达到的目的。

（4）回应单击（Click Through）。

回应单击是指访问者单击广告上的某个链接或按钮以进一步了解广告有关信息的行为。一个广告有了回应单击就说明这则广告已对这位访问者产生了一定的作用。统计表明，回应率（回应单击数除以印象数）通常介于1%~4%。

（5）每千次浏览成本（The Cost Per Thousand Impressions，CPM）。

CPM是一个用于传统广告的计费标准，但它目前已经广泛地运用在网络广告中，是以广告图形被显示1 000次为基准的网络广告收费模式。例如，CPM报价是30元，若有100 000个用户点击了广告，则广告发布者将向广告主收取3 000元的费用。由于这种方式对广告发布者相对有利，因此广告发布者比较愿意采取这种方式。

（6）收入分成（Revenue Sharing）。

广告主和广告发布者在协商、谈判的基础上共同制定一个标准，根据该标准，在广告主获得收益的基础上进行广告分成。这种方法可以把广告发布者、广告主的利益结合起来。但是在实际运作当中，广告主、广告代理商以及广告发布者难以对广告的效果进行评价，也就是说，无法得知广告主所获得的收益当中，究竟哪些是由其所发布的网络广告带来的。

（7）每点击成本（The Cost Per Click Through，CPC）。

CPC是以广告图形被点击并链接到相关网址或详细内容页面1 000次为基准的网络广告收费模式。由于这种方式是建立在用户进一步阅读广告的基础之上的，因此广告客户更倾向于这种方式。

CPC的计价模式起源于宝洁公司和雅虎公司。1996年，宝洁公司和雅虎公司谈判，为宝洁公司的5种品牌以"点击次数"方式为定价基础在网上做广告。这次谈判引发了一场广告主和广告发布商之间关于"点击次数"定价模式的争论。这是一场非常重要的争论，它表明了人们对网络广告认识的理性回归，人们将网络广告的重心转移到了网络广告的"直接市场营销"影响力上。

（8）每行动成本（Cost Per Action，CPA）。

CPA计价方式是指按广告投放实际效果，即按回应的有效问卷或订单来计费，而不限于广告投放量。CPA的计价方式对于网站而言有一定的风险，但是如果广告投放成功，其收益也比CPM的计价方式要大得多。

（9）每购买成本（Cost Per Purchase，CPP）。

CPP计价方式是，广告主为了规避广告费用风险，只有在网络用户点击旗帜广告并进行在线交易后，才按销售笔数付给广告站点费用。无论是CPA还是CPP，广告主都要求发生目标消费者的"点击"，甚至进一步形成购买才付费，而CPM则只要求发生点击就付费。

（10）包月方式。

统计发现，很多国内的网站是按照"一个月多少钱"这种固定收费模式来收费的，这对客户和网站都不公平，无法保障广告客户的利益。虽然国际上一般通用的广告收费模式是CPM和CPC，但在我国，有很多采用包月的形式。

（11）其他计价方式。

某些广告主在进行特殊营销时，也会提出以下几种计价方式：①CPL（Cost Per Leads）：以搜集潜在客户名单多少来收费；②CPS（Cost Per Sales）：以实际销售产品数量来换算广告刊登金额。

另外，腾讯社交广告的模式是，通过MP（微信公众平台）自助投放朋友圈广告，可选择三种购买方式：一是排期购买，即CPM单价按刊例价执行，单次投放预算5万元起，向所有城市开放；二是定价购买，即CPM单价按刊例价执行，每日预算300元起，向所有城市开放；三是竞价购买，即CPM单价30元起，基于效果实时调整出价，每日预算1 000元起。

在以上几种网络广告收费模式中，比较而言，CPM和包月方式对网站有利，而CPC、CPA、CPP则对广告主有利。目前比较流行的计价方式是CPM和CPC，最为流行的则是CPM。

6.6.3　网络广告的特点

与传统广告相比，网络广告具有以下一些特点：

1）跨时空性

传统的广告媒体包括报纸、广播和电视。这些传统媒体在很大程度上受到版面、时间和空间的限制，容易错过目标受众，从而影响产品的宣传。

网络媒体则突破了时间与空间的限制，拥有极大的灵活性。由于网络广告的存在形式是数字代码，因此可以说网络广告的空间是无限的，企业可以充分利用这一空间宣传和展示自己的产品。例如，消费者可以详细了解某款手机的重量、待机时间、尺寸大小等各种信息，而这在传统广告中是无法实现的。

2）个性化

传统广告媒体受时间、空间和成本的限制，通常以大面积播送的方式，期望用画面、音乐等在广告受众的头脑中创建某种印象，由这种印象引发相应的购买行为。这种广告方式的信息传送和客户反馈是单向的、有时差的，它无法将信息送到细分的目标市场。消费者无法了解个性化的信息。例如，我们因为看到贝克汉姆做的百事可乐广告而去购买百事可乐，但是广告并没有说明百事可乐的成分，以及糖尿病患者是否可以饮用等。

网络广告因为不受时间和空间限制，所以它可以把所有的产品信息发布到互联网上。由于网络广告传播采用的是一对一的方式，即广告信息一次只能涉及一个广告对象。企业通过网络广告可以为客户提供个性化的广告服务，最终促进理性的消费决策。

3）一定的可测试性

企业利用网络广告管理软件，通过对服务器上 Log 文件的分析，可以十分便利地统计出其网络广告的访问情况。例如，用户是在什么时候、通过什么浏览器来访问相关广告的，浏览了多长时间等。尽管利用这种方法仍然很难十分准确地统计其中有多少用户是因为看了网络广告才最终购买的，但是定量化的分析对于广告主和广告发布者评价网络广告的营销效果仍然是十分重要的。广告主和广告发布者可以以此为依据，不断对网络广告进行改进。

例如，网络广告管理软件可以告诉广告主，90% 的用户是通过 360 浏览器来访问广告的。这样，广告制作人员在进行广告设计时，就需要更多地考虑满足 360 浏览器用户的需求，那么可能这个广告用 IE 或者网景的浏览器进行观看时的效果就不尽如人意。

4）交互性

互联网的交互性决定了网络广告的交互性。消费者在交互中占据了主动。利用交互性，用户可对广告信息进行主动取舍，对有关的或感兴趣的广告信息，可以调出更详细的资料。消费者还可以向企业的有关部门要求提供更多所需要的信息。对于企业来说，它可以及时地根据接收者需求的变化而调整所发送的信息，使之能更好地满足受众的需求。

5）广告费用相对较低

在网络空间中，由于空间是无限的，所以网络广告的供给通常大于需求，这就导致网络广告的价格与传统媒体相比较低。但是网络广告费用的低廉只是相对的，在知名的门户网站上做广告，由于主页的空间有限，供给仍然是比较紧张的，所以价格也并不一定特别便宜。

6.6.4　网络广告的分类

网络广告具体的表现形式可以分为以下几大类：

1）主页形式

通过主页对企业进行宣传已经是所有企业的共识。Web 技术为企业提供了一个树立企业形象、宣传企业产品和服务的良好工具。企业需要把自己的地址、名称、标志、联系方式、传真等发布在互联网上。当然，企业在互联网上的形象应当与它实际上的形象保持一致。如IBM公司，它在网上和网下的形象都是以蓝色为基调，这就与它"蓝色巨人"的形象相统一了。

2）旗帜广告

旗帜广告是最常见的网络广告形式。其宽度一般在400～600像素之间（8.44～12.66厘米），高度一般在80～100像素之间（1.69～2.11厘米），以GIF、JPG等格式建立图像文件，放置在网页中。目前旗帜广告已发展成多种形式，主要包括以下几种：

（1）按钮广告（Button Ads）。以按钮的形式在网页上存在。

（2）文本广告（Text Ads）。文本广告以文本形式放置在网页显眼的地方，长度通常为10～20个中文字，内容多为一些吸引人的标题，然后链接到指定页面。

（3）插页广告（Interstitial Ads）。插页广告又称弹出式广告，广告主选择在某一网站或栏目之前插入一个新窗口显示广告内容，广告内容可能是文字、图片链接等各种形式。网络用户在登录网站的时候，网站插入一个广告页面或弹出广告窗口。它们有点类似电视广告，都是打断正常节目的播放，强迫观看。插页广告尺寸大小不一，互动程度也不同。浏览者可以通过关闭窗口或者安装相应的软件来拒绝这些广告。

3）分类广告（名录广告）

分类广告类似于传统报纸中的分类广告。众多的门户网站都提供此类服务。这些门户网站按照自己认为合理的方式进行类别划分。企业可以到自己所属的类别中进行注册。这种广告方式的好处在于针对性强，用户容易准确找到自己所需的内容。

有些门户网站（如雅虎）对与教育机构相关的非营利机构提供免费分类注册。但是随着网络经济的理性回归，天下没有免费的午餐，在互联网早期所享受到的免费注册服务现在已经不存在了。

4）通栏广告

占据主要页面宽度的图片广告，具有极强的视觉效果。通栏广告视觉冲击力强，能吸引浏览者的注意力，通常出现在首页以及各频道的中间显著位置，大多以FLASH形式出现，广告面积较大，能够较好地展示广告信息，规格一般相当于两条横幅广告的大小。

5）文字链接广告（文本链接广告）

文本链接广告是以一排文字作为一个广告，点击就可以进入相应的广告页面。这是一种对浏览者干扰最小却较为有效的网络广告形式。这种广告方式成本较低，通过精心设计的文字广告也能达到良好的广告效果。文本链接广告一般不超过10个汉字，发布在首页或重点频道首页的推荐位置。

6）电子邮件广告

电子邮件广告是指向用户发送电子报纸或电子杂志。企业利用网站电子刊物服务中的电子邮件列表，将广告加在读者订阅的刊物中发放给相应的邮箱所属人。电子报纸和杂志的成本很低，它可以发送给任何一个互联网用户。由于电子报纸和杂志是由上网用户自己选择订阅的，所以此类广告更能准确有效地面向潜在客户。

7）关键字广告

关键字广告与搜索引擎的使用密切相关。关键字广告是指用户在搜索引擎键入特定的关键字之后，除了搜索结果外，在页面的广告版位会出现预设的旗帜广告，这种广告形式充分利用了网络的互动特性，因此也被称为关联式广告。

注意：尽管在互联网初期，公告栏和新闻组也是做广告的好地方，但是目前，在公告栏、新闻组中做广告已经不再流行，也不再为消费者所接受。公告栏、新闻组以及各种论坛主要用于客户服务。

8）其他网络广告形式

（1）悬停按钮：在页面滚动中始终可以看到，可以根据客户的要求并结合网页本身特点设计移动轨迹，有助于增强广告的曝光率。

（2）全屏广告：页面开始下载时出现，广告先把整个页面全部遮住，占据整个浏览器的幅面，并持续3秒以上，随后窗口逐渐缩小，最后收缩为按钮广告。这种广告方式拥有很强大的视觉冲击力，但也可能导致网络用户的反感。

（3）巨幅广告：新闻内容页面中出现的大尺寸图片广告，用户认真阅读新闻的同时也可能会对广告投以更多的关注。

（4）摩天楼广告（擎天柱广告）：出现在文章页面的两侧，竖式的广告幅面。擎天柱广告形状为长方形，较为醒目，能够承载比按钮广告更多的创意表现，大小通常为148×480像素。

（5）流媒体广告：在频道首页下载后出现数秒钟的大尺寸图片广告，可以在第一时间吸引用户的注意力。流媒体改变了互联网广告只能采用文字和图片的问题，可集音频、视频及图文于一体，在媒体表现方面，信息传递更直接，表达内容更丰富，与传统的多媒体播放形式相比，流媒体可以实现边下载边播放，从而大大节约了时间。

由于互联网技术发展日新月异，新的网络广告形式也不断出现，如FLASH、SVG等，网络广告的规格也体现出多样性，如视频广告、路演广告、巨幅连播广告、翻页广告、祝贺广告等。网络广告需要不断创新，但同时也需要有一个规范的约束，例如，应当禁止网络广告对用户隐私权的侵犯。目前的巨幅广告就遭到了很多用户的批评。所以，规格的大小并不是网络广告革命性的创新，而更应该在广告创意、表现手法和尊重用户等方面下功夫。

6.6.5　网络广告效果测评

1）网络广告测评的基本原理

服务器的记录文件（Log文件）用以记录发生在服务器上的所有活动，当有访问者申请浏览某个网页或者广告时，在Log文件中就会产生一条记录用以记录相关信息。

在服务器的记录文件中通常包括下列信息：访问者访问的时间、被浏览页面（或广告、下载的文件等）、用户使用的浏览器、用户停留的时间、用户使用的操作系统等。

例如某个股票网站，其记录文件中有以下一条记录：

http：//guide-p.yahoo.com/T：tles：qt=stock+agent&col=ww&sv=Nz&lk=noframes

该记录所包含的信息是：用户是通过搜索引擎"Yahoo!"，利用关键词组合（stock+agent）找到该股票网站的。

由于一个网站每天的访问量很大，记录文件中所记录的相关信息很多，以至于营销人员无法人工阅读这些记录文件，所以营销人员必须依靠分析软件。分析软件通过对记录文件的分析，可以向营销人员提供各种分析报告（如用户是从哪个搜索引擎转到企业的网站上来的，用户是通过哪个关键词检索到企业网站的），从而大大地提高了效率，增强了可衡量性。

2）网络广告效果的评估指标

网络广告效果的评估指标有以下几种，广告主、网络广告代理商和服务商可结合自身广告效果评估的要求，运用这些指标进行效果综合评估：

（1）点击率。

点击率是指网络广告被点击的次数与被显示次数之比。它一直都是网络广告最直接、最有说服力的评估指标之一。点击行为表示那些准备购买产品的消费者对产品感兴趣的程度，因为点击广告者很可能是那些受广告影响而形成购买决策的客户，或者是对广告中的产品或服务感兴趣的潜在客户，也就是说是高潜在价值的客户，如果准确识别出这些客户，并针对他们进行有效的定向广告和推广活动，会对业务开展有很大的帮助。

（2）二跳率。

跳量与到达量的比值称为广告的二跳率，该值初步反映广告带来的流量是否有效，同时也能反映出广告页面的哪些内容是购买者所感兴趣的，进而根据购买者的访问行为优化广告页面，提高转化率和线上交易额，能大大提升网络广告投放的精准度，并为下一次的广告投放提供指导。

（3）业绩增长率。

对一部分直销型电子商务网站，评估它们所发布的网络广告最直观的指标就是网上销售额的增长情况，因为网站服务器端的跟踪程序可以判断买主是从哪个网站链接而来、购买了多少产品、购买了什么产品等情况，从而对广告的效果有最直接的体会和评估。

（4）回复率。

回复率包括网络广告发布期间及之后一段时间内客户表单提交量增长率，公司电子邮件数量的增长率，收到询问产品情况或索要资料的电话、信件、传真等的增长情况等。回复率可作为辅助性指标来评估网络广告的效果，但需注意这里的回复应该是由于看到网络广告而产生的回复。

（5）转化率。

"转化"被定义为受网络广告影响而形成的购买、注册或者信息需求。有时，尽管顾客没有点击广告，但仍会受到网络广告的影响而购买商品。

3）网络广告效果的评价方法

网络广告的效果评价关系到网络媒体和广告主的直接利益，也影响到整个行业的正常发展，广告主总希望了解自己投放广告后能取得什么回报。而只靠查询最容易监测的浏览数量和点击率往往不能反映网络广告效果。究竟怎样来全面衡量网络广告的效果呢？下面从定性和定量的不同角度介绍三种基本的评价方法。

（1）对比分析法。

无论是 Banner 广告，还是 E-mail 广告，由于都涉及点击率或者回应率以外的效果，因此，除了可以准确跟踪统计的技术指标外，利用比较传统的对比分析法仍然具有现实意义。当然，不同的网络广告形式，对比的内容和方法也不一样。

对于 E-mail 广告来说，除了产生直接反应之外，利用 E-mail 还可以有其他方面的作用。顾客没有点击 E-mail 并不意味着不会增加将来购买的任何可能性或者增加品牌忠诚度。从营销效果评价的角度考虑，较好的评价方法是关注 E-mail 营销带给人们的思考和感受。

对于标志广告或者按钮广告，除了增加直接点击以外，调查表明，广告的效果通常表现在品牌形象方面，这也就是许多广告主不顾点击率低的现实而仍然选择标志广告的主要原因。当然，品牌形象的提升很难随时获得可以量化的指标，不过同样可以利用传统的对比分析法，对网络广告投放前后的品牌形象进行对比调查。

（2）加权计算法。

所谓加权计算法，就是在投放网络广告后的一定时间内，对网络广告产生效果的不同层面赋予权重，以判别不同广告产生效果之间的差异。这种方法实际上是对不同广告形式、不同投放媒体或者不同投放周期等情况下的广告效果进行比较，而不仅仅反映某次广告投放所产生的效果。加权计算法需要建立在对广告效果有基本监测统计手段的基础之上。

（3）转化率。

点击率是网络广告最基本的评价指标，也是反映网络广告最直接、最有说服力的量化指标。不过，随着企业对网络广告了解的深入，企业主更加关心的是，有多少点击能够转化为对该广告商品的购买，即转化率问题。因此，即便点击率很高，但如果不能转化为有效的浏览或者购买，那么就无法真正达到网络广告的预期效果。

▊本章小结

本章介绍了网络推广的方式与技巧，首先介绍了网店的装饰与美化技巧，以及网店建店初期的信用积累和网店主页的内容；其次分别详细介绍了平台网店的推广方式、自建网店的推广方式。平台网店主要可借助平台的高客流量或加大与其他平台商家的合作进行平台广告推广；自建网店在搜索引擎优化的基础上，主要通过投入竞价排名和关键字广告，购买网站广告进行推广。本章还介绍了网络广告的发展历史以及我国网络广告的现状；对网络广告的尺寸和各种计费方法进行了详细的论述；总结了网络广告的特点、网络广告与传统广告的区别、网络广告的各种分类和网络广告测评的方法。

本章网站资源

百度营销：http：//e.baidu.com
中国广告网：http：//www.aadd.com.cn
中华广告网：http：//www.a.com.cn
广告人：https：//www.admen.cn

复习思考题

1.什么是交叉促销？交叉促销的优势有哪些？试列举开展交叉促销时的注意事项，展开说明。

2.第三方电子商务平台网店在推广中主要采取哪几种方式？试以淘宝网为例列举说明。

3.付费搜索引擎广告主要分为几种形式？试对百度推广进行简单论述。

4.你认为网络广告与传统广告最大的区别是什么？两者之间有什么关系？

5.评述网络广告各种计费方法的优缺点。

第 7 章

网络营销的产品与
定价策略

学习目标

了解产品的概念；掌握网络营销产品的特点；掌握网络营销产品面对的挑战；了解虚拟产品的开发技术；掌握网络营销的定价特点；掌握网络营销的定价策略；掌握网上拍卖及定价；掌握数字产品的特点及定价方法。

7.1 网络营销产品策略

7.1.1 网络营销产品概述

1）产品的概念

传统的产品观念认为，产品就是具有特定物质形态和用途的实体，讲求的是产品本身的使用价值。而现代市场营销观念从满足用户需求的角度出发，认为产品是人们通过交换而获得的需求满足，而人的需求是多方面的，有看得见的物质需求，也有看不见的精神和心理需求。由此可认为，凡能满足消费者和用户的需要的一切有形或无形的因素都是企业的产品，即所谓的大产品概念或产品的整体概念。

大产品概念包括三个部分：一是核心产品。这是指用户所追求的基本利益，也是企业选择目标用户的基本依据。由于网络营销是一种以顾客为中心的营销策略，企业在设计和开发产品核心利益时要从顾客的角度出发，要根据上次营销效果来指导本次产品设计开发。要注意的是网络营销的全球性，企业在提供核心利益和服务时要针对全球性市场，如医疗服务可以借助网络实现远程医疗。二是形式产品，即核心产品的外在表现，通常由品质、特性、品牌、包装、式样五要素来表达，是用户为满足基本利益而选择产品的根据。三是附加产品，即用户购买过程中所得到的各项服务。在其他条件大致相同的情况下，用户购买意向总是朝着能提供完整服务的生产者。在网络营销中，对于物质产品来说，延伸产品层次要注意提供满意的售后服务、送货、安装、质量保证等。

正确理解产品的含义很重要。因为这一概念体现了"经营上始终以满足消费者为中心"的现代营销理论（如图7-1所示）。

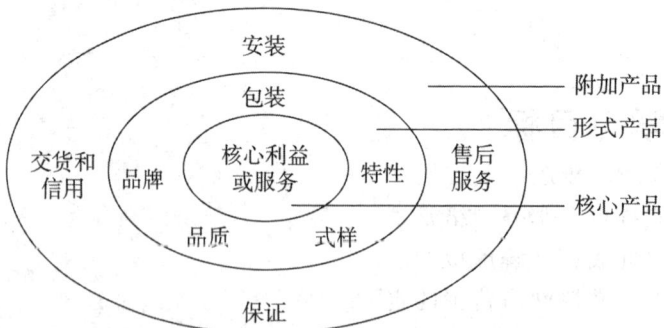

图7-1 产品概念

首先，在产品设计生产过程中，要围绕顾客的需求进行计划和组织。企业要得以发展，必须时刻瞄准市场，及时开发顾客需求的产品。其次，企业的名誉、产品的品牌是产品的重要内容，十分重要。最后，产品的售前、售后服务也十分重要。消费者在使用产品中必然会遇到许多问题，只有建立良好的服务体系、及时解决消费者遇到的困难，其产品才能发挥最大效用，消费者才会满意，企业才能赢得市场。

2）网络营销中的产品特性

在网络营销中，由于目标市场和用户特征发生了变化，所以企业的产品和服务从产品定位上看要符合互联网自身的特点，要符合网络用户的消费特征；从产品形态上看，尽管互联网也用于进行有形产品的营销，但是数字化产品和服务（如股票），标准化产品，在购买前无须尝试、质量比较稳定的产品（如书籍等）更有利于在网上销售；从产品品牌上看，由于网上购买者面对众多的选择，自然会对品牌比较关注；从产品开发上看，用户可以直接通过互联网向企业提出自己的设计和想法，企业可以根据顾客的需求以较低的成本提供个性化产品和服务；从产品价格上看，互联网上的商品一般采用免费或者低价位定价方式。

7.1.2　网络营销新产品开发面临的挑战

新产品开发是许多企业获得竞争优势的重要手段。互联网的出现给企业的新产品开发带来了不小的挑战，主要表现在以下几个方面：

1）市场更加细分

互联网的出现以及数据库技术和数据挖掘技术的发展使得企业可以对目标市场进行更好地细分，进而使企业的营销活动更有针对性。例如，企业以前通常以某个家庭为目标客户，并向该家庭推销"家庭装"麦片粥，但现在企业要针对家庭中的每一个成员不同的口味推销不同的麦片粥。

2）产品个性化要求越来越高

随着收入水平的提高和顾客消费行为、消费心理的变化，企业需要由以前的规模生产转变为根据顾客的需求开发个性化的新产品。在互联网环境下，顾客不再是被动地接受企业所研发的新产品，而是可以主动参与。顾客可以告知企业自己对产品的期望，并可以参与整个新产品的研制和开发工作。

3）产品的生命周期不断缩短

随着生活节奏的不断加快和竞争的加剧，产品更新换代的速度越来越快，刚刚推向市场不久的新产品很快就会变成老产品，所以企业需要重组企业流程以达到缩短新产品研发周期的目的。

实际上，互联网对于新产品开发而言应当是机遇与挑战并存。互联网在给新产品开发带来挑战的同时，也为企业的发展提供了一次良好的机遇。企业可以把供应链上的所有供应商和中间商整合起来，利用供应商和中间商所掌握的顾客信息，一起进行新产品的研制与开发。企业如果能够适应这种挑战，那么将可能获得新的发展空间和竞争优势。

7.1.3 虚拟产品体验及开发技术

产品分为实体和虚拟产品两大类，主要是根据产品的形态来进行区分。实体产品以物质实体的形式存在，一般都有实体店存在，计算机网络可以辅助其营销渠道，不能通过计算机网络来传递，必须依靠传统的运输系统。而虚拟产品与实体产品最本质的区别是，虚拟产品一般是无形的，即使表现出一定的形态也是通过其载体体现出来的，但其产品本身的性质和性能必须通过其他方式才能表现出来。

1）虚拟产品体验

所谓虚拟产品体验，即网络环境下的产品体验，一般是指使置身于虚拟环境中的消费者能够通过电脑和网站"看到""碰触到""感觉到""试用到"产品。虚拟产品体验的作用是把产品属性、产品理念等产品信息尽可能地传达给消费者以增强其对产品的感知。

以体验驾车为例，通过使用设置在用户端的各种传感设备可以使体验者在虚拟环境中驾驶车辆，并感知到驾驶过程中各种状态与动作下的复杂的视觉、触觉、听觉感受。然而由于技术及资本等原因，在虚拟产品体验发展的现阶段，一般很少用到传感设备。常见的虚拟产品体验形式以静态图文结合动态视觉、听觉体验为主，体验内容以产品外观、产品功能、产品理念为主，消费者可以借助普通鼠标和键盘来进行简单的视觉和听觉传感。这种产品虚拟体验模式改变了传统"文字+图片"的产品展示模式。通过产品虚拟体验，对产品的各个细节展示更为细致到位，在增加消费者兴趣的同时，让消费者对产品有一个全面的认知，这也有利于建立消费者的购买信心，提升消费者对产品的好感度。

2）虚拟产品开发技术背景

虚拟产品开发技术的发展和进步与制造业在新经济时代所发生的变化有直接的关系。目前，制造业已经由传统的对原材料进行加工生产，转变为同时对生产资料、信息和知识进行加工生产的产业。产品的增值曲线也发生了相应的变化，如图7-2所示。

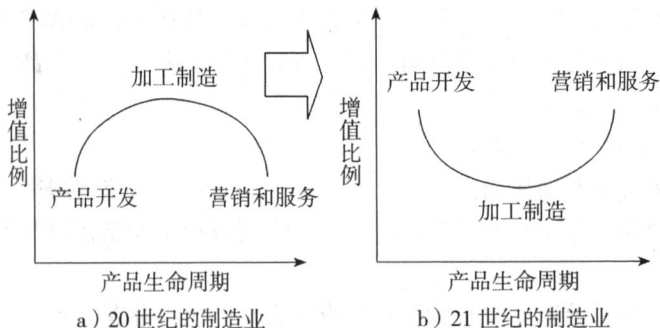

a）20世纪的制造业　　　　b）21世纪的制造业

图7-2　知识和信息成为最重要的生产要素

由图7-2可见，传统制造业中以加工制造为主体的现象已经转变为现在的以产品开发、营销和服务为主体。

此外，就制造企业所处的价值链而言，制造商与上游的供应商和下游的中间商及客户之间不再是简单的线性关系，而是发展为基于 SCM、CRM 和产品生命周期管理（PLM）的网状关系。制造业现代化的范畴如图 7-3 所示。

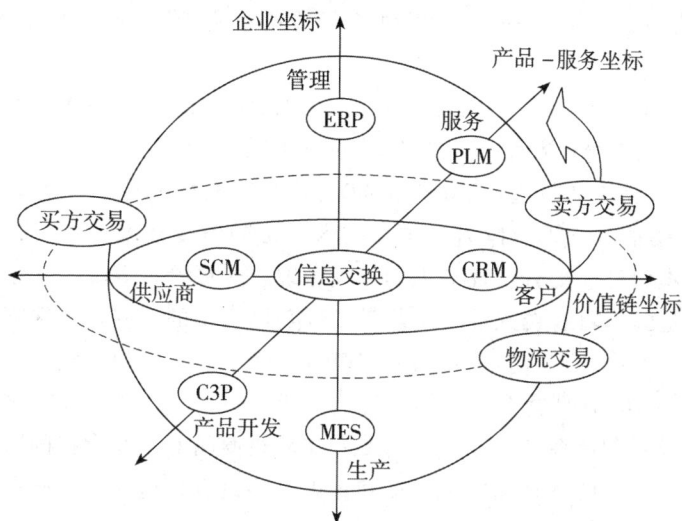

图7-3　制造业现代化的范畴

所以，制造业已经不仅仅局限于以往的产品制造和生产，它开始整合价值链上的所有资源共同为顾客提供服务和知识，并使价值链上的各方均从中获得增值。

3）虚拟产品开发技术

在如上所述的制造业发展的大环境下，产品的开发也面临着转变，其中一种重要的技术就是虚拟产品开发技术。

在通常情况下，产品传统的开发过程是由工程技术人员设计出产品，然后进行测试并改进，如此多次反复直至达到要求。采用这种传统的方法进行新产品开发，一般来说开发周期长，风险大，上市慢，限制了企业的市场竞争力。数字化产品开发技术的出现则从根本上解决了这个问题。数字化产品开发技术一般采用数字原型替代物理原型，利用计算机对产品的外观和性能、产品的可制造性和可装配性等进行测试，从而缩短新产品开发周期，降低开发成本，加快新产品推向市场的速度。虚拟产品开发技术（Virtual Product Development，VPD）是数字化产品开发的最新进展，它通过各种虚拟现实装置，如头盔、虚拟墙、立体眼镜、数据手套、音频设备以及软件等营造一个三维的虚拟环境，设计者能够多方位、多形态地与设计对象进行交互，有助于提高设计者和所设计实体之间的互操作性。

VPD 技术建立在可以用计算机完成产品整个开发过程这一构想的基础之上。它能够在虚拟状态下构思、设计、制造、测试和分析产品。当这种"设计—分析—再设计"循环到满足设计要求的时候，才在虚拟样机基础上再制造物理样机进行验证。而且，可以通过网络通信组建成"虚拟"的产品开发小组，将设计人员、工程师、分析专家、供应商以及客户联成一体，实现异地合作开发。VPD技术极大地增强了企业的创新能力，有效解决了新产品开发中的时间、成本、质量等诸多方面存在的问题，提高了企业快速适应市场变化的能力。目前，一些有实力的制造商已经开始把VPD作为一项总体经营战略。

VPD技术的实现需要一系列的技术与工具，CAD/CAM/CAE/PDM（简称C3P）是实施VPD的技术保证。在CAD方面，有全关联的三维数字模型技术、虚拟装配技术等；在CAM方面，则有系统仿真制造过程；在CAE方面，有有限元分析、运动学分析、动力学分析、碰撞仿真技术、计算流体力学仿真技术、协同仿真技术等；在PDM和PLM方面，有文档管理、版本管理、配置管理、工作流程管理、变更管理等。

由于虚拟制造技术具有诱人的应用前景，以美国为主的一些发达国家成立了相应的虚拟制造研究机构，并已出现许多成功的应用范例。例如，美国福特汽车公司采用网络并行技术设计制造的新型SS1型赛车从开始设计到上道测试仅用了9个月时间；日本松下公司开发的虚拟厨房设备制造系统可以允许消费者在购买商品前，在虚拟的厨房环境中体验不同设备的功能，按自己的喜好评价、选择和重组这些设备，这些信息被存储并通过网络发送至生产部门。

7.1.4 网络营销产品与传统营销产品的比较

网络营销产品与传统营销产品相比，具有低成本、交互性和跨时空等特点。网络营销产品是传统营销产品理念在网络环境中的创新和发展。

1）产品开发存在差异

在传统营销中，企业设计开发产品是以企业为核心的，虽然也要经过市场调查和分析来设计和开发，但在产品设计和开发过程中，消费者与企业基本上是分离的，顾客只是简单被动地接受测试和表达感受，无法直接参与到产品概念的形成、设计和开发环节中。在网络营销中，强调营销的产品要转而以顾客为中心，顾客提出需求，企业辅助顾客来设计和开发产品，满足顾客个性化的需求。通过互联网，企业可以与供应商、经销商和顾客进行双向沟通和交流，加快新产品研制与开发速度。

2）产品信息发布存在差异

在传统营销中，存在着严重的信息不对称现象。与消费者相比较，厂商拥有更多的信息。而在网络营销中，互联性使信息的非对称性大大减少。消费者可以从网上搜索自己想要掌握的任何信息。传统产品的信息发布是由发送者即企业经过许多中间环节"推向"最终消费者。其特点是固定的广告内容、精确的时间程序、针对一般大众的宣传方式、主动传播、普及率低、可供选择的广告位置多、创意空间大、调研数据代表性广泛，传播媒体主要是电视、广播、报纸、杂志、户外媒体等。互联网的交互性和超文本链接、多媒体特点以及操作的简易性使产品的信息在网上进行宣传更具操作性和可信性，更易建立品牌形象和加强与顾客的沟通，加强品牌忠诚度。

3）产品生命周期存在差异

在传统营销过程中，产品的生命周期一般包括试销期、成长期、成熟期、饱和期和衰退期五个阶段。而在网络营销中，由于厂家与消费者建立了更加直接的联系，企业可通过网络迅速、及时地了解和掌握消费者的需求状况，从而使新产品从一上网的那一时刻起，就知道了产品应改进和提高的方向，于是在老产品还处于成熟期时，企业就开始了下一代系列产品的研制和开发，系列产品的推出取代了原有的饱和期和衰退期。

4）产品竞争方式存在差异

传统营销是在现实空间中厂商之间进行的面对面的竞争，而网络营销是通过网络虚拟空间进入企业和家庭等现实空间。传统产品服务的不可分离性使得顾客寻求服务受到限制，互联网的出现突破了传统服务的限制。顾客可以通过互联网得到更高层次的服务，顾客不仅可以了解信息，还可以直接参与整个过程，最大限度地满足了顾客的个人需求。

7.1.5　产品策略与企业定价

产品策略不是独立存在的，它与企业的定价策略直接相关，因此这里将两者放在一起研究。

1）产品属性与定价

产品的属性不同，价格对消费者需求和购买行为的影响也不同。例如，日用品购头频率高、周转快、竞争激烈，宜实行低价薄利多销，而高档品的定价相对要高一些。

2）需求弹性与定价

需求弹性大小，直接决定供求和价格的关系及其变化方向。需求弹性大，企业可以适当定低价或降价；需求弹性小，企业可以适当定高价或提价。

3）产品生命周期与定价

产品所处的生命周期不同，价格也有所不同。在导入期，定价既要考虑成本，又要考虑能否为市场所接受；在成长期和成熟期，产品大量销售，是企业取得投资收益的大好时机，稳定价格对企业比较有利；进入衰退期，一般应采取降价策略。

4）替代品、互补品与定价

替代品多或替代品价格低，被替代品定价不宜过高。互补品多或互补品价格低，有利于企业适当提高价格。

5）产品品牌与定价

产品的品牌、商标、知名度和社会声望对定价也有影响。知名度高、社会影响大的产品，价格可以适当提高，一般产品则以价格偏低为好。

7.2　网络营销定价方法

7.2.1　网络营销定价特点

1）全球性

由于电子商务的重要媒介——互联网本身就是全球性的，电子商务的边界将不再受到地域或国家边界的限制，因此商家可以利用这个世界性网络将商务活动的范围扩大到全球。因此，企业上网就意味着它的形象进入了国际媒体。只要是在国际互联网络覆盖到的地区，任何国家的机构或个人都可以与该企业进行商务活动。

因此，企业面对的是全球性网上市场，企业需要采取差异化定价措施（通常采用全球化和本地化相结合的原则）来应对这一变化。比如，在不同的国家建立地区性网站，以适应地区市场消费者需求的变化。雅虎、亚马逊等就是很好的例子。

2）低价位定价

传统的店面相当昂贵，特别是黄金地段，可以说寸土寸金。电子商务则只需一台连在网络上的网络服务器，或租用部分网络服务器的空间即可。在电子技术、电子工具都高度发达的今天，购置一台网络服务器设备的费用，与实际租用一座商业大厦的费用相比甚至可以忽略不计。

3）顾客主导定价

顾客主导定价主要是指以C2C模式为代表的网络拍卖定价。本章随后将详细讨论网络拍卖定价的机制问题。

4）个性化定价

在传统经济中，个性化定价成本较高。但是，在互联网环境中，企业可以利用网络技术和辅助设计软件，为顾客提供定制化生产和个性化定价。

5）使用定价

顾客通过互联网注册后可以直接使用某公司产品，顾客只需要根据使用次数进行付费，而不需要将产品完全购买。这一方面减少了企业为完全出售产品进行大量不必要的生产和包装的浪费，同时还可以吸引过去那些有顾虑的顾客使用产品，扩大市场份额。采用这种定价策略，一般要考虑产品是否适合通过互联网传输，是否可以实现远程调用。目前比较适合的产品有软件、音乐、电影等产品。

7.2.2 网络营销的定价策略

1）渗透定价策略

渗透定价是一种建立在低价基础上的新产品定价策略，即在新产品进入市场初期，把价格定得很低，借以打开产品销路，扩大市场占有率，谋求较长时期的市场领先地位。老产品也可采用这种定价策略来延长其生命周期。渗透定价是一种颇具竞争力的薄利多销策略。采用渗透定价策略的企业，在新产品入市初期，利润可能不高，甚至亏本，但通过排除竞争，开拓市场，可以在长时期内获得较高的利润，因为大批量销售会使边际成本下降，边际收入上升。如果企业排除了竞争对手，控制了一定的市场，又可以提高价格，增加利润。所以，渗透定价策略又被称为"价格先低后高策略"。渗透价格通常既低于竞争者同类产品的价格，又低于消费者的预期价格。

渗透定价是网络营销中的一种重要定价手段，因为数字化产品的边际成本很低（几乎为零），企业也无须支付传统店铺所必须支付的昂贵租金，所以企业的成本也得以大幅度下降。

2）折扣定价策略

（1）数量折扣。

数量折扣又称批量作价，是企业对大量购买产品的顾客给予的一种减价优惠。一般购买量越多，折扣也越大，以鼓励顾客增加购买量，或集中向一家企业购买，或提前购买。尽管数量折扣使产品价格下降，单位产品利润减少，但销量的增加、销售速度的加快，使企业的资金周转次数增加，流通费用下降，产品成本降低，从而导致企业总盈利水平上升，对企业利大于弊。数量折扣又可分为累计数量折扣和一次性数量折扣两种类型。

①累计数量折扣。

累计数量折扣，是规定顾客在一定的时间内，购买量累计达到一定数量或金额时，就能享受相应的折扣优惠。比如，企业规定购买量累计达到1 000套，价格折扣4%；达到2 000套，价格折扣5%；超过3 000套，价格折扣6%。累计数量折扣有利于稳定顾客，鼓励顾客经常购买、长期购买。这种折扣特别适用于长期交易的商品、大批量销售的商品以及需求相对比较稳定的商品。

②一次性数量折扣。

一次性数量折扣又称"非累计性数量折扣"，是规定一次性购买或订货达到一定数量或金额时，给予折扣优惠。这种方法只考虑每次购买量，而不管累计购买量。比如，企业规定，一次购买100~200件，按标价折扣10%，200件以上折扣15%，不足100件不给折扣。一次性数量折扣对短期交易的商品、季节性商品、零星交易的商品，以及过时、滞销、易腐、易损商品的销售比较适宜。一次性数量折扣不仅可以鼓励顾客大批量购买，而且有利于节省销售、储存和运输费用，促进产品多销、快销。一次性数量折扣计算简便，有利于中小企业日常操作使用。

（2）现金折扣。

现金折扣是对在规定的时间内提前付款或用现金付款者给予的一种价格折扣。在贸易活动中，有时一方提出向对方支付现金，另一方可能给予价格折扣。有时，企业规定可以用支票结算，但如果客户支付现金，企业也可能给予价格折扣。在信用购物条件下，许多企业向顾客赊销商品或实行分期付款，并规定顾客在一定的时间内付清全部货款。为了鼓励顾客尽早付款，加速资金周转，许多企业都采用现金折扣。因为产品赊销、付款时间越长，信用成本就越高，销售风险和财务风险就越大，坏账、死账、呆账也就越多，所以，企业为尽快收回资金，而给予一定的折扣是值得的。

（3）功能折扣。

功能折扣又称"交易折扣""同业折扣""商业折扣""贸易折扣"，是指生产企业根据中间商在产品分销过程中所承担的功能、责任和风险，对不同的中间商给予不同的折扣。对生产型用户的价格折扣也属于一种功能折扣。功能折扣比例的确定，主要考虑中间商在分销渠道中的地位、对生产企业产品销售的重要性、购买批量、完成的促销功能、承担的风险、服务水平、履行的商业责任，以及产品在流通领域中经历的环节多少和产品在市场上的最终售价等。功能折扣的结果，形成购销差价和批零差价。

功能折扣主要有两个目的：一是对中间商经营有关产品的成本和费用进行补偿，并让中间商有一定的盈利，因为中间商付出了劳动，提供了服务，承担了风险，应该得到合理的报酬；二是鼓励中间商大批量订货，扩大销售，多争取顾客，并与生产企业建立长期、稳定、良好的合作关系。

（4）季节折扣。

许多产品的生产和消费存在季节性，旺季畅销，淡季滞销。季节折扣就是企业对淡季购买商品的顾客给予的一种减价优惠。例如，服装生产经营企业对不合时令的服装给予季节折扣，以鼓励中间商和用户提前购买、多购买；旅游公司在旅游淡季，给游客以价格折扣，是为了招揽更多的生意。季节折扣比例的确定，应考虑成本、储存费用、基价和资金利息等因素。季节折扣有利于减少库存，加速商品流通，迅速收回资金，促进企业均衡生产，充分发挥生产和销售潜力，避免因季节需求变化带来的市场风险。

上述折扣方法尽管出自传统营销活动，但是在网络营销中，企业几乎全部照搬了上述行之有效的折扣方式。

3）免费定价策略

免费定价策略是市场营销中常用的营销策略，即企业将产品以零价格的形式提供给顾客使用，来满足客户的需求。这种策略一般是短期和临时性的，主要用于产品的促销和推广。在网络营销中，免费定价策略不再仅仅是一种促销手段，它还是一种有效的产品定价策略。免费的价格形式有这样几种类型：

（1）完全免费策略。

完全免费策略是指产品/服务从购买、使用到售后服务的所有环节都实行免费。例如，免费电子邮箱，用户可以免费登录电子邮箱进行邮件的收发。

（2）限制性免费策略。

限制性免费策略即产品/服务实行限制免费，可以被有限次免费使用，超过一定期限或者次数后，取消这种免费服务。例如，微软公司的 Office 系列软件都会在初次安装之后给用户30天的试用期，也就是说在30天内合法免费使用，在30天过后，就必须注册购买序列号才能继续使用。

（3）部分免费策略。

部分免费策略是指对产品整体的一部分或者服务全过程某一环节的消费可以享受免费的定价策略。例如，一些著名研究公司的网站公布部分研究结果，如果想要获取全部则必须付费。

（4）捆绑式免费策略。

捆绑式免费策略即购买某产品/服务时赠送其他产品/服务。这种定价策略不仅可以使消费者感觉组合产品的价格小于他们对各个产品的购买价格之和，还可以使企业突破网上产品价格最低的限制，利用合理、有效的手段，减少消费者对价格的敏感度。

4）差别定价策略

（1）概念。

差别定价策略又称"区别需求定价法"，是指因需求特性的不同，同一时间对同一商品制定两种或两种以上的价格。需求特性不同主要表现在购买力、需求量、需求强度、需求时间、需求层次、需求地点、需求偏好、商品用途、产品生命周期所处的阶段、需求弹性、用户类型等方面，还要受到国家政策导向的影响。差别定价实质上是一种价格歧视。

（2）实行差别定价的前提条件。

实行差别定价必须具备一定的条件，否则，就达不到差别定价应达到的效果，甚至会产生负效应。

① 购买者对产品的需求有明显的差异，市场能够细分。

② 低价市场的同类产品无法在高价市场销售。

③ 差别定价不会引起顾客的反感。例如，教师节期间，书店对大学教师购买实行优惠，其他职业的人能够理解，而如果只对重点大学的教师优惠，非重点大学的教师无同等待遇，就可能引起他们的不满。

④ 差别定价不会违反国内外的相关法律。价格歧视容易出现在垄断市场上，而垄断市场上的价格歧视往往导致不公平或不平等。所以，许多国家都有关于禁止价格歧视的法令和政策。另外，在国际市场上，如果企业对同一商品在不同市场实行高低不同的价格，容易被低价市场的国家指控为倾销，从而征收反倾销税。

（3）网络营销中的差别定价。

在互联网环境下，企业可以更好地识别市场，识别市场中的单个顾客，从而实行差别定价。关于网络营销中差别定价的理论问题，本章将随后进行介绍。

5）使用定价策略

使用定价就是网络用户根据具体使用某一网络产品或网络服务的使用次数或者使用时间进行付费，而不需要将产品完全购买。比如，网络广告、网络教育服务等就大量采用了这一定价方式。

6）声望定价策略

声望定价策略是指根据产品在消费者心中的声望、信任度和产品的社会地位来确定价格。对一些传统的名优产品，具有历史地位的民族特色产品，以及知名度高、有较大的市场影响、深受市场欢迎的驰名商品，消费者的预期价格普遍高于一般商品，如果价格过低，消费者反而会对商品产生怀疑，而不愿购买。有时，消费者购买商品，仅仅是借助名牌商品的价格来显示其身份、地位和名望。价格太低，难以满足消费者的心理需求，消费者也会放弃购买。

声望定价应主要达到两个目的：一是利用产品的高声望确定高价格，或者通过高价格显示名贵优质；二是满足某些消费者的特殊欲望，如地位、财富、身份、名望和自我形象等。在互联网上，网络用户面对的商品选择更加繁杂，所以声望将发挥十分重要的作用。

总之，企业具体选择何种或者几种定价策略还需要根据企业及其产品和服务的实际情况来确定。

7.3　网上拍卖及定价

7.3.1　拍卖概述

1）不对称信息下的市场失灵

经济环境中存在的交易，大都是在不对称信息下完成的，具有完全信息的交易在现实的经济环境中为数不多。所谓不对称信息，就是每个市场参与者所拥有的信息是不对等的。也就是说，在市场交易中，一方掌握的信息多于另一方。不对称信息的情况在现实生活中广泛存在。

2）不对称信息下拍卖的功能

信息经济学的研究成果表明：当市场参与人存在信息不对称时，任何一种有效的资源配置机制必须满足"激励相容"（Incentive Compatible）和"个人理性"（Individual Rationality）条件。拍卖正是能满足激励相容和个人理性条件的一种有效的市场机制。在拍卖中，激励相容是指竞买人贡献私人真实信息对自己有利，对拍卖人也有利；个人理性是指竞买人只有在参与拍卖的获利水平比不参与拍卖更高时才会决定参与拍卖。

在信息不对称的条件下，拍卖具有以下功能：

（1）拍卖机制具有搜索市场信息的作用，它为市场价格的形成提供了一个途径。

（2）拍卖为市场参与人互相影响和互相尊重提供了一整套规则，迫使市场参与人决策时不但要考虑自己的选择对别人选择的影响，也要考虑别人的选择对自己选择的影响。

7.3.2　拍卖方式

国际通行的拍卖竞价方式主要有两种，即增价拍卖和减价拍卖。

1）增价拍卖

增价拍卖又称"英式拍卖"或"估低价拍卖"。它是指价格上行的拍卖方式，即拍卖标的的竞价由低至高、依次递增，直到最高价格成交为止。英式拍卖可分为单式和复式。单式中竞争商品为单个商品（或服务），这时，拍卖过程为此种商品（或服务）的价格被发现的过程。复式英式拍卖中，可有多个商品参加交易，购买者可在商品价格和数量两方面进行竞争。当市场关闭时，最高出价者获得其欲购买的数量，次高出价者从剩余售货量中获得其欲购数量，以此类推，直至全部商品交易完毕。

2）减价拍卖

减价拍卖又称"荷兰式拍卖"或"估高价拍卖"。它是指价格下行的拍卖方式，即拍卖标的的竞价由高到低、依次递减，直到以适当的价格成交为止。荷兰式拍卖也分为单式和复式，在复式拍卖中，卖者可同时报价和报量，直至全部商品成交为止。

此外，还有英式反向拍卖。由买方启动市场，其市场中价格形成的过程与正向拍卖过程正好相反，随市场的延续，出售者不断降低售价，直至没有更低的售价，最低售价者胜出为止。与英式拍卖一样，英式反向拍卖亦可进一步划分为单式拍卖和复式拍卖。

英式反向拍卖（Reverse Auction）是现代网上采购B2B电子商务中最常用的市场组织形式。网上采购者（包括联合国、中央政府和各级地方政府、国内外大型采购集团等采购者）通过B2B电子商务公司为其组织网上英式反向拍卖，使用网上竞价方式，大幅降低其采购成本。

虽然荷兰式拍卖和英式反向拍卖都是从高价开始并逐步降低的拍卖方式，但荷兰式拍卖是传统的现场实时降价的方式，而英式反向拍卖更常见于现代的网络采购环境。

7.3.3　网上拍卖

1）网上拍卖的兴起和发展

网上拍卖是近年从美国兴起的一种电子商务形式。eBay的创始人、美国人奥米德亚最初并没有想到自己能够成为一场影响深远的"商业变革"的开拓者。为了帮助妻子搜集《星球大战》系列影片中的激光剑，1995年，他推出了一个叫eBay的拍卖网站。该网站的成功，不仅造就了一个市值数百亿美元的超级互联网拍卖企业，更重要的是开创了一个全新的市场，使拍卖这个古老的行业和价格机制在网络时代中获得了新的增长空间。

网上拍卖一般适用于物资、交通工具、房地产以及部分艺术品等拍品的拍卖。随着电脑网络技术的不断发展，今后在电子合同、网上支付、拍品展示等技术方面还将有广阔的发展空间。

2）我国网上拍卖的起源

1999年以来，国内的网上拍卖活动接连不断，开通了许多中文拍卖网站。1999年6月16日，首家拍卖网站雅宝正式开通。到2000年，网络拍卖逐渐走向理性和成熟。1999—2000年，我国的拍卖网站一度多达上百家，其中以雅宝、易趣（www.eachnet.com）、酷必得（www.coolbid.com）等最为知名，随着互联网泡沫的破灭，只有易趣发展壮大起来。随着网络经济逐渐趋于理性，没有强力竞争对手的易趣得到了迅速发展，成为中国拍卖网站事实上的霸主，也被称为"中国的eBay"。2002年3月，eBay以3 000万美元的代价取得了易趣33%的股权，开始正式进军中国网上拍卖市场；同年6月11日，eBay以1.5亿美元现金全资收购易趣。

2003年7月8日，在B2B领域处于领先地位的阿里巴巴突然宣布投资1亿元成立C2C电子商务网站——淘宝网（www.taobao.com）。2004年1月13日，雅虎和新浪同时宣布签署一项建立合资公司的最终协议，参与中国网上拍卖市场的竞争，并建立了网上拍卖网站一拍网（www.1pai.com.cn），为中国的中小型企业、买家和卖家提供全新的基于网上拍卖的电子商务服务。

艾瑞咨询《2004年中国网上拍卖调查报告》显示，中国的网上拍卖市场呈高速增长态势：2004年全年网上拍卖市场共有4 250万件商品参与交易，成交约1 700万件，成交率约为40%；平均交易计价200元，全年成交金额从2003年的10.7亿元增至2004年的34亿元，市场规模实现了217.8%的高速增长。

2005年9月12日，由腾讯公司开办的C2C网站——拍拍网正式上线，运营后人气迅速增长，5月10日登录用户超过1 500万，在线商品总数也一举超过了300万大关。

然而，2007年4月16日，正望咨询《2006年度中国网上购物调查报告》显示，淘宝网在被调查的五个重点城市C2C买家中所占市场份额超过80%，淘宝网在中国网上拍卖市场的行业老大地位不可撼动。

2008年—2012年，中国网上拍卖市场竞争愈发激烈。淘宝继续保持领先地位，不断优化用户体验，推出一系列创新服务和功能。拍拍网和易趣网也在努力改进，但市场份额增长相对缓慢。

2013年—2015年，随着移动互联网的普及，各大拍卖网站纷纷推出手机应用程序，移动端购物和拍卖的比例迅速上升。同时，跨境电商的兴起也为网上拍卖带来了新的机遇，一些平台开始涉足跨境拍卖业务。

2016年—2018年，社交电商的发展对网上拍卖产生影响，一些平台借助社交媒体的力量进行推广和销售。同时，大数据和人工智能技术的应用也逐渐普及，用于精准推荐商品和优化拍卖流程。

2019年—2021年，直播电商的火爆带动了网上拍卖的新形式，直播拍卖成为一种热门的交易方式。此外，随着消费者对品质和品牌的要求提高，品牌官方入驻和品牌特卖拍卖活动增多。

2022年—2023年，在疫情背景下，线上消费进一步增长，网上拍卖市场持续扩张。同时，绿色消费理念兴起，二手物品拍卖和可持续发展的拍卖模式受到更多关注。随着技术的不断创新，如虚拟现实（VR）、增强现实（AR）等技术也开始在网上拍卖中尝试应用，为用户带来更丰富的体验。

国内网上拍卖的格局主要有两种：一是以互联网公司为代表的国内网上拍卖，如雅宝、闲鱼等；二是以拍卖公司为代表的国内网上拍卖。

随着拍卖形式被越来越多的人所接受，各网站机构也相继推出以"拍卖"名义开展的购物活动，但这些"拍卖"大多数只是一种竞价销售方式。因为拍卖必须具备三项条件：社会公示；有合法拍卖机构组织，国家注册拍卖师主持；委托人、拍卖人、竞买人相互明确承担权利义务，并建立保证金制度及相关法律制约关系等。我国目前已经通过的电子商务法规主要有《中华人民共和国电子签名法》等。但当前对网上拍卖行业进行管理的主要依据还是《中华人民共和国拍卖法》《中华人民共和国民法典》等现有法律法规，因而对网上拍卖这种新形式无法做到有效管理。随着网上拍卖的快速深入发展，网上拍卖面对的法律问题正在成为理论界讨论的热点，相关的法规也在酝酿之中，相信将来的网上拍卖会有良好的法律环境来规范和制约。在有关法律机制的保障下，实施虚拟化操作的新模式才能实现真正意义上的网上拍卖。

3）网上拍卖与传统拍卖的异同

我们可以从拍卖的基本程序，如发布公告、展示拍品、竞价拍卖、缴款及取货等，来了解网上拍卖与传统拍卖的异同。

（1）发布广告。传统的拍卖方式是在拍卖行所在地的大型传媒上刊登广告，这种做法往往会因为广告的篇幅、传媒的发行地域、时间限制而无法使公众及时、方便地了解拍卖情况，在一定程度上影响了拍卖的成交率。网上拍卖则加快了信息的传递。在网上，一个拍卖订单可以在几个小时甚至几分钟内传遍全国乃至全球，这对加快拍卖成交起到了至关重要的作用。由此可见，网上拍卖在信息的传递上具有不可比拟的优势。

（2）展示拍品。传统的拍卖方式强调的是让客户现场看样，实地测算；而网上拍卖则用图片和文字说明并以网页的形式来让客户了解拍品，这样既节省了展示实物所需耗费的物力和人力，又使跨地区拍卖成为可能。但由于拍卖所涉及的拍品绝大多数为艺术品等难以估价的物品，这些物品需要客户亲身实地去感知感觉，来判断拍品的真伪优劣、估算价值。因此，网上拍卖物品的真伪性和优劣性令人难以把握，会出现诈骗等情况。

（3）竞价拍卖。网上拍卖使得异地拍卖变得非常简单。在传统拍卖中，异地拍卖要办很多手续，而且到异地举行拍卖会成本较高。但每个拍卖行都希望进行异地交流，因为地理环境和经济收入的不同，异地拍卖所带来的价差对拍卖行来说有很大的吸引力，而网上拍卖使得异地拍卖变得简单多了。

但是，在网上拍卖中面临的问题是，谁来监督竞标过程的公正性，如何防止恶意串通、哄抬物价致使买主利益受损等。传统的拍卖可通过预缴竞买保证金和现场控制等来预防串标行为的发生。目前，网上拍卖还没有健全的法律法规来约束。中标人和销售人可以随意取消自己的没有约束的承诺，也缺乏对欺诈行为的防范措施。

（4）缴款及取货。传统的拍卖在拍卖会开始之前，通常要求竞买人缴纳一定的保证金和相关的个人、企业材料来约束竞买人，使竞买人有所顾忌，不敢随意叫价破坏拍卖或毁约、不按时缴纳拍卖款项等。网上拍卖对竞买人的资格审查相对宽松，有的甚至无须预缴或只缴纳金额极少的竞买保证金，这样一来，就很难保证没有相应约束机制的拍卖能真正公正和竞买人能履约按时缴清货款。此外，网上拍卖的取货也是一个问题，因为相当部分的拍品是需要通过邮寄来传送的，商品难免发生破损。

4）网上拍卖的形式

（1）模仿传统拍卖业务方式的网上拍卖（B2C）。

最常见的是以英式拍卖为主。这种形式所拍卖的标的一般是按照一定程序由委托人进行委托，是符合传统拍卖程序的。买方参加竞拍，需要根据想要竞拍的标的的起拍价不同先行缴纳保证金，缴纳保证金可以采用电子支付方式，也可以使用一般方式支付，如邮寄或汇款。网上拍卖的运作者，一般指网站本身，通过相应的程序、规则的设定，行使拍卖师的权利。网上拍卖的标的需要事先设定起拍时间和终止时间。当网上拍卖的标的开始起拍后，竞拍者将根据设定好的竞价阶梯进行叫价，所拍卖标的的各项信息也不允许修改。在拍卖过程中，如果某件标的被叫价，网站将通知拍品委托方进行备货。在参加拍卖的标的到达终止时间时，出价最高的竞拍者将成为买受人。买受人可以使用电子支付及传统支付方式进行付费，其所支付的费用将是：标的的成交价+买受人佣金+其他费用（如异地邮资等）。由于网上拍卖这种特殊的拍卖方式无法实现当场付款、当场取货，故网站将对买受人付款这一环节进行监督。一般情况下，如果买受人在竞拍成功后一段时间内没有任何支付行为，网站将视其为恶意竞拍，必要时将采取扣留保证金等措施。如果买受人按照相应规则支付货款，网站或拍品委托方将向该买受人发货，及至确认买受人收货完成，整个网上拍卖流程才算完成。

（2）开放式的个人委托自由竞价方式（C2C）。

它也是以英式拍卖为主，拍品委托方式是自由的，网民只需要在网站上注册成为会员，便可以任意将各种物品放到网上进行拍卖，同时也可以参加任何拍品的竞拍。拍品在网上拍卖的过程同前一种方式相似，当拍品成交时，买受方与拍品提供方进行货款交付只能通过私下方式解决，网站不提供任何帮助。

7.3.4　网上拍卖存在的问题

尽管网上拍卖发展迅速而且深受网络用户的偏爱，但是网上拍卖仍然存在一些需要解决的问题。这些问题主要表现在以下两个方面：

1）技术问题

网上拍卖需要进一步提高竞买人报价询问和拍卖师提示信息的传输与终端显示的速度；应当通过技术创新，为网上拍卖提供三维画面和实景虚拟空间，更真实地反映拍卖标的的状况。对于一些同步进行的拍卖活动，需要建立网上竞价与现场竞价的同步系统，使拍卖活动能在网上和拍卖会现场同时进行。

2）资信问题

网上竞买并非真正意义上的拍卖，而是一种在电子商务环境下采用公开竞价机制进行的特殊在线交易方式。网上竞买最主要的特点在于其采取的是公开竞价机制，但是网络的匿名性和隐蔽性为一些暗箱操作提供了可能，因此网上竞买必须切实增强交易过程的透明度，保证网络安全和网络条件下的诚实信用原则和资格信用认证，避免不法商人利用网络进行欺诈或误导，保护竞买人的合法权益。为此，拍卖网站需要加强与银行体系的合作，实现电子货币的广泛使用和拍卖主体信用资质保证。

网上拍卖尚处于发展阶段，需要不断探索如何将信息技术与拍卖特性更好地结合，同时网络交易制度规范应体现网上拍卖的特点，从而保证这种交易方式的健康发展。

7.4　数字产品及其定价

7.4.1　数字产品的特性

1）不可破坏性

数字产品不会磨损，没有耐用品和非耐用品之分。数字产品的生产者是在和自己已经售出的产品进行竞争。

2）可变性

数字产品很容易被修改。尽管有版权法的保护，但是由于技术发展快于法律的修订，而且法律永远不可能穷尽规则，所以数字产品的生产者很难保护其利益不被侵犯。

3）可复制性

数字产品极容易被复制，也就是说它具有高沉没成本、低边际成本的特点（甚至有时候边际成本几乎可以忽略不计）[①]。

4）对个人偏好的依赖

信息产品不是"可消费"产品，被消费的是信息所代表的思想和信息的用处，这些用处因人而异。因此，信息产品的销售者要更多地依赖消费者信息以便根据偏好来对消费者进行分类。这就产生了两个问题：一个是销售者要根据消费者类型进行差别定价；另一个是对于差别化的产品，销售者应根据消费者的边际支付意愿而不是边际生产成本来定价。

5）经验品

所谓"经验品"，是指只有消费了该商品之后才能评价商品的价值[②]。数字产品是典型的经验品，其价值只有在使用后才能评价出来。所以，对于数字产品而言，如果用户不了解该产品的内容和价值就不会购买；而一旦了解其内容后也就用不着购买了。在这种情况下，数字产品的生产者通常将产品中的"适量"信息免费提供给顾客，如标题、目录或试用版等，以促使顾客进一步购买。

总之，数字产品的这些特点决定了其定价的特殊性。

7.4.2　数字产品的差别定价

尽管在实物市场上也存在产品的差异化，但它在电子商务中的应用更为广泛，因为数字产品的可变性使之高度多样化。此外，在电子化的市场环境中，关于用户喜好的详细信息要丰富得多。

在电子商务中，差别定价将详细的用户信息和定制产品相结合，从而达到有效定价的目的。但是，差别定价存在两方面的困难：其一，当产品差异化之后，因为用户的兴趣和用途不同，定价方式将变得极其复杂；其二，数字产品的成本结构与多数实物产品不同，由市场决定的价格对数字产品的生产和消费并不总是有效。产品差异化和用户信息产生了多种销售机制，包括订购、许可、出租、租借等。目前主要的定价方式是个性化定价、版本定价、群体定价和捆绑销售。

1）个性化定价

个性化定价也就是以不同的价格向不同的消费者出售信息产品。如图7-4所示，数量 Q_1 的产品对应的价格为 P_1，Q_2 对应的价格为 P_2，以此类推，Q_n 对应的价格为 P_n。在这时，由需求曲线表示出来的代表商品边际效用的消费者买进一定量信息产品所愿意支付的价格，也就成为信息产品供应商的边际收入曲线。这样，信息产品供应商就能把在单一定价下的消费者剩余全部转化为由于实行个性化定价而增加的收益，从而获得了更多的收益。实行个性化定价，信息产品供应商可以根据消费者的兴趣来设计一整套的信息产品，并相

---

① 关于这一问题，Choi等与勒维斯有不同的看法。他们认为尽管数字产品的边际成本很低，但还是不能说它的边际成本为零，因为还要考虑到每份拷贝的成本中的版权费用。

② 相对于"经验品"，有些商品的价值消费者在购买前就能知道，即"搜寻品（search goods）"；也有些商品的价值即使消费以后仍无法评价，即"信任品（credit goods）"。

应采用不同的价格。

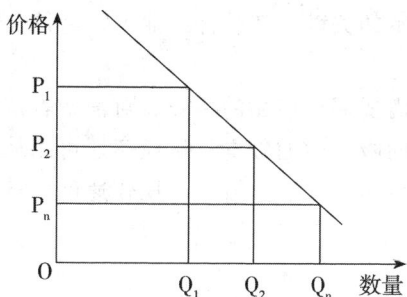

图7-4 个性化定价

然而，在现实中，有时很难完全实行个性化定价，最明显的原因就是难以确定某人愿意支付的最高价格。而且，即使一个企业了解每个消费者愿意为其产品支付多少价格，如企业提供给一个消费者 C_1 的价格比另外一个消费者 C_2 的价格低，但要在市场上防止消费者 C_2 利用企业提供给消费者 C_1 的低价也是很困难的。如果我们在销售中采用的技术是"一对一营销"，就可以安排多样化的甚至个性化的价格。比如，在互联网上，我们就可以比较容易实现这种个性化定价。

不过，在实行这种策略的时候，我们还需要注意对信息产品本身及其价格都要实行个性化。这在互联网上也是比较容易实现的，因为在互联网上可以实现"一对一营销"。同时，在互联网上，我们还可以充分了解消费者对我们的信息产品的兴趣所在。我们可以通过消费者在网络上的点击率、搜索习惯以及他们的注册信息等来分析消费者真正需要什么。然后，可以根据消费者对信息产品的不同评价、不同购买习惯以及其他特征来实行不同的价格。

2）版本定价

版本定价就是提供一个信息产品系列，让用户选择适合自己的产品版本。版本定价如图 7-5 所示。当顾客消费一个低级的版本 Q_2 时，收费 P_2；当消费者购买高一点的版本 Q_1 时，收费 P_1，以此类推。

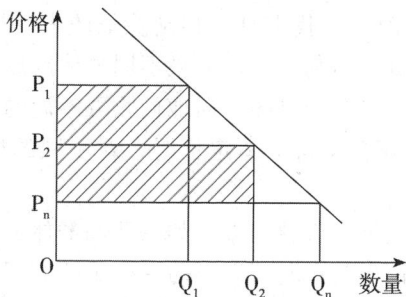

图7-5 版本定价

之所以要把产品划分为不同的档次和版本，是为了突出不同顾客群体的需求而采用不同的定价。信息产品的一些价值对某些客户极有意义，而对其他客户则没有什么重要性，这些价值就是划分档次和版本的关键。在软件工业中，软件往往按方便程度、容量、技术支持等划分为不同版本。

在实际运作中，供应商需要调整产品的特征，对消费者认为有价值的产品进行差别划分，对不同群体提供具有不同吸引力的版本。供应商还可以从不同方面对信息产品进行版本划分，如时间延迟、用户界面、图片分辨率、操作速度、格式、容量、完整性、技术和服务支持等。

3）群体定价

群体定价就是对不同的消费群体设置不同的价格。

假定实行群体定价的信息产品供应商可以将其产品分割为两个市场：A 市场和 B 市场。这两个市场的需求曲线如图 7-6 所示。为了得到尽可能多的收益，信息产品供应商的总产量由联合边际收益（CMR）与边际成本（MC）的相交点决定。此时总产量等于各个分市场上的产量之和。在这个总产量水平上，生产最后一个单位信息产品追加的成本（MC）恰好等于在任意市场上出售该单位信息产品所能得到的追加收益（MR_A 或 MR_B）。信息产品供应商将把他的总产量（Q）用如下的方法在两个市场之间进行分配：使得每个市场销售的最后一个单位信息产品取得的收益，即边际收益相等，并都等于总产量的边际成本，即 $MR_A=MR_B=CMR=MC$。

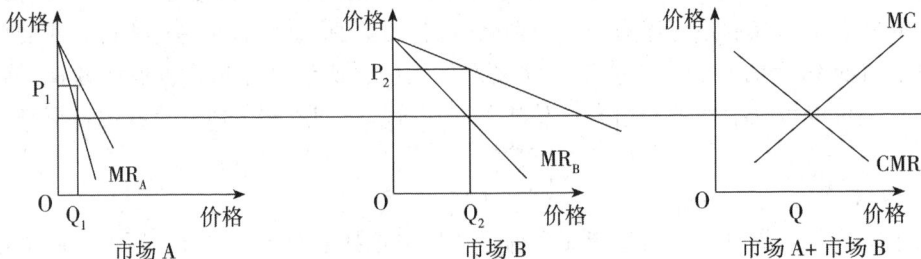

图7-6　群体定价

信息产品供应商要实行群体定价就要在对具有某种如购买历史、邮政编码或其他行为特征的人提供不同价格的基础上，找出具有相同特征的人享受相同的价格条件。也就是说，把价格直接建立在群体特征的基础上。如果不同群体的成员对于价格敏感有系统的差异，那么信息产品供应商就可以有利可图地向他们收取不同的价格，比如向学生或老年人提供一定的优惠。另外，厂商在实行群体定价时，对不同的群体内部还可以再实行版本定价。

群体定价最常见的原因是价格敏感因素，如果不同群体成员在价格敏感上表现出系统性差异，向他们提供不同的价格就有利可图。另一个重要原因是群体定价有利于建立长期的忠诚顾客基础。群体定价还往往会因为产品的共享程度不同而采取不同的价格，比如说以高价向图书馆出售、以低价向个人出售图书。

4）捆绑销售

捆绑销售实质上是一种特殊的版本定价形式。在这种情况下，不同产品被包装在一起以统一价格进行销售，其价格通常比分开的组件价格之和低。捆绑销售之所以能赚钱，是因为对捆绑产品的支付意愿比对组件的支付意愿分散程度更低。

本章小结

本章介绍了产品的概念、网络营销产品的特点以及面对的挑战。本章重点介绍了网络营销定价策略中的各种方法，读者应当能够熟练地运用这些方法。网上拍卖是一种新的产品和定价方式，读者应当通过参与网上拍卖的活动以对此有一个全面的了解。最后，本章针对数字产品介绍了其特点及定价方法。

本章网站资源

eBay：http：//www.ebay.cn

淘宝网：http：//www.taobao.com

复习思考题

1.什么是整体产品？以某一数字产品为例进行说明。

2.运用产品生命周期理论举例说明某一数字产品的生命周期。

3.网络营销定价策略的内容包括哪些？分别有什么特点？

4.网上拍卖的特点及定价方法是什么？

5.数字产品的特点和定价方法是什么？举例说明。

第 8 章

网络营销的分销体系

学习目标

学习分销、分销渠道、网络分销渠道的概念；掌握网络分销渠道与传统分销渠道的区别和联系；掌握网络分销渠道的构成要素；明确企业分销渠道和网络分销渠道的结构；掌握网络时代中间商的相关内容；了解渠道冲突和网络渠道冲突的相关内容；了解网络营销渠道的功能、优势和类型；掌握电子商务对分销渠道的冲击、改进以及整合。

8.1 网络分销渠道概述

8.1.1 分销与分销渠道的定义

1）分销

所谓分销，是指产品从制造商到消费者的传递过程中涉及的一系列活动。

2）分销渠道（Distribution Channel）

分销活动的载体即分销渠道，也称销售通路、配销渠道或者营销渠道①。对于分销渠道的定义，理论界有不同的看法。一般来说，以下两种具有较大的代表性：

（1）美国市场营销协会（AMA）定义委员会的定义："企业内部和外部的代理商和经销商（批发和零售）的组织机构，通过这些组织，商品（产品和劳务）才得以上市行销。"

（2）菲利普·科特勒（Philip Kotler）的定义："分销渠道是使产品或服务能被使用或消费而配合起来的一系列相对独立的组织的集合。"

相比较而言，科特勒的定义更全面、更容易被接受。它比较通俗地指出分销渠道就是指产品或服务从生产者流向消费者（用户）所经过的整个渠道。这个通道通常由制造商、批发商、零售商及其他辅助机构组成。他们为使产品到达企业用户和最终消费者而发挥各自职能，通力合作，有效地满足市场需求。良好的分销渠道不仅要通过在合适的地点以合适的质量、数量和价格供应产品或服务来满足需求，而且要通过渠道成员的各种营销努力来刺激需求。

8.1.2 网络分销渠道的定义

随着信息技术尤其是互联网的迅速发展，传统分销渠道受到了很大的影响，某些领域、行业的分销渠道甚至发生了根本性的变化。一些纯网络公司借助于互联网作为企业平台，整合各种资源，开展网络直销业务，如亚马逊、当当等。此外，一些分销过程的环节，如仓储、配送也越来越多地利用互联网进行管理，使用网络分销渠道管理系统、物流管理系统、仓储管理系统等管理软件，搭建网络物流平台。由此可见，网络分销渠道已经发展成为一种独立、完整的分销渠道。

网络分销渠道可以从广义和狭义两方面来理解。狭义的网络分销渠道是指生产者借助计算机、网络软硬件技术创建网络平台，并依靠这个平台将产品或服务从生产者转移到消

---

① 需要注意的是："营销渠道"与"分销渠道"其实是不同的，营销渠道除了包含分销渠道以外，还涵盖了企业的供应渠道。

费者手中的过程。本章主要讨论的就是狭义上的网络分销渠道。广义的网络分销渠道实际上是网络营销渠道，包括营销渠道所涉及的商流、物流、资金流、信息流等各种功能的管理。

8.1.3　网络分销渠道与传统分销渠道的区别与联系

1）区别

（1）渠道结构不同。传统分销渠道的结构是线性的，通常表现为线性的流通方向。在传统营销渠道中除了生产者和消费者，通常还有许多独立的中间商或代理商存在。传统营销渠道的作用是单一的，它只是商品生产者向消费者转移产品的一个通道。消费者往往从广告等媒体中获取商品信息，从商家那里购买自己所需的商品，消费者从渠道中得到的其他东西非常少。而网络分销渠道是发散性的，一般以企业的管理信息系统（包括网站）为中心，向周围呈射出网状的发散式联系通路。在电子网络分销渠道中，产品的生产者可以更多地直接面对最终用户。与传统渠道相比，电子网络分销渠道的作用是多方面的。

（2）关注重点不同。企业在建立传统分销渠道的时候，主要关注的是批发商、零售商、代理商等中间商的选择，渠道的冲突以及地理位置等因素；而在建立网络分销渠道时，企业把更多的精力用于考虑网络系统的构建、与中间商的网络连接、网络安全等问题。网络分销渠道提供了双向的信息传播模式，使生产者和消费者的沟通更加方便畅通。一方面，网络分销渠道是生产者发布信息的渠道。生产者可以利用网络向用户发布企业的概况，产品的种类、规格、型号、价格以及优惠促销活动等方面的信息，帮助消费者进行购买决策。同时还能及时统计产品和客户资料，使其在短时间内根据消费者的个性化需求进行生产、进货，有效地控制库存。另一方面，对消费者来说，网络分销渠道使最终用户直接向生产者订货成为可能，加强了生产者和消费者之间的沟通交流。

2）联系

（1）目标一致。不论企业采取何种分销渠道，其目的都在于把企业的产品或服务提供给终端消费者，并为企业和顾客双方创造良好的价值。

（2）彼此补充。网络分销渠道的出现并不意味着传统分销渠道的消失。网络分销渠道只是企业多种分销渠道中的一种而已，是对传统分销渠道的丰富和发展。在实际经营活动中，网络分销渠道和传统分销渠道需要互为补充，并且能够整合在一起为顾客提供良好的服务。例如，顾客在网上购物并支付之后，企业需要通过送货到门、邮局平寄、EMS特快专递等传统分销渠道把货物送达顾客。

8.1.4　网络分销渠道的构成要素

网络客户通过访问企业网站上的商品目录，选择需要购买的商品或服务，然后直接在互联网上下订单，并通过在线支付、邮局汇款或货到付款等多种支付方式进行支付，然后企业接收并核对订单，在确认付款方式之后派送商品，从而完成整个网上交易。所以，网络分销渠道与传统分销渠道一样，都具备实现产品或服务转移过程中的物流、资金流、信息流传递功能。

根据上述分析，完整的网络分销系统应该包括三个部分：网络前台系统、网络后台系统和外部接口系统。

1）网络前台系统

网络前台系统是指企业为网络用户提供产品信息和服务的窗口。网络前台系统包括的内容基本上大同小异，如用户注册、购物车、收银台等。

2）网络后台系统

网络后台系统是指企业用于进行客户支持和经营活动管理的系统，网络用户无权访问这一部分内容。

3）外部接口系统

外部接口系统是指独立于企业、客户之外的第三方，如安全认证中心、银行等。这些第三方为企业的分销渠道提供服务和支持。

对于网络分销系统而言，上述三个系统是一个有机的整体，缺一不可。

4）以金蝶零售业企业解决方案为例①

（1）金蝶销售前台系统。

销售前台系统的主要目的是进行销售数据的搜集并将其汇总后传到后台进行核算，本系统主要适用于商品种类多、价格低、销售价格单一且在一段时期内稳定、频繁、销售量大的销售业务。对信用额度、价格管理要求较高、单位价值较高的商品零售业务通过进销存系统中的销售模块处理。销售前台工作流程如图8-1所示。

销售前台的主要工作是：

其一，记录零售业务，这一功能由销售单来实现，销售单的设计清晰、简明，可以帮助操作人员快速地记录商品的名称、计量单位、规格型号、数量、金额、折扣、批次甚至客户等信息，同时销售单还提供了显示即时库存、找零、记录收款方式等功能。

其二，销售前台系统也提供了盘点的功能，对前台仓库进行盘点操作，根据库存与账存的差异可自动生成盘盈、盘亏单据。

其三，销售前台系统最重要的功能是单据转换功能，在零售单据传入后台数据库时，单据转换功能自动将零售单按商品、操作员等属性进行合并，并转换成普通发票和销售出库单，同时进行自动核销。这样既减少了数据在网络上的传输量，又减少了后台人员的工作量，满足了批零兼营企业对快速性和方便性的要求。

---

① 金蝶软件（https://www.kingdee.com/）。

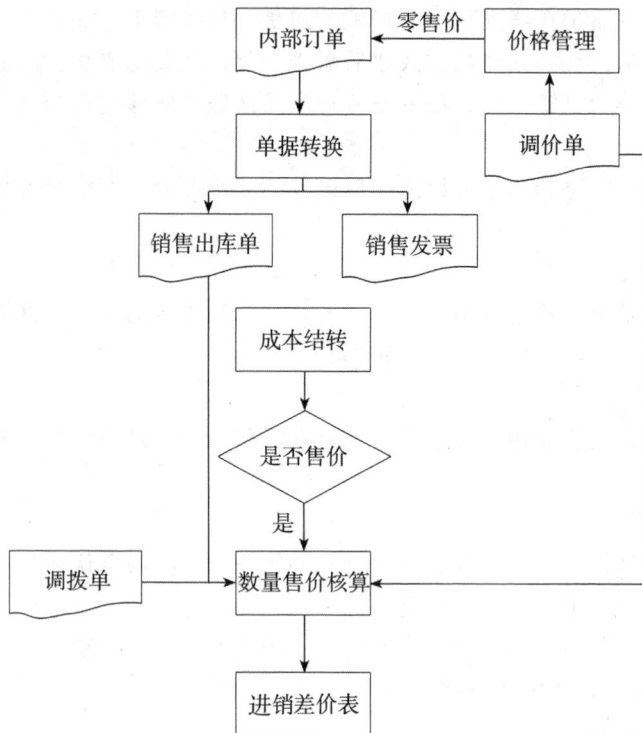

图8-1 销售前台工作流程

其四，传输到后台的数据就可以通过后台核算系统提供的售价核算计算方法进行结转成本的工作了。

其五，操作人员还可以根据权限设置查看进销差价汇总表，对于价格等管理信息，将由后台系统统一下发管理。

（2）后台系统。

销售前台系统可直接挂接销售系统作为后台，后台销售系统可定时地搜集前台系统的零售数据。后台系统设计方案如图8-2和图8-3所示。

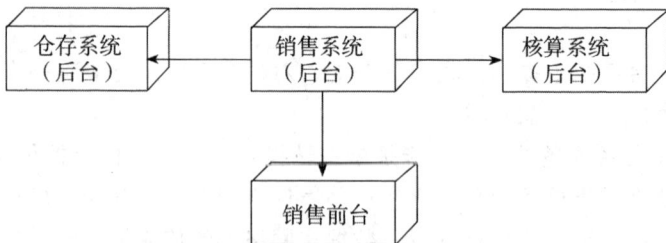

图8-2 后台系统设计方案Ⅰ

此外，也可以采用挂接分销系统的方式，主动将数据传输到分销系统中，再由分销系统统一上传到销售系统中。

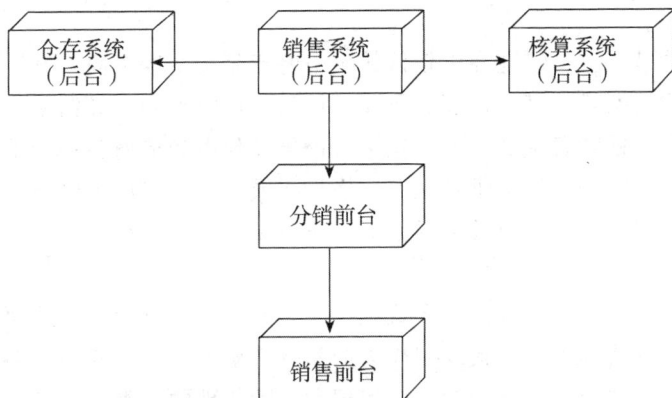

图8-3　后台系统设计方案Ⅱ

8.1.5　企业分销渠道的结构

1）分销渠道的长度结构

不同企业的分销渠道长度构成千差万别。分销渠道的长度结构如图8-4所示。

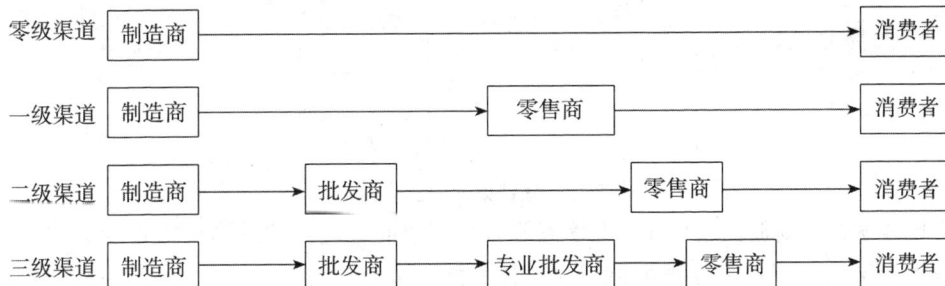

图8-4　分销渠道的长度结构

（1）直接分销渠道。直接分销渠道也叫零级渠道，指制造商直接销售给消费者。直销是产销结合的分销渠道，一般采取由制造商自行根据各目标市场的销售潜力设置销售机构、配备销售人员，将企业产品直接销往用户的分销组织形式。其具体做法包括上门推销、家庭销售会、厂家设店直销、多层传销及支付销售等各种形式。它是长度最短的分销渠道。直销适用于企业销售力量雄厚、产品科技含量高、处在生命周期第一阶段的新产品或生产资料的销售。

（2）间接分销渠道。它是相对于直接分销渠道而言的，指制造商对产品的分销是在分销商（经销或代理）和营销中间机构下实现的。间接渠道按其经过中间层次的多少又分为一级渠道、二级渠道、三级渠道。间接销售是产销分离的分销渠道。对制造商来讲，间接销售可以直接把产品纳入商品流通网络，大大减少了分销渠道的重复设置，既有利于提高销售效率，也有利于提高目标市场上的产品占有份额。

按制造商与分销商合作方式的不同，间接分销渠道可分为经销制与代理制。

①经销制。

在双方协商的基础上，制造商以较低的价格将产品卖给经销商，然后由经销商加价转卖给其他分销商或消费者，其加价部分形成经销商的经营毛利。经销制的根本特征是商品所有权发生了转移，即随着买卖行为的发生，销售风险由制造商转移给了经销商。作为风险补偿，制造商除了对经销商提供较大的价格折扣或较低的出厂价以外，一般还对目标市场进行广告宣传等促销投入，以帮助经销商开发市场。

②代理制。

代理制是制造商通过合同等契约形式把产品销售权交给分销商，从而形成制造商与分销商之间长期稳定的代理关系。代理制作为产品分销渠道，其形式多种多样。从国外的实践看，代理商与厂家的交易方式分为佣金代理和买断代理两大类。

2）分销渠道的宽度结构

分销渠道的宽度结构是指制造商在每一渠道层次里使用分销商的数目，如图8-5所示。

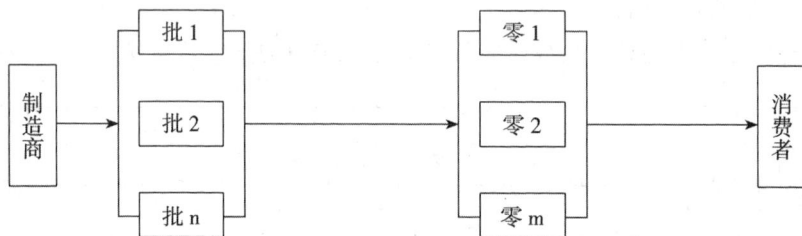

图8-5 分销渠道的宽度结构

在图8-5中，制造商使用n个批发商和m个零售商，反映的就是渠道宽度。

按渠道宽度大小可将分销渠道分为三种类型：

（1）广泛式（密集）分销渠道。广泛式（密集）分销渠道即制造商在一个销售地区直接动用尽可能多的分销商销售自己的产品。消费品中的日用品、鲜活商品，工业品中的一般原料、小工具、标准件等无品牌要求的产品多采用这种形式的渠道。它的优点是可以广泛占领市场，方便购买，及时销售商品；缺点是市场分散，难以控制。

（2）选择式（精选）分销渠道。选择式（精选）分销渠道即制造商在特定的市场内有选择地直接动用一部分分销商销售自己的产品。一般品牌质量要求较高的商品采用这种渠道。例如，可口可乐、麦当劳等企业的渠道均为这种。它的优点是企业对市场的控制较强、成本较低，既可获得适当的市场覆盖面，又保留了渠道成员的竞争，防止分销商的怠惰；缺点是分销商之间的冲突错综复杂，渠道内耗严重，加大了企业管理难度。

（3）独家式分销渠道。独家式分销渠道即制造商在一定的地区、一定的时期只选择一家分销商销售自己的产品。这种策略适用于品牌十分重要的消费品，例如，家电、高级服装、化妆品以及工业品中技术性强、售后服务要求较高的商品。它的优点是对渠道的控制力最强，有助于维持品牌形象，且渠道成本较低；缺点是渠道内部缺乏竞争，企业对分销商的依赖过强，市场覆盖面小，分销商选择不当会贻误战机。

3）分销渠道的系统结构

按渠道成员相互联系的紧密程度，分销渠道还可以分为传统渠道系统和整合渠道系统两大类。分销渠道的系统结构如图8-6所示。

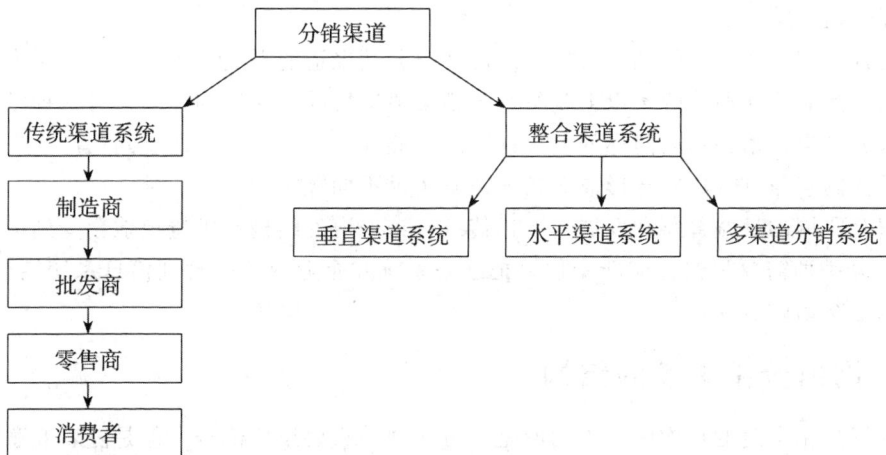

图8-6 分销渠道的系统结构

（1）传统渠道系统。

传统渠道系统是指由独立的制造商、批发商、零售商和消费者组成的分销渠道。传统渠道的成员间的系统结构是松散的。由于这种渠道的每一个成员均是独立的，他们往往各自为政，各行其是，都为追求其自身利益的最大化而激烈竞争，即使为此牺牲整个渠道系统的利益也在所不惜。在传统渠道中，几乎没有一个成员能够完全控制或基本控制其他成员。随着市场环境的变迁，传统渠道正面临着严峻的挑战。

（2）整合渠道系统。

整合渠道系统是指在传统渠道中，渠道成员通过不同程度的一体化经营系统整合形成的分销渠道。整合渠道系统主要包括：

①垂直渠道系统。

这是由制造商、批发商和零售商纵向整合组成的统一系统。该渠道成员属于同一家公司，或将专卖特许权授予其他成员，或有足够的能力使其他成员合作，因而能控制渠道成员行为，消除某些冲突。

垂直渠道系统有三种主要形式：

其一是公司式，即由一家公司拥有和管理若干工厂、批发机构或零售机构，控制渠道的若干层次，甚至整个分销渠道。

其二是契约式，即不同层次的独立制造商和分销商，以合同为基础建立联合渠道系统。

其三是管理式，即通过渠道中某个有实力的成员来协调整个渠道系统。

②水平渠道系统。

这是由两家或两家以上的企业横向联合，共同开拓新的营销机会的分销系统。它是以双方共享某种资源为基础的，可以弥补双方在资本、技术、营销等方面的不足。

③多渠道分销系统。

这是针对同一或不同的细分市场，采用多条分销渠道的系统。这种营销系统大致有两种形式：一是制造商通过两条以上竞争性分销渠道销售同一商标的产品；另一种是制造商通过多条分销渠道销售不同商标的差异性产品。此外，还有些公司通过同一产品在销售过程中的服务内容与方式的差异形成多条渠道来满足不同顾客的需求。

随着互联网的日益普及和发展，上述传统分销渠道的结构不可避免地会受到影响并发生变化。分销商需要尽快适应新变化，把网络系统和企业内部的管理信息系统结合起来，以满足网上交易的需要。

8.1.6 网络分销渠道的结构

在传统分销渠道的结构中，中间商是不可或缺的重要组成部分。但是随着互联网的发展，传统分销商的作用有所减弱，同时又出现了许多开展网络直销的制造商，即便是中间商也发生了许多变化。经过多年的发展，目前网络分销渠道已经基本形成。

1）生产商直销

传统的生产商借助于互联网绕开中间商，开展网上直销活动。

2）零售商直销

传统的零售企业或者纯网络公司，通过建立自己的网站来进行直销活动。

3）网络交易平台

网络交易平台包括两种：一种是类似于阿里巴巴这样的由纯网络公司搭建的交易平台。这些网络平台为 B2B、B2C、C2C 等各种业务提供中介服务。从现状来看，由纯网络公司组建的网络交易平台目前幸存下来的已经为数不多了。另一种网络交易平台是由传统企业联盟组成的网络中间商。这种类型的网络交易平台是目前 B2B 领域中的主要形式。

4）其他

由于网络分销渠道的虚拟性，所以网络分销渠道的构成中还需要其他机构比如安全认证机构、金融机构等的支持。这些机构严格上说并不是网络分销渠道的组成部分，但它们又的确是网络分销渠道中一个不可或缺的支持平台。

总之，与传统分销渠道比较清晰的线状结构相比，网络分销渠道的结构更趋向于网状化。

■8.2 网络时代的中间商

8.2.1 中间商

1）中间商在渠道中的作用

（1）中间商是渠道功能的重要承担者。中间商是指在分销渠道系统中介于生产者和消费者之间的经营者。作为分销渠道的重要成员，中间商履行"专门媒介商品交换"即组织商品运行的职能。中间商可以全部或部分参与分销渠道的各个环节，其参与流程的多少和程度，取决于渠道的类型和管理方式。一般来说，分销渠道所具有的实现产品价值功能、提高交易效率和效益功能、简化产销双方"双寻"过程和增强企业竞争优势等功能，多数是在中间商的积极参与下完成的。在直接渠道和刚性整合渠道系统中，尽管在形式上没有独立中间商参与，但中间商履行的各项职能也并没有消失，而是交由其他渠道成员来行使。因此，如果我们将中间商理解为媒介商品交换这一职能的承担者，而不论其是否为独立的经营单位，那么，整个分销渠道的功能也就主要表现为中间商功能。

（2）中间商在提高分销渠道效率和效益中有重要作用。中间商是通过向出售者购买商品，再向消费者出售商品，即购、销这两个基本业务过程来履行其职能的。在购销过程中，它要根据市场需求做好调研、订货、购进、储存、转运、分类、编配、包装、定价、销售和服务等各项业务。这些业务将生产者和消费者联结起来，而中间商的专业化经营又往往使这种联结变得更为简便、有效，成本更低。因此，生产者在构建与管理分销渠道时，通常十分重视发挥中间商的作用。

（3）中间商是协调渠道关系的重要力量。渠道的良好运作需要有协调的渠道关系。这种关系主要表现在生产者和中间商的合作深度上。二者必须在目标、政策、分工及分销流程等方面达成一致意见，并有效地开展工作。在许多情况下，为了增强渠道竞争优势，生产者和中间商还必须尝试采用新的方法共同履行订货、存货管理、分销和售后服务的责任。这些责任有的需要中间商的积极参与和默契配合，有的完全要以中间商为主导来完成。

2）中间商的主要类型

中间商可以按不同的标准进行分类。按其服务的市场类型，可划分为工业品市场中间商和消费品市场中间商；按其直接销售对象，可划分为批发商和零售商；按其在交易过程中是否拥有产品所有权，可划分为经销商和代理商。此外，还可以按行业或产品类型（如化工、机械、房地产、钢铁、农产品等）来划分中间商。

在社会经济活动中，营销渠道的产生与不断发展完善是由多种原因造成的。从直观上看，营销渠道中由于中间商对其代理区域市场较为熟悉，而且拥有一批固定的客户群，能帮助厂商迅速地打开当地市场；中间商对本地客户的资信情况和投资环境更加了解，可以帮助厂商规避交易和投资风险；通过中间商还可以减少自设销售网络所需的高昂费用，降低整体销售成本；中间商一次性订购批量产品，因而大大减轻了厂商的压力。这些因素使得营销渠道得以稳定发展。

3）图示说明

图8-7显示了利用分销渠道将产品扩散到客户过程的经济优势。（A）部分显示了3个生产者，每个生产者都利用直接营销分别接触到3个顾客。这个系统要求9次交易联系。（B）部分显示了3个生产者通过同一个分销商和3个顾客交易。这个系统需要6次交易联系。由此可见，生产商通过分销渠道减少了市场中的交易次数，提高了交易效率。

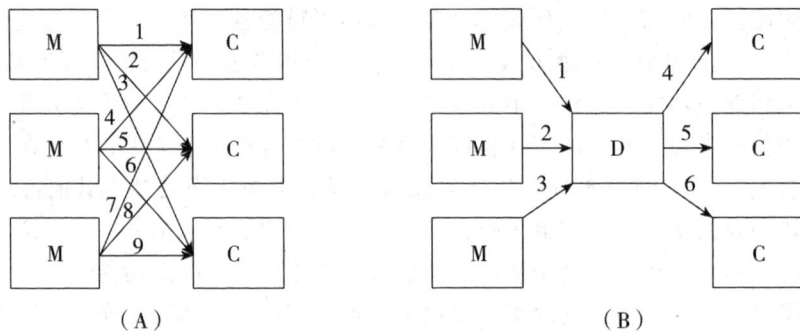

图8-7　中间商作用的图示说明

8.2.2　电子中间商及其服务类型

互联网上海量的信息资源在为人们提供丰富的选择空间的同时，也带来了信息搜集上的困难。可以说，信息的传递成本下降了，但是信息的搜集成本上升了。因此，许多基于互联网的提供信息服务中介功能的新型中间商，又称为电子中间商（Cybermediaries）应运而生。以信息服务为业务基础的电子中间商主要提供以下几种类型的服务：

1）目录服务

目录服务（Directory Service）是指将因特网上用户或组织的信息以层次结构、面向对象的数据库方式加以搜集和管理，为网上其他应用服务提供共享服务。它实现了对用户信息的统一管理，保证了数据的一致性和完整性。目录服务系统可以为用户提供各种目录查询的功能。用户通过计算机终端查询数据库提供的多种信息。例如，可以查各种部门的地址、电话号码、邮政编码等，也可以查火车时刻表、购物指南等。其作用好比是电话号码簿的作用，因此也叫电子号码簿或电子查号，简称DS。但是电话号码簿只能提供查询电话号码和地址，而目录服务系统除了可提供查询电话号码和地址外，还可以提供许多新的信息服务项目，因此比电话号码簿的内容广泛得多。

2）搜索服务

中间商网站（主要是一些搜索引擎）为用户提供基于关键词的检索服务。搜索服务的具体形式有很多种，如关键词服务、排名服务、实名搜索等。目前新推出的一种搜索服务就是本地搜索服务。本地搜索服务因为基于用户"就近及时"的需求和其针对本地市场的细分化服务，可以让用户快速进行基于区域化的查找。在国外，搜索引擎巨头 Google、Bing、Yahoo!、Yandex 都已经正式推出了这种服务。我国由 3721 率先推出了类似的服务。本地搜索服务是一项基于实名搜索的增值服务，即由企业为自己的产品或服务名称购买的带地域名的特定关键词排序服务。例如，用户在 IE 地址栏中输入"成都小吃""大连海鲜"，那么搜索引擎会在本地搜索框自动识别用户 IP 地址，只显示成都或大连就近的相关企业，而在搜索结果中，还会提供给用户详细的地图指南，极大地方便了用户。

3）智能代理

智能代理具体可以有很多种分类和使用领域，如智能购物代理等。

4）虚拟零售店（网上商店）

虚拟零售店不同于虚拟商业街，虚拟零售店拥有自己货物清单并直接销售产品给消费者。通常这些虚拟零售店是专业性的，定位于某类产品，它们直接从生产者进货，然后折价销售给消费者（如 Amazon 网上书店）。目前网上商店主要有三种类型：第一种是电子零售型（e-Tailers），这种网上商店直接在网上设立网站，网站中提供一类或几类产品的信息供选择购买；第二种是电子拍卖型（e-Auction），这种网上商店提供商品信息，但不确定商品的价格，商品价格通过拍卖形式由会员在网上相互叫价确定，价高者就可以购买该商品；第三种是电子直销型（e-Sale），这种网上商店是由生产型企业开通网上直销站点，绕过传统的中间商环节，直接让最终消费者从网上选择购买。

5）电子支付

电子商务的开展需要在网络交易时达成买方和卖方之间的授权支付。当下，授权支付系统丰富多样。信用卡支付仍是常见方式，如 Visa、Mastercard 等被广泛使用；电子支票等电子等价物也发挥着重要作用；同时，现金支付形式不断创新，数字现金逐渐兴起。此外，电话支付、国内主流的网上支付（如支付宝、微信支付等）以及势头强劲的移动支付（通过手机 App 完成支付）为消费者提供了更多选择。这些电子支付手段通常会就每笔交易收取一定佣金，以降低现金流动风险和保障系统正常运转。目前，我国的商业银行积极顺应潮流，也纷纷提供电子支付服务，以不断优化支付体验，满足日益多样化的支付需求。

8.2.3　电子中间商的功能

从本质上看，电子中间商与传统中间商的功能是一致的，即都起着联系生产者和消费者的纽带作用。但毕竟由于互联网的特性，电子中间商与传统中间商之间仍然存在着一些不同之处：

1）交易方式不同

传统中间商的交易方式全部都为实体交换方式，而电子中间商尽管也进行实体交换，但主要是以信息交换为主，属于虚拟交换的范畴。

2）交易效率不同

与传统中间商相比，电子中间商接收和传递产品信息的速度和效率大大提高，电子中间商能够较快地了解生产商和消费者的供需信息，并及时地在两者之间进行沟通交流。此外，由于信息沟通的改进，电子中间商也可以很好地控制库存，降低企业的成本。

在互联网的早期，有很多人曾经怀疑传统分销渠道的中间商的地位。他们"预测"传统中间商会消失，其理由是生产商网上直销的直接渠道不需要中间商，间接渠道中的中间环节有的变成了网上零售商。但从实际发展情况来看，即便是网上零售商也无法游离于传统分销渠道之外。网络虽然缩短了人们的沟通距离，但并没有缩短人们与商品的物理距离。开展电子商务后，虽然服务方式、方法发生了改变，但中间渠道的作用还是必要的，中间商也仍然有存在的必要。网络分销渠道模式如图8-8所示。

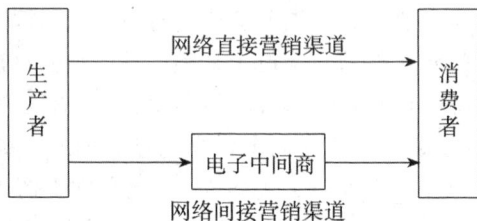

图8-8 网络分销渠道模式

所以，网络分销渠道只是企业分销策略中的一种选择，企业在其整体分销渠道中没有也无法离开传统中间商。

8.2.4 戴尔公司的网络直销模式及其带来的渠道变革

提到网络直销，人们脑海中首先想到的是戴尔公司。戴尔公司是一家位于美国奥斯汀市的高技术公司，最早使用电话作为其销售渠道。戴尔公司通过电话建立了一种直接向顾客销售的模式，而不是通过中间商销售。互联网出现后，戴尔公司很快看到了互联网交易的优势，于是又立刻把互联网作为分销渠道。戴尔公司之所以将其绝大多数业务通过互联网来进行，就在于其已经学会了如何让顾客更容易地采用电子化方式与企业沟通。戴尔公司是世界上最大的个人电脑直销企业。企业级顾客以及消费者可以访问戴尔公司的网站，设计并配置自己需要的个人电脑。顾客下订单之后，这台个人电脑就按照订单生产，并在数天内发送给顾客。戴尔公司是最大的大规模顾客化生产的提倡者之一，并且也是最成功的企业之一。

戴尔公司的网络直销方式对传统的分销模式提出了重大的挑战。戴尔公司认为："戴尔公司之所以在全球市场确立起领袖的位置，原因在于持续关注于将产品和服务直接销售给顾客，从而最好地满足顾客的预期。而且，因为戴尔公司的直销模式，戴尔公司的平均库存周期为5天，所以戴尔公司可以比其他非直销模式的公司更快地采用新技术。"

尽管戴尔公司的网络直销方式一直传为互联网佳话，甚至有许多公司纷纷效仿，但是戴尔公司的网络直销模式仍然面临着许多问题。

1）产品支持问题

尽管网络直销通过削减渠道成本，降低了产品的最终售价，但是在产品的售后服务方面，网络直销并无优势可言。对于戴尔公司而言，由于它把电脑直接销售给终端用户，因此当用户的电脑需要售后支持时，没有任何渠道伙伴能够帮助戴尔公司分担此部分成本。

2）顾客购买心理问题

普通营销方式下，顾客购买行为是面对面进行的。顾客可以目睹产品和销售商的情况，容易在相信自己判断的基础上产生真实感和信任感。而在直销中，尤其是在网络营销中，顾客与商家不直接接触，顾客往往会产生一种不真实或不信任的心理。这种心理的存在会产生阻止其进行购买的动机。

其实，戴尔公司在中国通过代理商分销其产品，在业界早已经是一个公开的秘密。事实上，在全国很多城市的电脑市场里，在很显眼的位置都会看到戴尔的标志。也就是说，戴尔公司早已经开始通过渠道伙伴来进行电脑的销售。看来，戴尔公司的网络直销模式在中国市场的本土化适应性问题确实值得我们深思。

8.2.5 O2O商业模式

1）O2O模式概述

O2O的概念自2011年11月引入中国以来引起了业内的广泛关注。O2O是一种将线下实体经济与线上电子商务相融合，通过互联网将线上商务模式延伸到线下实体经济，或者将线下资源推送给线上用户，从而使互联网成为线下交易的前台的一种电子商务模式。

O2O模式是互联网时代下，将线上交易和线下服务相融合的一种新型电子商务模式。对O2O模式的定义可以分为以下两种：

（1）一是Online to Offline（线上到线下）模式。这种模式是通过物联网与移动互联网将消费者带到实体店去消费或享受服务的一种过程，让手机和电脑成为线下交易的前台。此种O2O模式具有代表性的有拉手网、美团网等团购网站和去哪儿网、携程网等在线预订网站等。

（2）二是Offline to Online（线下到线上）模式。这种模式是用户通过线下实体店体验后选择好商品，并通过线上交易来完成支付。此种O2O模式适用于可以支持支付宝支付或二维码支付等在线支付工具的实体店。

不管是Offline to Online还是Online to Offline，都是线上线下达到双赢的一种消费模式，团购及在线旅游等是O2O电商模式的典型代表。O2O概念更深层次反映的是在智能终端和互联网日益普及，用户行为习惯、信息获取改变的背景下，企业在业务流程、资源配置、营销方式等方面将迎来深刻的变革。

2）O2O 的发展历程

O2O 这个概念是 TrialPlay 的创始人 Alex Rampell 于 2010 年 8 月在美国正式提出的，他以举例的形式进行说明：在美国电子商务中，每个人年均消费金额大概是 1 000 美元，但是他们的平均年收入在 40 000 美元左右，由此数据可以看出，高达 39 000 美元的差额消费都没有在电子商务中实现，剩余的钱几乎都被消耗在了健身、美容美发、饮食、旅游等方面。

在美国，Online to Offline 这个商务理念包含的范围十分广泛，只要产业链中涉及线上和线下，就能称之为 O2O。O2O 电子商务模式本身就是面向生活领域的消费，它直接影响每一个消费者对生活服务类商品的消费行为，从而将每个消费者的生活理念从为产品而消费转变为为生活而消费。

追溯我国的 O2O 电子商务模式的发展历程，虽然没有明确的定义，但也不是新兴的模式。纵观整个电子商务的发展，1999 年 10 月，作为中国领先的在线旅行服务公司的携程网就已经开通，它标志着我国开始进入 O2O 模式。早期的 O2O 模式只注重信息流的传递，服务流和资金流一般都是在线下实现的，而团购模式的出现打破了原有资金流线下实现的模式，形成了线上实现信息流和资金流、线下实现服务流和商务流的新模式，它也标志着中国的 O2O 模式发展进入了一个新阶段。虽然团购仅是 O2O 市场的一小部分，而且其发展有诸多问题，但团购这种模式让大众逐渐认识了 O2O，也具体化了 O2O 这个抽象的概念，同时将其推向了产业的前沿。

整体来看，如果 O2O 模式运行得好，将可取得"三赢"的效果，对本地商家来说，O2O 模式要求消费者网站支付，支付信息会成为商家了解消费者购物信息的渠道，方便商家对消费者购买数据的搜集，进而达成精准营销的目的，更好地维护并拓展客户。通过线上资源增加的消费者并不会给商家带来太多的成本，反而会带来更多利润。此外，O2O 模式在一定程度上降低了商家对店铺地理位置的依赖，减少了租金方面的支出。对消费者而言，O2O 模式提供了丰富、全面、及时的商家折扣信息，消费者因而能够快捷筛选并订购适宜的商品或服务，且价格实惠。对服务提供商来说，O2O 模式可带来大规模高黏度的消费者，进而能争取到更多的商家资源。掌握庞大的消费者数据资源，且本地化程度较高的垂直网站借助 O2O 模式，还能为商家提供其他增值服务。

目前，本地生活服务 O2O 市场的参与网站种类繁多。除了百度、腾讯和阿里巴巴三大互联网巨头，还有分类信息网站、地方性生活服务社区论坛、生活服务类团购网站、生活服务点评网站、生活服务优惠券网站等诸多参与者。除此之外，还存在着较多的行业细分网站。

在 O2O 1.0 早期的时候，O2O 线上线下初步对接，利用线上推广的便捷性把相关的用户集中起来，将线上的流量引到线下，主要领域集中在以美团为代表的线上团购和促销等领域。在这一阶段，O2O 具有单向性、黏性较低等特点。平台和用户的互动较少，基本上以交易的完成为终结点。用户更多是受价格等因素驱动，购买和消费频率等也相对较低。

发展到2.0阶段后，O2O基本上已经具备了目前大众所理解的要素。这个阶段最主要的特点是升级为服务型电商模式，包括提供商品（服务）、下单、支付等流程，把之前简单的电商模块，转移到更加高频和生活化的场景中来。由于传统的服务行业一直处在一个低效率且劳动力消化不足的状态，在新模式的推动和资本的催化下，出现了O2O的热潮，于是上门按摩、上门送餐、上门生鲜、上门化妆、滴滴打车等各种O2O模式开始层出不穷。在这个阶段，由于移动终端、微信支付、数据算法等环节的成熟，加上资本的催化，用户数量出现了井喷式增长，使用频率和忠诚度开始上升，O2O开始和用户的日常生活融合，成为生活中密不可分的一部分。但是在这中间存在很多看起来很繁荣的需求，事实上来自资本的大量补贴，从而导致虚假的泡沫掩盖了真实的状况。有很多并不是刚性需求的商业模式开始浮现，如按摩、洗车等。

O2O模式发展到3.0阶段，开始了明显的分化。一个是真正的垂直细分领域的一些公司开始凸显出来，比如专注于快递物流的速递易，专注于高端餐厅排位的美味不用等，专注于白领快速取餐的速位。另外一个就是垂直细分领域的平台化模式发展，由原来的细分领域的解决某个痛点的模式开始横向扩张，覆盖到整个行业。比如饿了么从早先的外卖到后来开放的蜂鸟系统，开始正式对接第三方团队和众包物流，以加盟商为主体，以自营配送为模板和运营中心，通过众包合作解决长尾订单的方式运行，配送品类包括生鲜、商超产品，甚至包括洗衣等服务，实现平台化的经营。

3）O2O的特点

O2O是将线下实体商务的机会与互联网线上的技术融合在一起，让互联网成为线下实体商务交易的前台，同时起到推广和成交的作用。O2O模式有以下特点：

（1）本地化。

O2O具有典型的区域性特点，主体业务是基于实体商业的，因此在本质上跟实体商业没有太大区别，相互间是一种对应关系。线下商家整合是O2O模式的关键。O2O平台企业要具备较强的线下商家资源整合能力，保障消费者体验。传统电商企业缺乏这方面的运营经验，这就给新创业者以市场机会。

（2）无物流。

传统电子商务的发展从发展之初就面临物流问题的干扰，并且这一问题一直困扰着电子商务的发展。亚马逊、京东商城等投入巨资建设仓储、自建物流队伍，并且这些投资成为其区别于其他同类电商的核心竞争力。依赖社会物流企业的电商面临快递业发展跟不上电子商务发展的问题，不时出现爆仓事件。而O2O模式本地消费，只需要消费者持电子凭证到店消费即可，不必面临巨额仓储、物流成本的压力。

（3）在线支付。

在线支付是O2O模式的重要保证核心。这不仅仅是因为线上的服务不能装箱运送，更重要的是快递本身无法传递社交体验所带来的快乐。但如果能通过O2O模式，将线下商品及服务进行展示，并提供在线支付"预约消费"，这对于消费者来说，不仅拓宽了选择的余地，还可以通过线上对比选择最令人期待的服务，以及依照消费者的区域性享受商家提供的更适合的服务。但如果没有线上展示，也许消费者会很难知晓商家信息，更不用提消费二字了。另外，目前正在运用O2O摸索前行的商家们，也常会使用比线下支付更为优惠的手段吸引客户进行在线支付，这也为消费者节约了不少的支出。从表面上看，O2O的关键似乎是网络上的信息发布，因为只有互联网才能将商家信息传播得更快、更远、更广，可以瞬间聚集强大的消费能力。但是，O2O的核心在于在线支付，在线支付建立了一个闭环的消费链条，真实地完成了一笔交易，是消费数据唯一可靠的考核标准。对于提供Online服务的O2O服务平台而言，只有实现了用户在线完成支付，才能实现对整个产业链条的控制，实现自身的利益诉求，并且实现对下游Offline的商业伙伴的服务控制。只有实现了消费者在线支付，才能形成完整的商业形态。在线支付确保了消费者的交易安全、用户对商家服务质量的约束，也就是靠支付宝、财付通等的担保交易以及随之所产生的真实交易的信用评价，保障用户的交易安全，同时也能用手中的信用评价权利来约束商家提供优质的服务。

4）O2O与B2C模式的异同点

（1）O2O模式与B2C模式的相同点。

①服务形式：O2O与B2C模式中消费者与商家的交易同属商业零售，即向消费者销售商品或者服务项目，两者都是借助互联网来开展在线销售的商业模式。同时，这两种模式的业务流程都是建立在互联网的基础上，通过互联网平台完成商品的挑选、支付的商业服务形式。其中，零售销售不仅包括实际物品，还包括服务项目——在B2C模式的背景下，尝试把线下的服务项目与线上的销售结合起来，实现线上到线下的消费。

②交易流程都是闭环：B2C模式的交易是从互联网开始的，首先经过结算机构，然后物流配送，最后顾客回到互联网上进行确认收货和评价；O2O模式的交易也是从互联网开始的，经过结算中心，然后到线下实体店验证，最后到互联网上进行评价反馈。通过以上分析可以看出两种模式的起止点都是互联网，这样就形成环形闭合结构，简称闭环。而这种结构的形成也是由这两种商务模式的特性决定的。

③需求预测管理都在后台。供需链管理既是O2O也是B2C成功的核心。

（2）O2O模式与B2C模式的不同点。

①侧重点不同：O2O侧重本地企业提供的服务性消费，例如，饮食、住宿、美容、美发等；而B2C模式侧重网络购物，商品的转递则依赖物流配送系统，最后完成商品消费。

②推送内容不同：O2O主要推送一些优惠券、促销信息、会员特惠等内容，不关注商品的相关信息，重点在于及时准确地推送促销资讯；而B2C推送的主要是与商品有关的信息，即商品描述，以商品描述信息为主、促销信息为辅。

③服务领域不同：O2O模式必须以服务本地化为主，加强与地方服务型企业深度融合，服务领域是互联网和实体商家；而B2C模式中用户与商家并未直接接触，所以服务领域为整个互联网市场。

④用户体验不同：O2O模式中，消费者在线上订购商品，再到线下实体店进行消费，用户可以亲身体验；而B2C商家无须开设实体店，供应商降低了渠道成本，消费者可以更便利地购物。

8.3　网络营销渠道冲突

西方有关市场营销渠道冲突管理理论根源于西方有关冲突的分析。西方有关冲突的分析最早起源于哲学和社会学，其后这两个学科关于冲突分析的成果才为管理学界所采用，并加以发展形成了现在组织行为理论中的冲突理论。随着有关冲突方面的研究成果逐渐为市场营销学者直接采用并加以发展，形成了现在有关营销渠道冲突管理理论。

尽管营销渠道的冲突管理仅仅是企业营销渠道管理的一小部分，但在某种程度上，它又是企业营销渠道管理的关键所在。实际上针对企业营销渠道的冲突问题，现代西方市场营销学者已做过比较系统的分析和研究。他们主要是从研究渠道行为来展开论述的，探讨渠道成员怎样认识、建立和处理渠道关系，也就是说，"渠道成员如何建立和利用权力，如何处理冲突，如何通过合作获取竞争优势，是西方渠道行为理论的研究重点"。

8.3.1　渠道冲突的定义

在西方渠道行为理论中，渠道冲突被定义为下述一些状态：一个渠道成员意识到另一个渠道成员正在阻挠或干扰他实现自己的目标或有效运作；或一个渠道成员意识到另一个渠道成员正在从事某种会伤害、威胁其利益，或者以损害其利益为代价获取稀缺资源的活动。

当企业通过一个以上的分销体系向单一市场出售产品时就会出现渠道冲突。在某些例子中，生产商拒绝在线销售产品就是因为害怕产生渠道冲突。为了避免这些冲突，一些生产商建立了电子商务网站来提供不同的网上产品。例如，沃尔玛就是既通过传统的商店，又通过网络来销售商品。其每个商店都经营不同的产品系列，从而避免自相残杀，使冲突降至最低。

还有一些企业不愿意冒在网上销售和疏远零售商的风险，如生产Lee和Wrangler牛仔裤的制衣商VF公司（www.vfc.com）就认为，为了从电子商务取得部分收入，而冒着放弃传统渠道大额生意的风险，实在是不值得。VF将自己的网站设计成展示网站，用以提供信息和娱乐。当消费者要购买时，网站会向他们推荐到出售该服装的相关零售商那里去购买。

8.3.2 渠道冲突的类型

1）垂直渠道冲突、水平渠道冲突和多渠道冲突

这是一种比较常见的渠道冲突分类方法，该方法从三个方面来分析渠道冲突，即从研究渠道内不同层次之间、渠道内同一层次的不同成员之间以及企业不同渠道之间关系的协调性与竞争性，来判断可能出现的渠道矛盾和冲突。据此，渠道的冲突可分为三种类型：

（1）垂直渠道冲突。这种矛盾与冲突来自同一渠道上的前后环节（层次）之间关系的不协调性：制造商与批发商之间，批发商与零售商之间，甚至包括零售商和消费者之间的利益矛盾与冲突。一般来说，垂直渠道冲突是由于企业利用外部生产或商业资源引起的。

（2）水平渠道冲突。这是由同一渠道某个环节上同类中间商之间的利益矛盾所引发的渠道冲突。这种冲突主要发生在同一渠道的经销商之间。

（3）多渠道冲突。多渠道冲突是指一个制造商建立了两条或两条以上的渠道向同一市场出售其产品时而引发的渠道冲突。当利维·施特劳斯允许它的牛仔服通过精心选择的几家百货店销售时，经营利维·施特劳斯品牌的专业店就十分不满。服装制造商自己开设商店总会招致经营其服装的百货店的不满。类似地，电视机制造商决定通过大型综合商店出售其产品也会招致独立的专业电视器材商店的不满。当一条渠道的成员销售额较大而利润较少时，多渠道冲突将变得更加激烈。

2）竞争性冲突和非竞争性冲突

渠道冲突按其产生的原因可划分为竞争性冲突和非竞争性冲突。

（1）竞争性冲突。所谓竞争性冲突，是指两个或多个渠道成员在同类或类似的市场上竞争时发生的冲突。例如，两个批发商在同一区域市场的竞争，同一区域的超级市场与百货公司之间的竞争，制造商自有零售店与并存于这一市场经销本企业产品的零售商之间的竞争。

（2）非竞争性冲突。非竞争性冲突是指渠道成员在目标、角色、政策及利润分配等方面存在不一致引发的冲突。例如，经销商、代理商对制造商的定价和促销政策持不同意见而引发的冲突；两个代理商为获得制造商较优惠的政策而相互诋毁等。

3）潜在冲突和现实冲突

渠道冲突按照其显现程度可划分为潜在冲突和现实冲突。

（1）潜在冲突。潜在冲突是指渠道成员在目标、角色、意识和资源分配等方面存在着利益上的差异和矛盾，而这种差异和矛盾还没有导致彼此行为上的对抗的一种冲突状态。

（2）现实冲突。现实冲突是指渠道成员彼此之间出现的相互诋毁、报复等对抗行为的冲突状态。

4）功能性冲突和病态性冲突

渠道冲突按其性质可划分为功能性冲突和病态性冲突。

（1）功能性冲突。所谓功能性冲突，是指渠道成员把相互对抗作为消除渠道伙伴之间潜在的、有害的紧张气氛和病态动机的一种方法时的冲突状态，这种冲突具有建设性。Thomas 和 Schmidt 认为功能性冲突一般具有以下特征：一是调和冲突无须多大的成本；二是相异的认知可产生新的、更好的观点；三是攻击行为并没有失去理智或不具破坏性，冲突有利于提高整体绩效。

（2）病态性冲突。所谓病态性冲突，是指渠道成员之间敌对情绪和对抗行为超过了一定限度并因此对渠道关系和渠道绩效产生破坏性影响时的冲突状态。当渠道成员之间缺乏理解或渠道中出现强制的官僚主义的渠道管理行为时，这些行为会导致渠道成员追逐"个体利益"的倾向。

8.3.3　互联网的渠道冲突

互联网的出现把制造商与终端用户紧密地联系在一起，越来越多的制造商开始采用网络直销的方式来直接与终端用户接触，从而降低企业成本并更好地获得顾客信息。对于电脑产品、图书、音像制品以及门票等产品的销售而言，很多中间商事实上已经退出了企业的分销渠道。所以，这种借助于互联网的直接渠道方式不可避免地对传统的中间商方式产生冲击。具体来说，导致互联网冲突的原因有以下几点：利润的重新分配，客户资源的抢夺，以及搭便车现象的影响。首先，电子商务渠道是生产者尽可能地绕过中间渠道成员，剥夺其传统的利润分配，直接与消费者进行对话，扮演新型终端，在最大化获取利润的同时搜集消费者和竞争者的信息，保持与消费者的良好的互动关系，从而不断提升消费者满意度与忠诚度，因此必然造成原有渠道的动荡，招致传统分销商强烈的抵制。其次，客户资源的抢夺也是传统渠道分销商所竭力阻止的，因为客户资源的流失会直接导致利润以及市场的流失，为了能继续生存和发展，传统分销商与电子商务之间的冲突在所难免。最后，生产商的网上销售搭了传统分销商优质服务的便车。例如，消费者在购买手机之前会到分销商处让经验丰富的销售人员详细地讲解手机的功能与优缺点，但可能不会直接在分销商处购买，而是选择回家以更低的价格在生产商或者其他分销商的网站上购买。在这种情况下，传统分销商提供了除卖出商品外的所有其他服务，但是没有取得任何收益，新渠道免费搭乘了全方位服务的传统分销商的便车。

面对这种互联网渠道造成的压力，传统分销渠道自然会产生不满情绪。据 Forrester 公司统计，已经开始在线营销的公司中，66% 的公司遇到了渠道阻力。阻力不仅来自传统分销商的抵触，还有企业缺乏零售和售后服务等方面经验的原因。例如，全美唱片零售商协会起诉Sony唱片公司，全美唱片零售商协会认为，Sony滥用其版权垄断优势，在唱片包装上印有该公司自己拥有的在线零售站点网址，诱导购买者转向网络购买，从而对经销商造成损失。"我们并不是要Sony唱片关闭其零售站点，"协会负责人说，"我们欢迎竞争，这个站点本身不是问题，但Sony利用特权把我们的客户拉到自己的在线商店，明显有悖公平竞争原则。"再比如，通用汽车开展在线零售业务不久，就遭到美国汽车经销商行会的反对。一方面，美国汽车经销商行会曾经要求包括通用在内的美国主要汽车制造商作出类似"永不直销"的承诺。但是，美国汽车经销商行会很快就发布了自己的在线零售平台，希望成员都能利用该平台进行汽车销售。因此，从另一方面看，互联网渠道是一个不可阻挡的发展趋势。

在传统经销商的压力下，许多企业也被迫对互联网渠道策略进行了一些调整。一些企业会在网上直销渠道与传统分销渠道销售不同的商品，或者制定不同的价格（在线销售的产品没有折扣或者价格高于店面零售价），甚至有些企业取消了网上直销业务。久负盛名的美国牛仔裤生产商 Levi Strauss 曾经一度开展过网上直销，但之后不久该公司就停止 levi.com 网站上的零售业务。如果用户希望在线订货，公司会把用户连接到零售商的站点。该公司对此行为的解释是：经销商的线下销售站点对用户来说更有亲和力。事实上，该公司经过调查发现，网上直销的牛仔裤只占传统分销渠道的很小一部分比例。所以，既然网上直销没有给企业带来利益，企业也就没有必要冒得罪传统渠道的风险了。

8.4　网络营销渠道设计

8.4.1　网络营销渠道的功能

商品的分销成本通常占到一个行业商品零售价格的15%~40%。这个数字表明了改善分销渠道管理对于提高企业利润率的重要作用。在手工、电话和传真等传统方式下，我国企业的分销渠道管理存在许多不足。目前，分销企业所面临的主要问题有：外地分公司、办事处、经销网点的经营状况无法实时监控；外地网点的订货、销售、库存、收入等数据和信息反馈速度慢，商品积压、缺货情况经常出现；业务流程、往来单据、经营数据采用手工记录和操作，准确性差，易受人为因素的干扰，不利于进一步的统计、分析和处理；客户需求和市场信息不能及时反馈到企业总部，经营决策者缺乏准确数据和信息的支持，从而使生产预测和商品调拨计划含有较大的盲目性和滞后性；对代理商的管理无从入手，更谈不上与代理商结成紧密的合作关系等。

互联网技术的发展为企业完善自己的网络营销渠道功能提供了一条崭新的思路，为企业低成本、跨区域地管理自己的分销渠道，提高工作效率提供了可能。

1）订货功能

用户通过企业的网站可以很方便地进行货物查询，并根据自己的需要订购货物，同时方便厂家获取消费者的需求信息，以求达到供求平衡。目前，无论是 B2C 平台还是 B2B 平台都开设了服务完善的网上订货功能。订货功能的实现通常由购物车完成，购物车的作用与超级市场中的购物篮（车）相仿，消费者选购产品后，将其放入购物车中，系统会自动统计出所购物品的品名、数量和金额。消费者在结算后，生成订单，订单数据进入企业的相关数据库，为产品生产、配送提供依据。

2）结算功能

结算功能主要用于为资金流提供服务。用户订购商品后，通过网站开辟的结算功能，可以灵活选择多种结算方式。目前，各种电子商务网站都可以提供此项功能。国外流行的几种方式有信用卡、电子货币、电子支票等。而国内付款结算方式主要有现金结算、银行转账（网上银行、手机银行等）、第三方支付（支付宝、微信等）、支票结算、银行卡支付、电子汇票。

3）配送功能

商品一般可以分为有形商品和无形商品。无形商品可以直接通过互联网进行配送，有形商品的配送，仍然需要借助传统的配送方式。这就需要对网上和网下进行整合。有的网上销售企业将配送交给专业的物流配送公司进行，依托专业物流配送公司的网络运输体系和设备，将货物快速送到客户手中。

8.4.2　网络营销渠道的优势分析

1）网络营销渠道功能多样化

与传统的营销渠道相比，网络营销渠道的功能则增强了许多，主要表现在以下几个方面：

（1）信息发布功能。利用网络，企业可以非常方便地向全世界展示企业的产品和服务。

（2）订货功能。用户可以访问网站并订购适合的产品。

（3）结算功能。用户可以通过网络选择多种结算方式支付货款。

（4）服务功能。企业利用论坛和电子邮件对用户进行售后服务。

2）网络营销渠道层次单一化

营销渠道层次就是渠道级数。由于网络营销简化了渠道级数，所以网络营销渠道呈现出单一化的特点。传统的分销渠道由参与商品流通过程的各种类型的机构组成，而网络营销渠道的中介模式为电子交易市场。电子交易市场即在线中间商，完全承担起为买卖双方搜集信息的作用，同时也利用其在各地的分支机构，承担起批发商和零售商的作用。

3）网络营销渠道间接费用大大降低

由于企业可以直接利用网络来销售数字化商品，所以企业可以节省许多以前需要支付给中间商的费用。

4）网络营销渠道缩短了供需时滞

中间商的存在不可避免地会导致企业与最终消费者之间的信息沟通和交流出现时滞。企业很难根据用户的需要来生产产品，用户的意见和想法也很难被企业所得知。而网络营销的应用很好地解决了这种问题。互联网络把企业和用户直接联系起来，最大限度地缩短了交易中的供需时滞。

8.4.3　网络营销渠道的类型

网络营销渠道主要有网络直接营销渠道、网络间接营销渠道和双渠道三种类型。

1）网络直接营销渠道

生产企业通过互联网直接向消费者进行销售，也称为网上直销。传统的中间商变成了为直销提供各种服务的中介机构，如提供货物运输的物流企业，提供网上支付和结算的网上银行，提供信息发布、商务网站建设的网络服务商等。但是目前在我国，许多企业网站访问量不多，网络直销收效不大。

2）网络间接营销渠道

除了网络直接营销渠道外，互联网上存在着许多专门为生产企业和消费者提供各种服务的中间商，其中的一些起到了传统中间商的作用，如代理、销售等。由于融合了互联网技术，网络交易中间商大大提高了交易效率、专门化程度，取得了更大的规模经济。

3）双渠道

企业同时使用网络直接营销渠道和网络间接营销渠道，以达到销售量最大的目的。

8.4.4　电子商务对传统分销渠道的冲击

1）传统分销职能向互联网转变

电子商务的发展使得许多传统的分销职能转到互联网上来进行。生产企业通过网络可以与最终用户直接进行联系，以降低中间成本。传统经营模式下的生产方式是大批量、规格化、流程固定的流水线生产，是产品的全程生产，外协加工工序较少。基于电子商务的生产方式是顾客需求拉动型的生产。

2）微笑曲线与分销渠道的变化

传统的分销渠道由生产商、批发商、代理商、零售商共同组成，它以实物转移为纽带将分销渠道的各主体连接起来，形成商品的流通渠道，这种流通渠道是单向的、静止的、实体的，渠道的每一环节都至关重要。因此，商品在流通过程层层加价，到达消费者手中时，商品价格与商品制造成本相差较大，而消费者又别无选择。

但是网络营销的出现改变了这种状况。网络营销对分销渠道的组织结构的改变主要体现在：业务人员与直销人员减少，组织层次减少，分销商与分店的数量减少，渠道缩短，虚拟分销商、虚拟的营销部门等企业内外部的虚拟组织盛行，分销系统中开始有了更开放的结构。制造商可以跨越批发商，直接与地区级的零售商签订代理协议。这种现象被称为"阴魂不散"的"微笑曲线"，如图8-9所示，可以看到，制造商和中小分销商占据了"微笑曲线"的两端，而批发商则沉重地坠下去了。

制造商　　　　　　　　　　　　　　中小分销商

批发商

图8-9　微笑曲线

网络营销的出现使得中间层次不断减少，在线销售、网上拍卖、网上采购、网上配送等新的分销形式使分销渠道呈多元化发展，分销渠道由窄变宽，由实变虚，由单向变成互动，消费者的主动性大大增加，这就是微笑曲线的本质。

3）物流的发展

电子商务的出现给传统物流带来了巨大的变革。

（1）物流观念不断更新。

电子商务在物流企业的应用可以非常容易地将分散在各地的库存信息汇集起来，企业可以高效率地对库存资源进行合理的配置。企业的整个物流观念在电子商务环境下得以不断地发展和更新。

（2）物流速度加快。

电子商务使物流企业的信息流速度加快，从而导致物流速度加快。电子商务的优势也得以充分发挥。

（3）第三方物流迅速发展。

第三方物流是指企业将物流服务外包给第三方，即专门的物流公司去完成。可以说，第三方物流将是电子商务物流发展的趋势和方向。

4）商流与物流分离程度加深

电子商务的发展使交易双方可以通过互联网来进行贸易洽谈，完成结算，而将货物的派送通过专业的物流公司来进行。因此，传统的一手交钱一手交货的方式发生了变化，商流与物流逐渐分离开来。

5）营销渠道短平化发展

电子商务的发展使营销渠道呈现短平化发展趋势。这主要表现在：中间商不断减少，分销渠道向零售渠道演化。电子商务将传统的商务流程电子化、数字化，一方面以电子流代替实物流，可以大量减少人力、物力，降低了成本；另一方面突破了时间和空间的限制，使得交易活动可以在任何时间、任何地点进行，从而大大提高了效率。

8.4.5 电子商务对分销渠道的改进

网络营销所引起的渠道冲突归根结底是由网络营销对分销渠道的改进所引起的。网络营销对分销渠道的改进体现在以下几个方面：

1）疏通分销渠道

传统的分销渠道从生产商、分销商到零售商，中间环节很多，而且各环节都各自为政，都想把自己的利润最大化，分销渠道之间的信息沟通也很不畅通。而在网络营销环境下，由于信息沟通成本低、效率高，分销渠道各环节的信息能充分沟通。信息渠道的畅通也使各环节的主体意识到，只有互相合作，才能使各方面的利益共同达到最大化。

2）细化分销渠道

在传统分销渠道中，生产商、中间商与消费者之间的沟通是间接的。网络营销的出现为分销渠道各个主体间的沟通提供了便利条件。借助于互联网，生产商与中间商之间，生产商、中间商与消费者之间都可以进行直接的沟通。通过互联网，生产商和中间商可以直接了解消费者的真实消费需求，可以直接向消费者提供产品，可以低成本地向消费者提供定制化服务，与消费者实现互动营销。

互动营销、一对一营销的兴起和实现，客户的个性化需求能够得到满足，分销渠道由粗放型变成集约型，分销渠道的细化是网络营销显著的渠道特征。

3）整合分销渠道

网络营销对分销渠道的整合主要体现在减少中间环节，使分销渠道由繁到简，由细长到扁平。

4）降低分销渠道成本

在传统商务活动中，商品需要经过多个环节才能送到购买者手中，这些中间环节必然要耗费大量的物质资源，从而增加了商品的成本。而网络营销可缩短供应链的长度，节省物质资源的耗费，从而给企业带来极大的隐含效益。

5）增加分销渠道的透明度

传统的分销渠道对供应商来说，大多数情况下是不透明的，但随着网络营销与分销渠道的结合，分销渠道的透明度可以大大增加。例如，企业通过引入全球定位系统（GPS），可以实时动态跟踪商品的在途情况。

8.4.6 网络营销渠道与传统营销渠道的整合策略

网络营销渠道的出现为分销渠道提供了新的发展空间，但不是所有的分销渠道都可以被网络所取代。例如，在网上签订订单后，如果产品不可数字化，企业仍然需要借助中间机构来完成送货、安装等活动，分销商多了一项该地理区域内的网上订单的送货任务。再比如，由于存在着许多不上网的消费者，所以企业仍然需要传统的分销渠道进行分销活动。

Internet在企业的分销活动中的作用及局限性见表8-1。

表8-1　　　　　　　Internet在企业的分销活动中的作用及局限性

Internet分销的作用	Internet分销的局限性
充分展示产品的性能	不能试用，对质量无亲身感受
及时搜集反馈信息	忽略了许多隐含信息，过于依赖顾客反应
克服市场壁垒和文化障碍	政府对经济的保护作用减弱
通过电子通信高效管理分销商	企业商业秘密容易泄漏
对企业及产品进行商业宣传	宣传对象限于网民
顾客在虚拟商场自由选择货物	受顾客网络操作技能限制
及时签订无纸订单	送货、安装仍需中间机构完成
信用卡结算	结算安全性较差
快捷、省力	适于网上直接销售的产品种类不多

所以，网络营销渠道只有与传统营销渠道相结合，才能更好地发挥作用。网络营销企业一方面要为改善外部条件积极努力，另一方面又得学会在现有条件下如何更好地生存与发展，而传统企业经过多年发展积累下来的资源，有很多是可以借鉴和利用的。网络营销强调差异化营销、服务营销，传统营销的分析行业与竞争者、确定细分市场和目标市场的原则，对于网络营销而言同样适用，传统营销的新产品开发战略、竞争战略，依然具有指导意义。实施整合的企业可以在不同的渠道之间建立良好的通信，从而在不同渠道之间进行协调，以减少和避免冲突；在产品的供货方面也应积极采取协调措施，以降低渠道之间的冲突水平；充分利用现有条件展开协调合作，相互补充，各取所长。网络营销与传统营销渠道的整合途径可以分为以下三点：

1）整合策略

在区域产品仓储、物流等方面充分利用传统分销模式，利用传统渠道方便、适时的流通模式，进行货物配送。与知名的传统渠道商展开合作，整合传统渠道的知名度、渗透力和网络渠道的方便、高效，更好地打开市场，实现快速发展。在网络营销渠道中下游，建立与顾客直接接触和进行售后服务的传统渠道，听取顾客意见，更好地进行信息反馈和客户服务，充分利用网络营销与传统营销渠道在流通渠道过程中的优势，相互结合，完善渠道功能。

2）传统经销商支持网络营销技术

传统企业应高度重视网络营销渠道，认识到网络营销渠道对于企业经营、发展的重要意义，采取相应对策：和电子商务公司建立策略联盟，建立自己的网络信息展示；建立消费者数据库，搜集、分析消费者信息，分析消费者的消费行为、习惯，与客户建立长期的关系；利用互联网进行差异化营销，大力开展网络营销。

3）利用网络营销来促进传统渠道上的销售

网络营销作为一种新的营销方式，以其优势迅速发展，因此，经销商特别是中小经销商可以考虑如何利用网络营销来促进传统渠道上的销售。

网络营销渠道与传统营销渠道的整合策略更能发挥零售企业网上网下资源的优势。跨越时空地域、传递方便、互动性强是网络营销渠道的优势，完善的物流配送、售后服务体系、全方位的商品展示空间、积累多年的供应商资源以及掌握零售业专业知识的经营人才是传统营销渠道的经营优势，随着整合的不断深入，网络营销渠道和传统营销渠道可相互结合，并行不悖。二者结合可以更好地满足市场需要，提高服务水平。

8.4.7　网络经济时代的分销渠道设计[①]

1）渠道设计的一般原理

不论是传统分销渠道还是网络分销渠道的设计，都需要遵循渠道设计的一般性原理，即巴克林（Buckling）提出的关于渠道设计的"最低用户成本"理论。

巴克林认为，分销渠道的设计受到正反两方面因素的影响：一方面因素为"订货滞后"。这是因为企业为了规避"品种不对路"的风险，希望订货时间尽可能地推迟，而且越靠近消费时间越好，这样企业就能够最大限度地获知顾客需求，从而规避订货失误的风险。另一方面因素为"订货超前"。这种思维方式考虑的是，超前订货可以帮助企业尽早了解顾客的需求，有利于规模经济效益的实现。订货滞后和订货超前这两方面因素的相互影响就决定了企业在设计分销渠道时应当以中间商为主还是以直销为主。分销渠道设计原理图如图8-10所示。

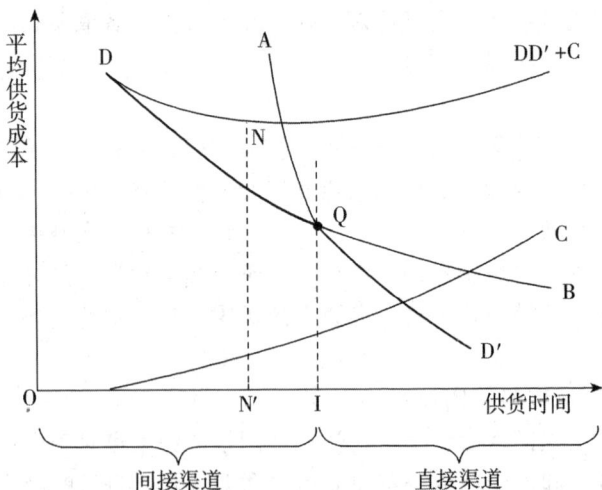

图8-10　分销渠道设计原理图

---

① 李恩东. 网络经济时代的分销渠道设计［EB/OL］.［2023-10-17］. http://www.emkt.com.cn/article/83/8350.html.

图 8-10 中的纵轴表示平均供货成本，横轴表示供货时间。C 曲线表示买方（用户）的储藏成本。由于储藏时间越长，所需备货越多，买方的成本也就越高。因此，C 曲线是一条上升的曲线。AD′曲线表示由生产者直接向用户供货的成本，因为用户所要求的供货时间越短，厂方的供货费用就越高，所以 AD′曲线是一条向下倾斜的曲线。DB 曲线代表中间商存在情况下的供货成本。与生产者的供货费用曲线 AD′一样，中间商的成本曲线 DB 也呈下降趋势，但比生产商的要平缓。因为中间商同时经销很多企业的产品，每一单位的供货成本要低于生产者。Q 点是 DB 和 AD′曲线的交点。从生产者和中间商的关系来说，如果市场允许的供货时间在 Q 点左侧，则由中间商供货较为经济，供货成本曲线为 DQ；如果落在 Q 点右侧，则由生产厂商直接供货为宜，供货成本曲线为 QD′。

但是，在进行分销渠道选择时还需要考虑用户的储藏成本。DD′+C 则代表了包括厂商、中间商和用户在内的最低总供货成本。在 I 点左侧，总供货成本是中间商供货成本和用户储藏备货成本之和；在 I 点右侧，总供货成本则是生产商供货成本和用户储藏备货成本之和，N 点表示总供货成本的最低点；N′点表示总供货成本最低时对应的供货时间。

由上述分析可以得出结论：随着供货时间的延长，单位供货成本最初是下降的，因此生产批量可以扩大，单位运费也会下降。但下降到一定程度之后，生产和运输费上的成本节约被不断上升的用户储藏费用所抵销，并最终导致总供货成本的上升。因此，渠道形式的选择，取决于最低总供货成本点 N 的落点。如果 N 的落点在 I 点的左侧，则应选择中间商供货的间接渠道模式。如果 N 的落点在 I 点的右侧，则应选择生产者供货的直接渠道模式。

2）网络分销渠道设计

随着互联网的出现，生产商、中间商和用户在获取信息方便性、交易速度和沟通效率等方面得到了提高，这就导致生产商直接供货成本曲线 AD′、中间商供货成本曲线 DB 均向下移动，并最终导致总供货成本曲线 DD′+C 向下移动和 Q 点向下移动，即总供货成本将随着互联网的发展而降低，同时随着人们生活水平的提高和整个社会信息化程度的提高，市场允许的供货时间也将缩短。

8.5 网络营销渠道与电子支付系统

8.5.1 目前的支付系统概况

支付系统是指由提供支付服务的中介机构、管理货币转移的法规以及实现支付的技术手段共同组成的，用来清偿经济活动参加者在获取实物资产或金融资产时所承担的债务。因此，支付系统是重要的电子商务基础设施之一，是网络经济良好运行的基础和催化剂。

支付系统在其最根本的意义上只不过是一种约定好的在交易各方之间转移货币价值的安排或方式而已，它为经济社会中的商品和劳务（包括资产）的交换提供便利，因此各种不同的支付系统通常是与各种不同的经济相联系在一起的。说到底，支付系统是按照什么"东西"被当作货币来区分的，经济社会曾经使用过各种形态的货币在商品交换中转移价值。从最初的实物交换发展到商品货币（如贵金属）标志着社会生产力的进步。而法定货币的出现则是支付工具发展史上的第一次飞跃，银行存款作为支付手段是货币制度的一大进步。用电子形式的支付工具完全取代纸凭证形式的现金和非现金支付工具，在技术上是完全可以实现的。人们把电子支付工具看成支付工具发展史上的第二次飞跃（或革命）。

目前的电子支付系统可以分为大额实时支付系统、银行业金融机构行内支付系统、银行卡跨行支付系统、小额批量支付系统、同城票据清算系统以及境内外币支付系统等6个系统。

现阶段我国的支付行业表现为业务量持续快速增长、资金交易规模持续扩大、社会资金交易日趋活跃等特点。支付体系的平稳高效运行，可以在加速社会资金融通、提高资金使用效率、推动国民经济平稳发展等方面发挥积极作用。

8.5.2　电子商务中的电子支付系统

电子支付系统是电子商务的重要组成部分。它指的是消费者、商家和金融机构之间使用安全电子商务手段交换商品或服务，即利用现代化支付手段，将支付信息通过网络安全地传送到银行或相应的处理机构的综合性系统。

电子商务由专网或增值网（VAN）条件下的EDI形式发展到Internet开放式网络环境下的真正意义上的电子（或数字）商务，在深度、广度等很多方面都发生了重大变化。在EDI电子商务的情况下，支付和商务交易是由不同的系统分别完成的。在Internet电子商务条件下，则要求开发相应的支付系统或对原来的支付系统做某些改变，使其能够处理Internet电子商务中的支付交易。Internet电子商务的环境要求支付从发起到最后完成资金转账的全过程都是电子（或数字）形式。

目前来看，电子支付方式大体来说是适应于电子商务环境的。与传统经济贸易相比，电子商务流程发生了巨大的改变，它通过通信设备与网络平台完成商业交易。随着经济的发展，银行业务的功能需求也相应地增加。例如，银行信用卡、理财产品、保险业务等，这些业务的有效开展是多方联合的，需要银行与保险公司、证券公司等单位合作，这种合作方式涉及网络互联问题。

银行业务在国民经济命脉中占主导地位，区别于其他单位业务范围，其安全侧重点也大不相同，这样可能导致银行网络受互联合作单位的安全威胁。因为其他单位的网络防御系统可能存在漏洞，一旦有攻击者通过这些薄弱环节远程进入银行网络，其后果是不可想象的。信息技术的拓展推动了银行业务的全国联网形式，对电子支付形成了一定程度的隐患，因为联网形式就代表着：如果一家同类银行出现网络漏洞，其他银行的电子支付安全也将面临威胁。

8.5.3 支付协议

1）安全套接层协议（Secure Socket Layer，SSL）

由 Netscape 公司提出的安全交易协议，提供加密、认证服务和报文的完整性。SSL 被用于 Netscape Communicator 和 Microsoft IE 浏览器，以完成需要的安全交易操作。SSL 采用公开密钥技术。其目标是保证两个主体间通信的保密性和可靠性，可在服务器和客户端两端同时实现支持。该协议已成为事实上的工业标准，并被广泛应用于 Internet 和 Intranet 的服务器产品和客户端产品中。

2）安全交易技术协议（Secure Transaction Technology，STT）

由 Microsoft 公司提出，STT 将认证和解密在浏览器中分离开，用以提高安全控制能力。Microsoft 在 Internet Explorer 中采用这一技术。

3）安全电子交易协议（Secure Electronic Transaction，SET）

1996 年 6 月，IBM、Master Card International、Visa International、Microsoft、Netscape、GTE、VeriSign、SAIC、Terisa 就共同制定的标准 SET 发布公告。SET 主要是为了解决用户、商家和银行之间通过信用卡支付的交易问题而设计的，以保证支付信息的机密、支付过程的完整、商户及持卡人的合法身份以及可操作性。

SET 中的核心技术主要有公开密钥加密、电子数字签名、电子信封、电子安全证书等。SET 能在电子交易环节上提供更大的信任度、更完整的交易信息、更高的安全性和更少受欺诈的可能性。SET 用以支持 B to C（Business to Consumer）这种类型的电子商务模式，即消费者持卡在网上购物与交易的模式。

SET 标准是可提供使用的开发得最成熟的标准之一。SET 涉及三方：持卡人、商户和收单人。上述当事三方将持有各自 CA 颁发的数字证书，这些证书由一系列签名支持，其中最高层次的签名是所谓根 CA。对交易各方之间的报文信息将使用相应的证书进行签名。每一方都保留一份需要签字的证书清单。例如，持卡人可能保留最近几个商家、商家 CA、品牌 CA 和根 CA 的证书。当双方开始交换报文信息时，报文中还包含其持有的证书清单，以及证书的哈希（Hash）函数值，这样可以使双方确认，他们持有相同的证书而不必浪费额外的通信开销。有些情况下，一些报文中还包含有传递新证书的附加字段。持卡人把支付指令（Payment Instruction）中的账号和支付信息的哈希函数值发送给商家。商家接到报文后，加上他自己的支付信息的哈希函数值，然后把它传递给支付网关（Payment Gateway）。商家不能查阅持卡人数据。收单人比较双方交易报文，如果一致，则交易成功。

8.5.4 我国支付体系的发展

金融是国民经济的血脉，是国家核心竞争力的重要组成部分，支付作为金融最基本的职能，为经济高质量发展提供了有力支撑。经过数十年发展，我国已经建立了以中央银行支付清算系统为中心，商业银行、清算机构、非银行支付机构等共同参与的广泛覆盖、安全高效的支付清算体系。

（1）从规模看，我国支付行业规模全球领先。2010年，中国人民银行发布《非金融机构支付服务管理办法》，颁发首批支付业务许可证，我国支付行业进入规范化发展阶段。2012—2017年，伴随我国电子商务、互联网金融、社交红包、线下条码收单等支付场景爆发性增长，第三方支付迎来快速发展期，年复合增长率在15%以上，形成"两超多强"（两超指蚂蚁金服旗下支付宝和腾讯旗下微信支付，多强包括美团支付、京东支付等钱包侧支付机构，以及拉卡拉、银联商务、收钱吧等收单侧支付机构）市场格局。2019年后，支付市场因个人客户渗透率达峰而进入平稳增长区，市场格局逐步趋稳、竞争烈度日渐提升。中国人民银行数据显示，2023年第三季度非银行支付机构处理网络支付业务3 267.9亿笔，同比增长15.8%；金额为86.77万亿元人民币，同比增长8.5%。据此估测，2023年全年非银支付业务规模将再超1万亿笔；非银支付机构平均单笔支付金额约265元人民币，符合其聚焦高频次小额交易的市场定位，与商业银行以大额、对公服务为主的职能定位形成差异化，共塑分工互补的市场格局。

（2）从社会效益上看，我国支付行业以小额、便民为服务宗旨，有效服务实体经济，降低社会运转成本，满足了1.6亿经营主体和亿万消费者的支付需求，并有效促进小微商户数字化转型。刷卡支付作为线下大额交易的主流支付方式，占据约65.7%的线下收单市场份额。截至2022年末，银联系统特约商户2 722.85万户、POS机具3 556万台，基本覆盖主要大额支付场景。条码支付自2016年兴起后以其轻便易用、零机具成本的特点快速完成市场渗透，获取大量长尾客户，特别是对小微商户、三四线地市、公共交通、工业园区等传统支付业务盲区深度覆盖。截至2022年末，我国扫码收单业务交易规模约28.6万亿元。此外，三方支付机构联合解决方案供应商通过支付收银环节逆向向上帮助商户完成数字化转型，特别聚焦于购销存、供应链管理、金融服务等领域，以"数字+支付"赋能实体经济。

（3）全球横向比较，我国支付成本处于全球极低水平，这得益于优越的金融环境、完善的通信基础设施和低成本的金融基础服务。我国个人银行账户拥有率已超过95%，人均持有银行卡6.89张，高于中高收入经济体平均水平，这为支付行业提供了充裕的客群资源，可通过规模效应分摊固定成本，进而降低单笔支付费用；金融市场方面，支付行业竞争充分，在市场竞争下支付手续费被压低至约0.38%，显著低于西方国家1%～3%的一般水平，有效降低了实体经济运行的金融成本。移动支付用户超9.43亿人，占网民整体的87.5%，居全球第一，覆盖完善、费用低廉的移动通信网络为支付行业提供了坚实支撑。特别是承担第三方支付清算职能的网联平台单边信息费率仅0.005%，如此低的费率在西方国家金融市场中是难以想象的！

8.5.5　第三方支付

1）第三方支付的定义

所谓第三方支付，就是一些和国内外各大银行签约并具备一定实力和信誉保障的第三方独立机构提供的交易支持平台。在通过第三方支付平台的交易中，买方选购商品后，使用第三方平台提供的账户进行货款支付，由第三方通知卖家货款到达、进行发货；买方检验物品后，就可以通知付款给卖家，第三方再将款项转至卖家账户。在银行和用户之外由第三方机构提供相关的交易支付服务，即第三方支付。中国国内的第三方支付产品主要有支付宝、微信支付、百度钱包、PayPal、中汇支付、拉卡拉、财付通、融宝、盛付通、腾付通、通联支付、易宝支付、中汇宝、快钱、国付宝、物流宝、网易宝、网银在线、环迅支付 IPS、汇付天下、汇聚支付、宝易互通、宝付、乐富等。

2017 年 1 月 13 日，中国人民银行发布了一项支付领域的新规定——《中国人民银行办公厅关于实施支付机构客户备付金集中存管有关事项的通知》，明确了第三方支付机构在交易过程中产生的客户备付金今后将统一交存至指定账户，由央行监管，支付机构不得挪用、占用客户备付金。2018 年 3 月，网联下发 42 号文督促第三方支付机构接入网联渠道，明确 2018 年 6 月 30 日前所有第三方支付机构与银行的直连都将被切断，之后银行不会再单独直接为第三方支付机构提供代扣通道。

相对于传统的资金划拨交易方式，第三方支付可以比较有效地保障货物质量、交易诚信、退换要求等环节，在整个交易过程中，都可以对交易双方进行约束和监督。在不需要面对面进行交易的电子商务形式中，第三方支付为保证交易成功提供了必要的支持，因此随着电子商务在国内的快速发展，第三方支付行业也发展得比较快。第三方支付主要分为两种类型：一类是独立的第三方支付模式；另一类是具备担保功能的非独立第三方支付模式。

（1）独立的第三方支付模式。

独立的第三方支付模式没有自己的电子商务交易网站。该模式是指第三方支付运营商独立于电子支付产业链上的其他部分，由第三方支付运营商为签约用户提供以订单支付为目的的增值服务运营平台。该类运营商仅提供支付产品和支付系统解决方案的运营平台，其前端为网上商户和消费者提供多种支付方法，并相应地在后端联系着与各种支付方法相对应的银行的电子接口。第三方支付运营商负责与各银行之间账务的清算，并为签约用户提供订单管理和账务查询等增值服务。

（2）非独立的第三方支付模式。

非独立的第三方支付模式也称为信用中介型模式。该种运营模式，基本是由大型的电子交易平台独立开发或与其他投资人共同开发，凭借运营商的实力和信誉与各大银行合作，同时能够为买卖双方提供中间担保的第三方支付运营模式。这种模式的运营商主要是借助电子交易平台和中间担保支付平台与用户开展业务，在交易过程中采用充当信用中介的模式，保证交易的正常进行。

2）支付宝

支付宝网络技术有限公司是由阿里巴巴公司创办的，为解决电子商务交易过程中的诚信和安全问题而提供第三方支付服务。其实质是第三方支付企业作为信用中介，在买家确认收到商品前，替买卖双方暂时保管货款的一种增值服务。这种模式使得买卖双方的交易风险得到控制，维护了网络交易的安全性。

支付宝主要提供支付及理财服务。其包括网购担保交易、网络支付、转账、信用卡还款、手机充值、生活缴费、个人理财等多个领域。在进入移动支付领域后，支付宝为零售百货、电影院线、连锁商超和出租车等多个行业提供服务，还推出了余额宝等理财服务。

支付宝业务流程如下：

（1）网上消费者浏览检索商户网页。

（2）网上消费者在商户网站下订单。

（3）网上消费者选择支付宝平台，直接链接到其安全支付服务器上，在支付页面上选择自己适用的支付方式，点击后进入银行支付页面进行支付操作。

（4）支付宝平台将网上消费者的支付信息，按照各银行支付网关的技术要求，传递到各相关银行。

（5）由相关银行（银联）检查网上消费者的支付能力，实行冻结、扣账或划账，并将结果信息传送给支付宝平台和网上消费者。

（6）支付宝平台将支付结果通知商户。

（7）网上消费者确认收货后，支付成功的，由商户向网上消费者发货或提供服务。

（8）网上消费者确认收货后，相关银行通过支付宝平台向商户实施清算。

3）支付宝的特色

（1）提供货款担保服务和"你敢用，我就敢赔"的服务承诺。

支付宝在设计之初就更多地考虑了买方利益，用户通过支付宝付款时，货款并不直接打到卖方的账上，而是由支付宝替买卖双方暂时保管，只有用户确认收货并在自己的支付宝账户中认可交易时，货款才会被转到卖方账户中。这些服务激发了用户网上交易的热情。

（2）支付宝的安全防线。

账户双重密码设置，即登录密码和支付密码，缺少任何一个均不能使资金发生流转。若同一天内出现三次以上密码输入错误，系统将自动锁定该账户，三个小时后才能解除。

短信提醒功能。在有修改密码、使用账户余额付款、申请提现、修改 E-mail 地址等操作时，用户会收到短信通知，随时掌握账户信息变更情况，确保账户安全。

双重身份认证，即身份证和银行卡认证。除通过居民身份证号码校验身份证的真伪外，还利用银行账户实名认证来校验用户的姓名和银行账户号码，极大地提高了账户的安全性。

（3）与多家银行合作，方便网上交易。

支付宝这一第三方账户最终要通过银行系统进行结算，为此，支付宝与国内外180多家银行以及 VISA、MasterCard 国际组织等机构建立战略合作关系，成为金融机构在电子支付领域最为信任的合作伙伴。

4）微信支付

微信支付是由腾讯微信及第三方支付平台财付通联合推出的互联网金融移动支付产品，其主要采用手机绑定银行卡的手段实现移动支付。用户需在微信中关联一张银行卡，并完成身份认证，即可完成绑定。之后当购买合作商户的商品及服务时，用户在支付时只需在自己的智能手机上输入密码，即可完成支付。

微信支付推出后，其支付方式有7种：公众账号支付、扫二维码支付、App支付、H5支付、小程序支付、刷脸支付、线下支付。

（1）公众账号支付。

用户在微信中关注商家的公众账号，在商家的公众号中选择自己喜欢的商品，提交订单，在商家的公众账号中完成支付。

（2）扫二维码支付。

扫二维码支付分为线下扫码和线上扫码支付两种。线下扫码支付是指用户在线下选择某商品之后，会有一个二维码生成。用户只需要扫码，并在手机端确认支付即可完成整个支付过程。线上扫码支付是指接入微信支付的商家在进行支付时，在 PC 端生成一个二维码，用户需要扫描 PC 端的二维码跳转至微信支付的交易页面，即可完成交易过程。

（3）App支付。

App支付即第三方应用商城支付，是指电商平台接入微信支付，用户在其平台进行网络交易时调用微信支付来完成交易的一种方式。

（4）H5支付

H5支付是指用户在手机浏览器中直接打开链接，然后跳转至微信支付页面进行支付的一种支付方式。相比于传统的 App 支付，H5支付更加灵活且适用于跨平台的支付场景。

（5）小程序支付

微信小程序支付是指用户在微信的小程序中使用微信支付进行支付交易的一种支付方式。微信小程序是一种轻量级应用，用户可以在微信内直接打开使用，而无须下载安装。

（6）刷脸支付

刷脸支付是指用户在微信支付时，可以通过人脸识别技术实现支付验证和授权的一种支付方式。微信刷脸支付是一种安全、便捷的支付方式，利用高级的人脸识别技术为用户提供了更快捷、更安全的支付体验。用户只需通过简单的面部识别操作即可完成支付，提升了支付的便利性和用户体验。

（7）线下支付

在实体店铺或特定场所，使用微信扫一扫完成线下支付。

5）微信支付对金融消费者的影响

（1）创新了金融支付方式，使消费更加便利。

微信支付方式主要包括微信公众号支付和扫二维码支付，两种支付方式的支付流程总体一致，用户须事先添加银行卡卡号，填写银行卡类型、持卡人姓名和身份证号码、手机号，并验证手机号，进入支付环节后，输入支付密码，即可完成交易。截至2021年底，微信支付绑卡用户已超过12亿，已与近400家银行进行合作，并拥有超过6万家服务商。就可接入银行卡类型来看，目前微信支付既支持贷记卡又支持借记卡，接入的银行已超过30家。

两者的区别在于获取购买链接的方式不同。微信公众号支付主要通过用户直接点击微信官方认证公众号的购买链接在微信平台购买产品，公众号支付包括网购、机票预订、交通卡充值、话费充值等涉及民生的各个领域。扫码支付分线上和线下支付。线下支付运用了O2O（线上对线下）模式，把线下商务与互联网充分结合，用户扫描线下静态的二维码，即可获取购买链接，生成微信支付交易页面，完成交易。线上支付即电脑端Web扫码支付，用户在电商网站购物，选择微信支付，网页就会出现二维码，用户使用微信"扫一扫"，获取链接，完成交易。

（2）创新了金融理财模式，使金融消费渠道更加广泛。

广受关注的微信理财是指通过金融机构发布的微信平台，实时查询账户余额、交易明细、信用卡账单等，也可以在线购买银行理财产品的咨询理财类服务。微信理财业务方式主要有以下两种：

"理财通"模式："理财通"产品现分为货币基金、定期理财、保险理财、指数基金四类，主要以货币基金为主，是首批接入华夏基金、汇添富基金、易方达基金、广发基金四家一线品牌基金公司的移动支付类理财产品。

"微信银行"模式：由招商银行、工商银行等与腾讯联合推出，可提供借记卡账户查询、转账汇款、信用卡账单查询、信用卡还款、积分查询等业务，同时还可提供贷款申请、办卡申请、手机充值、生活缴费、预约办理专业版和跨行资金归集、在线实时解答咨询等多种服务。

2019年10月，微信支付钱包入口上线银行储蓄（仅部分用户可见）服务，点击银行储蓄可跳转至工商银行存款产品。用户同意"工商银行定存相关协议"可免费开通工商银行存款账户，选择存入存款，三年期年利率3.85%，随时可取，并且不需要跳转到工商银行就可以操作。

（3）创新了金融与社交相结合的方式，使金融用户数量得到增长。

自2014年1月26日腾讯推出的"微信红包"与"转账"功能上线后，便迅速流行开来。"微信红包"将金融支付手段与社交紧密结合。发送方通过点击"红包"功能，选择发送红包的数量和金额，以及祝福的话语，通过"微信支付"进行支付，就可以发送给好友；接收方则在打开后获得相应收益，只需要将储蓄卡与微信关联，就可以在一个工作日后提现。而收到红包后想要提现，就必须绑定银行卡，这样一来，绑定微信支付的用户数量大增。2015年2月18日，微信支付开创春晚红包，10.1亿次收发创造了春节全民红包互动的新高潮。

本章小结

本章介绍了分销、分销渠道、网络分销渠道的概念，介绍了网络分销渠道与传统分销渠道的区别和联系。此外，本章阐述了企业分销渠道的结构和网络分销渠道的结构。网络时代中间商的相关内容也是本章介绍的一个重点。此外，本章还介绍了渠道冲突的含义和种类、网络渠道冲突的表现，以及网络营销渠道的功能、优势和类型。本章重点介绍了电子商务对分销渠道的冲击、改进以及整合，这部分内容读者需要重点学习。最后本章介绍了网络营销渠道与电子支付体系的简要内容。

本章网站资源

站长网：http：//www.admin5.com
中国家电网：http：//www.cheaa.com

复习思考题

1.我国目前的网络代理销售模式有哪些？搜索有关案例，并进行分析。

2.以冰箱行业为研究对象，分析电子商务对冰箱企业的分销体系有何影响。

3.网络分销渠道的功能价值体现在哪些方面？

4.登录亚马逊公司（www.amazon.com）、拼多多公司（www.pinduoduo.com）等网站，思考这些公司都只在网上进行产品介绍，而销售工作却由许多网上零售商与网下零售商来做的主要原因。

5.登录淘宝网（www.taobao.com）了解开设网络店铺的流程与内容，尝试开设自己的店铺。具体需要进行淘宝会员注册申请、支付宝账户激活、支付宝实名认证、我要开店测试、我的店铺设置、店铺域名设置、发布商品、下载安装阿里旺旺等。

第9章

精准营销

学习目标

了解精准营销的种类；掌握精准营销数据库的内容；了解匹配码和合并/删除技术；掌握精准营销数据库的类型；掌握布尔塞模型的基本内容，能够运用布尔塞模型分析数据库直销的可能性；掌握RFM法则的基本原理并能熟练运用RFM法则；了解数据仓库的基本概念。

9.1　精准营销概述

以前，营销人员把握消费者需求，所采用的方法是通过市场调查问卷来进行的，但是这种方法的成本是高昂的，其效果也未必都很好。随着商业自动化市场的逐渐成熟，营销人员就可以通过对商业自动化留下来的数据进行统计分析，然后挖掘和提炼出有价值的信息，帮助企业制定有效的营销策略。精准营销是一种基于大数据和先进技术的营销策略，旨在通过分析和预测个体消费者的行为和需求，以精确、个性化的方式向其传递相关信息和产品。其核心思想是将市场细分为各种特定的目标群体，然后通过个性化的沟通和定制化的营销手段，与目标消费者建立更紧密的联系，并提供符合他们需求的产品和服务。

9.1.1　精准营销的种类

精准营销有多种不同的形式和实践方法，以下是一些常见的精准营销种类：

1）个性化推荐

通过分析用户的历史行为和兴趣偏好，使用推荐算法向用户推送符合其需求的个性化产品或服务，例如电商平台的商品推荐、音乐和视频平台的推荐播放列表等。

2）定向广告投放

根据用户的特征和消费行为，将广告投放到与目标受众相关的媒体渠道，以确保广告的准确触达和最大化效果。例如基于用户兴趣的广告投放、地理位置定向广告等。

3）精准定价和促销

通过对用户数据进行分析和建模，了解用户对价格的敏感度和购买意愿，从而制定个性化的定价策略和促销活动，提高销售转化率和盈利能力。

4）社交媒体营销

利用社交媒体平台上的用户数据和社交关系图谱，进行精准的粉丝运营、口碑营销和社群活动，提高品牌曝光度和用户参与度。

5）个性化客户服务

通过整合用户的历史交互记录和反馈信息，提供个性化的客户服务和支持，例如智能客服机器人、个性化推送的服务提醒等。

6）跨渠道一体化营销

将线上和线下渠道数据进行整合和分析，实现跨渠道的个性化沟通和营销活动，提升用户体验和品牌认知度。

9.1.2　精准营销与顾客关系管理

精准营销与顾客关系管理（Customer Relationship Management，CRM）密切相关，二者相辅相成，在提供个性化、定制化服务的同时，有效管理和维护客户关系。

精准营销通过分析和利用大数据、用户行为数据等信息来深入了解客户需求，实现精确的营销目标定位。而 CRM 系统是支持精准营销的重要工具，它能够帮助企业集中搜集和管理客户信息，并在整个客户生命周期内进行跟踪和管理，从而提高客户满意度，增加客户黏性和忠诚度。具体来说，精准营销和 CRM 的关系体现在以下几个方面：

1）客户数据集成

CRM 系统能够集成各个渠道和部门的客户数据，包括购买记录、交流历史、偏好等，为精准营销提供数据支撑。

2）客户细分和目标定位

CRM 系统可以根据客户数据进行细分和分类，为精准营销提供目标受众；通过对客户群体进行分析，确定合适的定位和推送策略，并针对不同群体提供个性化的产品或服务。

3）个性化沟通和营销

CRM 系统能够帮助企业与客户建立良好的沟通渠道，通过短信、电子邮件、社交媒体等方式进行个性化的营销推送；根据客户的特点和需求，提供相应的信息或优惠，增强客户与企业的互动和参与度。

4）客户服务和支持

CRM 系统可以集成客户服务功能，使得企业能够及时响应客户的问题和需求，并进行有效的客户支持；通过记录和跟踪客户的反馈和投诉，不断改进产品或服务，提升客户满意度。

5）客户反馈和评估

CRM 系统能够帮助企业搜集客户的反馈和评估数据，了解客户对产品或服务的满意度和期望，为精准营销提供依据。企业可以通过对反馈数据的分析和挖掘，进行产品创新和改进，不断优化客户体验。

9.1.3　精准营销的特点

精准营销是基于网络平台和技术手段进行的一种营销方式，具有以下特点：

1）精确定位目标受众

精准营销可以通过搜集和分析大量的用户数据，包括浏览记录、搜索关键词、兴趣偏好等信息，从而准确地定位和识别目标受众群体。通过精确的定位，可以更有效地将产品或服务推送给潜在客户，提高营销效果。

2）个性化传播和推送

精准营销可以根据不同受众的特点和需求，实现个性化传播和推送。通过分析用户的行为数据，可以为他们提供符合其兴趣和偏好的内容和广告，从而增加吸引力和点击率。个性化的传播和推送能够提高用户的参与度和购买欲望。

3）即时互动和反馈

精准营销可以实现即时的互动和反馈。通过网络平台，用户可以与企业进行实时的沟通和互动，提出问题、提供意见反馈等。企业可以根据用户的反馈和需求，迅速调整营销策略和改进产品，满足用户的期望，提升用户体验。

4）多渠道传播和整合营销

精准营销可以通过多种网络渠道进行传播，如搜索引擎、社交媒体、电子邮件、手机应用等。不同渠道的组合和整合可以实现更全面、立体化的营销传播，提高品牌曝光率和覆盖范围。

5）数据驱动和效果评估

精准营销依靠大数据分析和技术手段，可以对营销活动的效果进行全面、准确的评估。通过数据的监测和分析，可以了解用户的行为、购买路径、转化率等指标，为后续营销策略的优化提供依据。

9.2　精准营销数据库建设

9.2.1　精准营销数据库的内容

精准营销数据库主要用于记录客户的相关信息。由于每个企业所面对的客户不尽相同，因此无法制定出一个统一的适合于所有企业的数据库内容（字段）。但是，一些基本的客户信息对于绝大多数企业的精准营销数据库而言都是应当具备的。通常而言，企业的精准营销数据库中应当具备两方面内容：

（1）用户信息。这包括姓名、年龄、性别、婚姻状况、家庭情况、受教育程度、收入、职业、通信地址、电话号码等。这些信息用以描述客户的人口统计情况。

（2）交易信息。这包括客户咨询状况、交易日期、交易数量及购买行为等。这些信息可以评价客户对企业的贡献情况，如客户是否曾经被推荐购买某种商品，其购买频率、平均购买额度是多少。

当然，如果企业的客户主要是企业，而不是消费者，那么精准营销数据库的内容就应当作相应的调整。

9.2.2 匹配码和合并/删除技术

1）匹配码和合并/删除技术的概念

在设计精准营销数据库时，会出现信息大量重复的现象。为避免重复信息的出现，需要采用匹配码和合并/删除技术。

合并/删除技术是指从每个姓名/地址记录中提取出有关此记录的缩略信息，这个缩略信息被称为匹配码。把匹配码用来和精准营销数据库中的其他记录进行比较，可以大大减少不同记录具有相同匹配码的机会，从而减轻计算机记忆功能的负担。

为了最大限度地避免重复现象，匹配码中还可加入一些其他数据，例如，唯一标志码（身份证号码）、出生日期编码，或出版物订阅的截止日期等。用匹配码并通过合并/删除系统，成千上万条记录就可以同时进行清单内、清单间的比较，从而识别出重复记录，并作特殊处理。

2）匹配码和合并/删除技术的优点

（1）取消重复的姓名/地址，节省支出并且避免客户收到重复的促销邮件后引发的不快。

（2）如果同时在两个或更多的客户清单中发现了同一姓名/地址，那么有理由相信此人是极佳的潜在客户，相关实验也证实了这一点，即同时在三个清单上出现的客户对促销的回应率比起名字只在两个清单上出现的客户要高。合并/删除过程可以找出这些特殊的客户并作特殊处理。

（3）合并/删除过程还可以有效地将一些人的名字从精准营销数据库中删除，如那些已经明确表示不希望收到某种促销邮件的人或那些信用等级很低的客户。

9.3　精准营销数据库的类型

9.3.1　客户数据库

1）依客户对交易的态度划分

（1）积极客户数据库。其中包括的基本内容有：每位客户的购买习惯、何时进行的第一次购买、购买频率、每次购买的支出、对商品和服务的偏好、客户通过哪些营销渠道获取信息等。确认积极的客户群体可以帮助企业找出某种产品的目标消费者，以便将数据库直销的注意力放在最有可能获利的客户身上。对积极的客户群体，企业应当在以下几个方面予以加强：促使他们购买相关产品；增加他们的购买数量及频率；请他们介绍新的准客户；维持他们对企业的忠诚度。

（2）不积极客户数据库。不积极客户是指曾购买过或咨询过本企业的产品，但最近一年内没有购买行为的客户。这一数据库中应包括：客户在多长时间内消极地对待企业产品；客户在多长时间内积极接受企业产品；客户在积极购买时的消费模式如何；客户最初是如何获得产品信息的；自第一次购买后客户还接受过什么样的报价等。上述信息有助于企业有针对性地采取营销策略，重新调动起这些客户的购买积极性。

2）依数据库资料来源划分

（1）自有资料数据库。它指企业对以往有交易往来的客户资料，进行有效、持续的搜集、整理、编制而形成的数据库。

（2）外部资料数据库。它指企业以各种手段从外界获得的各种潜在客户的静态资料。例如，通过各种途径，如电话簿、驾驶执照等方式获取的客户信息。

3）依客户资料的内容划分

（1）基本资料数据库。其中包括客户的基本资料记录，如客户姓名、性别、出生年月、电话、住址、家庭成员情况等。

（2）交易资料数据库。其主要内容包括：客户喜欢购买的商品种类，商品购买及付款方式，购买频率及购买数量，购买金额及金额累计。这类交易资料既可以在会计账目应收账款客户明细账中加以记载，也可以记载于平日业务往来所制作的送货通知上。

（3）促销资料数据库。其中包括通过电话、直接回函等形式与客户接触时，对有关情况的摘要记载。

4）以顾客资料搜集的方法划分

（1）顾客主动更新。正如前文所述，顾客数据库中的顾客资料在使用几年以后，随着顾客情况的变化，原有数据库中的顾客个人信息的价值就会下降。对顾客资料最了解的莫过于顾客自身。因此，企业需要采取激励措施，鼓励顾客自动更新个人数据库中的资料。

（2）通过各种活动搜集。企业可以通过开展各种活动来搜集参加者的资料。例如，通过竞赛活动，向用户发放问卷来搜集资料。因为问卷上除了有竞赛题目之外，还需要顾客填写住址、姓名、年龄、职业等内容。但是要注意的是，如果没有奖品、赠品或其他回报的激励，用户的参与率会很低，而且也很难保证内容的真实性。

9.3.2　准客户数据库

1）准客户数据库的建立

准客户是指今后有可能成为企业客户的个人或团体。在数据库直销中，客户无论多么忠诚，客观条件总会发生变化，因此对企业而言，不断发现潜在客户并同他们建立并保持联系是极为重要的。如何寻找潜在客户并编制准客户清单是建立准客户数据库的关键。在制作客户数据库时，应当以"名单必须亲手制作"为指导思想，即企业必须通过现成名单，配以问卷、调查、访问等形式亲自编制、整理客户名单，不可胡乱借用和全盘抄袭。

具体来说，建立准客户数据库需做到以下几点：

第一，将所有客户名单输入到企业的数据库中，然后寻找最有可能成为消费者的群体。

第二，利用名单、未来产品需求及现有状况制作客户剖面图，找出潜在客户的共性。

第三，考虑市场细分和产品分类，就不同的产品作不同的市场定位，并以此确定未来可能的客户群体。

第四，用"步枪"而非"霰弹枪"来确定目标，侧重于那些同现有客户特征类似的消费者市场，而非大众市场。

第五，通过初步草拟准客户名单进行试验，逐一测试。

2）准客户资料搜集的方法

企业可以利用各种现有名单，比如校友录上的电子邮件等各种方式来搜集准客户资料。另外一种搜集准客户资料行之有效的方法就是鼓励客户之间的互相介绍。例如，英国苏格兰的一家酒厂开展过一个活动，如果一位顾客能够推荐5位朋友注册成会员并购买产品，那么该顾客就有机会获得免费旅游以及参观酒厂的机会。

9.3.3　聚合数据库

消费者因其客观条件、心理特征、生活习惯等因素，在实际生活中组成了一个个各具特色的人群集合，在每一个集合中都存在特定的关系，其内部主体常常以特定的方式生活、交往着，据此就可能产生不同类型的消费者群体。为了了解和测定这些特殊群体的消费行为，企业有必要制作各种聚合数据库。常用的方法是利用人口、住房等各项普查信息进行制作。这种数据库具体可以归纳为以下几种群体集合：

1）密切关系群体

密切关系，如合伙和邻里关系，具有这种关系的群体的共同特点是有极其相似的兴趣爱好并且人身关系极为密切。在这些群体中，购买行为包括购买习惯和购买态度等，均受到共同的兴趣爱好的影响。

2）地理偏好群体

通过外部地理统计数据库，如以地区普查、街区门牌号码以及邮政编码来确定具有相同地理位置的消费者群体，从消费群范围及相互影响入手，编制数据库。

3）共同生活偏好群体（即心理特征群体）

这一群体通常是由具有共同的行为模式、心理特征的消费者组成的。

4）依据企业内部信息制成的企业数据库

企业数据库的内容主要包括企业规模、销售额、资金、员工人数以及标准工业分类等。商家应从企业本身特点出发建立有关的信息数据库，为日后的营销工作作准备。

9.3.4　数据库分析

　　使用数据库不仅可以搜集信息、细分名单，而且有助于企业进行决策。将数据库作为一种分析工具列入企业战略统计方法中，并对研究结果及数据库直销效果进行评估测验，这就是数据库分析。

　　在某些领域，如电信领域，当用户基数增长到一个量时，数据库营销就再也不是电邮、信函和电话能解决的，这时候数据挖掘技术（Data Mining）就愈加显得重要。我们的任务就是要从数以百万计的数据中，把最容易流失的客户找出来，并用有效的方式来维持这些人的品牌忠诚度。

　　数据库分析的作用包括：

　　（1）测量客户反应，对计量结果及客户反应作出记录。

　　（2）分析、解释、评价每一项数据库直销活动决策的执行情况及直销效果。

　　（3）预测未来客户反应。

　　表9-1是一个以产品市场分析内容为例的数据库分析基本结构。

表9-1　　　　　　　　　　　　　　　数据库分析基本结构

分析项目	分析内容	说明
市场特点及变化方向	市场范围；市场收益性；市场容量；销售增长率；市场集中度；市场需求；市场价格弹性值	产品总需求量；处于产品生命周期中的位置；同行业先进企业资金利润率；销售利润率；购买力、购买动机、潜在需求
产品盈亏情况	销售额或净资产；利润、利润率；盈亏临界点；敏感分析	净产值构成比例分析
产品竞争能力	市场占有率；竞争因素（找出产品发展的关键因素）	竞争结构、市场覆盖率分析；竞争因素（包括产品的性能、质量技术水平、产量、价格、销售能力、技术服务、企业信誉、管理水平等）

　　我国现阶段的精准营销还需要不断完善。首先，精准营销需要搜集和分析大量用户数据，但在此过程中，个人隐私可能受到侵犯。目前我国对个人数据保护的法律体系正在完善，但仍面临一些挑战，比如个人数据被滥用、泄露、不合规使用等问题。其次，有些精

准营销平台或企业未明确告知用户其所搜集的信息的用途、范围以及数据获取的具体渠道，导致用户对自己的信息流向缺乏了解，进而引发隐私担忧。再次，精准营销过程中需要依赖大量的数据分析和算法模型，数据的质量和准确性对于精准营销的效果至关重要，然而有时候可能会存在数据源不可靠、数据不完整、数据过时等问题，影响了精准度。最后，由于大量的广告信息和推送，用户可能会遭受到信息过载和骚扰。尤其是一些精准推送的广告可能无法准确判断用户的真实需求，给用户带来不必要的打扰。精准营销不仅仅是一种营销方法、工具、技术和平台，更重要的是一种企业经营理念，改变了企业的市场营销模式与服务模式。

9.4 布尔塞模型及其应用

9.4.1 预测直销的布尔塞模型

布尔塞模型是由30个因素（或称标准）构成的，是预测网上销售特定产品或服务成功概率的模型。"布尔塞"的意思为"靶的中心"。如果产品或服务在布尔塞模型中的打分很高，那么该产品或服务就极有可能获得网上直销的成功。

布尔塞模型的30个因素是与下述指标相关的：目标市场、产品/服务、品牌、直销、价格、促销、市场环境等。企业或个人对每个标准所提出的问题进行回答，以决定产品销售成功的概率。

9.4.2 目标市场

与目标市场相关的布尔塞标准如下：

（1）网络产品与服务对象是否针对计算机使用者市场。

互联网的使用者当然是计算机使用者，因此，如果企业把目光瞄准计算机使用者，就将有可能比那些瞄准非计算机使用者的企业在网络直销中获得更大的成功。

（2）网络产品是否瞄准早期科技使用者市场。

早期科技使用者与后期使用者相比，接受新事物和新概念的能力较强。

（3）网络产品是否瞄准较高收入阶层。

网络使用者的收入相对非网络使用者而言较高。

（4）网络产品是否瞄准受过良好教育的群体。

网络使用者一般比非网络使用者接受的教育要高。

（5）网络产品是瞄准男性市场还是女性市场。

男性市场是影响网络直销成功与否的重要因素，尤其是在亚洲市场。

（6）目标市场是否容易确定并进入。

如果目标市场的进入门槛较低，企业就会面对更多的竞争对手。

（7）互联网用户是否是目标市场的一部分。

如果产品直接面对网络使用者，或使他们产生浓厚兴趣，就会更有希望成功。

9.4.3　产品/服务

有 10 个布尔塞标准与产品/服务本身的特点相关。

1）产品/服务是否与计算机相关

如果企业的产品是与计算机相关的，那么企业在网络直销时就可能获得较多的成功机会。例如，计算机软件在网络上的销售就不错。

2）产品/服务在被购买前是否需要被看到、摸到或试用

如果产品需要让客户看到、摸到或试用，就不太可能在网络上售出。这并不是说用网络这种手段销售这类商品没有任何意义，而是意味着企业必须修订目标，应把目标确定为提高产品认知度、增强客户兴趣以及购买愿望，而不是只想着去达成交易，或者说企业应通过网络说服未来客户去零售渠道看一下，而不是一味地让客户去购买产品。

牛仔裤、蔬菜可能是在这些标准上得分很低的例子。因为人们总是喜欢在购买牛仔裤前试穿一下，而股票等商品却相反，因为在购买股票前你不必先看到它。

3）产品/服务是否容易理解、识别及认购

如果对产品的识别及认购程序能够简化并实现自动处理，那么企业可能上网销售出这种产品。

4）产品的属性如何

产品本身的一些属性如性能、质量决定了它的市场对象。

5）产品是有形产品还是无形产品或知识型产品

水果店可以通过网络销售它们的产品，却不能通过网络来派送它们的产品。但是，无形产品或知识型产品，如数字化产品，如书籍、音乐等产品，则可以通过网络来传递。

6）产品是高科技产品还是低科技产品

网络使用者比一般人更愿意使用高科技产品，因此，我们可以推断在网上销售摄影设备、智能手机等产品会比较容易。

7）产品是否属于"标准品"

"标准品"是指所售产品可以被标准化，如盐、股票等可以被看作"标准品"。客户只要知道标准品的级别或者颜色等特征，不一定非要亲眼见到产品就可以决定购买。

8）产品是否具有特殊的性能与外观

如果所售产品有独特性能或别致的外观，就可能比一般的产品更具竞争优势。

9）产品是否具有"全球吸引力"

互联网是一个全球性媒介，具有"全球吸引力"的产品就比只限于地区、国家、语种的产品销售得好。例如，如果产品的说明只用日语标注，就限制了目标市场的范围。

10）产品是否适于全球范围内直销

如一家专门生产古董家具的企业，它所生产的产品就适合于在全世界不同市场中销售，若运用网络来推销就比只在某个地区运用传统的营销手段更为有效。

9.4.4　品牌因素

许多人对从没听说过的品牌会产生不信任的感觉，这就意味着有知名度的产品在网络直销中更有市场。

9.4.5　直销

当涉及直销这个问题时，企业应该问自己如下两个问题：

第一，当地竞争对手的直销渠道是否健全。如果企业的竞争对手在当地有发达的直销系统，那么企业最好的策略就是另外选择其他城市开展直销活动。

第二，企业当前能把产品直销到全球，还是仅限于当地或国内市场。如果一个企业能把产品销往全球，那么在网络直销中就会处于较有利的地位，也会有较多的商业机会；如果企业没有这个能力，最好的办法就是在国外寻找战略合作伙伴。

9.4.6　价格

1）产品/服务的价格昂贵还是低廉

太贵和太便宜的产品在网络直销中都会遇到困难。如果客户想购买昂贵的物品，他们一般都想私下与销售代表面谈或对产品进行测试；而如果在网上销售价格低于5元的产品，则运费可能会大大超过产品的价格。

2）网上产品的价格是否需要经常变动

网上直销相对于传统营销战略的一个优势就是可以经常改变对产品的报价以及其他方面的特征。因此，经常需要改变价格的产品可能在网络直销中更为有利。

9.4.7　促销

一个在传统营销中运用大量资金进行广告与宣传的企业，在网络直销中可能会充分利用这个优势来扩大成功的可能性。

9.4.8　市场环境

市场竞争越激烈，成功就越难。这意味着如果网上有其他企业销售同样或相近产品，企业就越不容易取得网络直销的成功。

1）法律环境与市场需求

销售的成功与否是受某一产品的供给和需求水平影响的。对于某一不合法产品的大量需求可能会产生巨大的"被压抑"需求。网络是用来在全球范围内销售产品的，在一些国家合法的产品在另外一些国家就可能是非法的。只有供给与需求之间的落差越大（供小于需），企业才越容易在网络上销售出产品。

2）社会文化环境与市场需求

一种产品的潜在成功性要受到需求水平与社会接受程度的影响。需求量大但不被社会接受的产品也可能产生巨大的"被压抑"需求。如果在销售过程中需要隐藏客户姓名，那么相对于传统营销方法来看，网络直销就成为有价值的战略。

3）政治环境

在有些国家里，网络内容可能受到检查，因此企业如果销售的产品/服务不受那些国家政府的欢迎，那么网络直销的成功将大打折扣。

4）经济环境

很明显，当一个国家经济形势好时就可能很容易卖出奢侈品；在经济低落时销售奢侈产品，则很难取得成功。

5）科技环境

如果你的目标市场定位于科技不发达的小城市，那么就很难取得成功；而如果定位于那些大的城市，其基础设施及网络的使用者很多，就很可能取得成功。

9.4.9 对布尔塞模型的运用

对于企业要投放市场的产品/服务，可以根据每个布尔塞标准打分：如果产品/服务极不符合标准，计为0分或1分；如果高度符合标准，则计10分；如果与标准非常接近，计8分或9分；如果既不算太好又不算太差，根据情况计2至7分。得分系统的划分见表9-2。

表9-2 得分系统的划分

评价	得分
低（极不相符）	0或1
低/中等符合	2、3或4
中等符合	5、6或7
高度符合	8、9或10

表9-3是运用布尔塞模型对股票进行的分析。布尔塞市场得分合计数见表9-4。

表9-3　　　　　　　　　　**布尔塞模型应用——股票**

产品：股票　　　公司：某某证券公司　　　公司简介：证券中间商	
网络布尔塞模型标准	得分
目标市场	
没有专门瞄准计算机使用者市场	3
没有瞄准科技早期发明与使用者	4
瞄准了高薪阶层	9
瞄准的是受过高等教育的阶层	8
男性和女性都购买该产品	8
目标市场的辨别与进入比较困难	6
网络用户只是目标市场的一部分	8
产品与品牌	
与计算机关系不大	7
不必在购买前先看到产品	10
产品容易识别、订购	9
有形产品（但也可数字化并方便地传送）	9
既不是高科技又不是低科技产品	5
几乎是一种"标准品"	8
不是新产品，没有独特性能与外观	8
主要在国内有市场	7
是一种市场比较集中的产品	6
公司的名气不大	2
分销	
传统渠道能提供类似的产品	4
较好的国内、国际分销能力	4

网络布尔塞模型标准	得分
价格	
价格适中	7
需要经常改变报价	8
促销	
可以利用一些传统的广告宣传创造商机	5
市场环境	
合法产品	7
网络可以提供较低的成本结构及运送、服务费用	8
在网络上或市场中都有类似产品	9
社会认可产品	8
匿名并不重要	2
政治不是决定因素	2
经济发展缓慢	2
目标市场为本国及其他发达国家	6

表9-4　　　　　　　　　　　　布尔塞市场得分率

市场标准	得分	全部可能得分	得分率（%）
目标市场	46	70	65.7
产品与品牌	71	100	71
分销	8	20	40
价格	15	20	75
促销	5	10	50
市场环境	44	80	55
合计	189	300	63

最后的合计得分率63%意味着：如果一家证券公司要用网络来直销股票或者与股票相似的产品，获得成功的比率为63%。

9.5　用户精细化运营工具：RFM法则

9.5.1　RFM法则

RFM模型来自美国数据库营销研究所 Arthur Hughes 对用户数据库的长期研究，它是衡量当前用户价值和客户潜在价值的重要工具和手段，是一种针对于不同用户群体进行精细化用户分层的运营方法，通过用户数据中的消费（Recency）、消费频率（Frequency）、消费金额（Monetary）三项指标来衡量用户价值状况。

当公司需要为某项直邮或目录营销活动寻求目标受众时，可以运用 RFM 法则对所有潜在顾客进行排序，以此来识别该项活动的目标顾客或准顾客。

具体做法是：首先，根据公司顾客数据库中的成员在这三个方面的统计信息，分别为他们赋予一个分值；然后，按照该分值进行排序。这种分类法为实现利润最大化提供了基础，因为公司可以运用数据库产生的这种信息遴选出那些最有可能给公司带来最大收入来源的人。

9.5.2　RFM法则的运用

运用 RFM 法则遴选顾客的计算方法见表9-5。表中购买的近期程度的分值由顾客自上次购买至今的月份数的倒数乘以10获得；购买频率分值由顾客过去12个月内购买次数乘以2获得；购买总币值的分值由顾客购买的总币值乘以0.02取得。总评分是 RFM 法则三个部分的总和。根据该总评分的大小可以将顾客分等排序。从该表中可以看出，000005号顾客的总评分最高，其原因也是显而易见的。

表9-5　　　　　　　　　　运用RFM法则遴选顾客的计算方法

顾客编号	购买的近期程度（距离最近一次购买的月份）	权重	分值（权重/近期程度）	购买频率	权重	分值（购买频率×权重）	购买总币值	权重	分值（购买总币值×权重）	总评分	排名位置
000001	4	10	2.5	3	2	6	566	0.02	11.3	19.8	05
000002	3	10	3.3	5	2	10	788	0.02	15.8	29.1	04
000003	5	10	2.0	4	2	8	332	0.02	6.6	16.6	07
000004	6	10	1.7	3	2	6	290	0.02	5.8	13.5	08

顾客编号	购买的近期程度（距离最近一次购买的月份）	权重	分值（权重/近期程度）	购买频率	权重	分值（购买频率×权重）	购买总币值	权重	分值（购买总币值×权重）	总评分	排名位置
000005	1	10	10.0	6	2	12	1 200	0.02	24.0	46.0	01
000006	2	10	5.0	7	2	14	679	0.02	13.6	32.6	02
000007	2	10	5.0	4	2	8	299	0.02	6.0	19.0	06
000008	5	10	2.0	6	2	12	890	0.02	17.8	31.8	03
000009	7	10	1.4	2	2	4	243	0.02	4.9	10.3	09
0000010	11	10	0.9	1	2	2	125	0.02	2.5	5.4	10

9.6 大数据与网络营销

在讨论本节内容之前，我们首先需要明确一个问题——什么是数据？简单而言，数据就是从不同的角度描述客观事实的特性，并记录下来。就像写日记，通过书写的方式，记录下对所见所闻的描述。企业、政府在其存在发展的过程中，存储了大量有价值的数据。这些数据最重要的价值就是为了指导未来的各项业务行为，尤其是一些决策行为。那么如何利用这些数据来指导决策行为呢？这就需要通过数据挖掘和数据分析，发现各种数据信息之间的人所未知的联系，即找到几种数据之间的规律。通过这种规律以及当前的数据情况，预测将来的另一些数据的情况。

在现代的网络营销中，很多企业在进行营销的过程中其实不缺少数据资源，而是数据太多了难以处理。企业拥有客户信息、市场信息、销售及服务信息，如果将这些数据综合起来，毫无疑问规模巨大，如何利用这些数据将成为一个巨大的挑战。互联网时代下的网络营销就是需要利用大数据对企业内部的营销方案进行抉择，所以，计算机大数据处理技术是非常重要的。

根据中文互联网数据研究资讯中心的定义，大数据是指那些用现代常规处理技术不能处理的海量数据，这些数据对于传统计算来说是可望而不可即的。大数据的数据量随着时间时时刻刻在不断增长。IBM认为可以用4V来概括大数据的性质，分别为数量巨大、种类多样、速度快及具有极大的价值。

9.6.1　数据仓库的层次

发现两个看似毫无关系的数据之间的某种联系时，就意味着找到了一种新的规律，那么随之而来的就是一组根据新规律出台的决策。这就是数据仓库和数据挖掘技术存在的目的——找出规律，辅助决策。

数据仓库技术可以看成一整套技术，数据仓库和数据挖掘技术只是其中的代表技术。数据仓库的层次如图9-1所示，数据仓库这一整套技术可以按照事先的功能被分为几个层次。

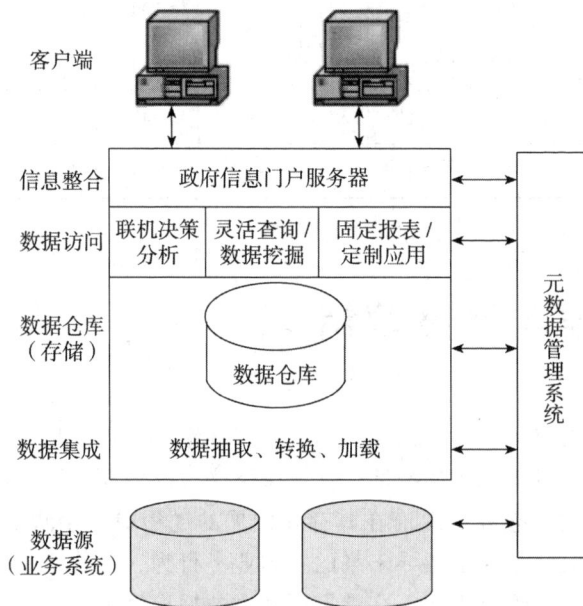

图9-1　数据仓库的层次

1）数据源

数据首先被各个业务系统搜集，并储存在业务系统各自的数据库中，这些数据库就是数据仓库的数据源。

2）集成层

集成层是通过对数据源中的数据的抽取、转换、加载，有选择地把数据转换成共同的格式，并存储到数据仓库中。

3）存储层

数据被按照某种规则存储在数据仓库中，就像超市的大库房一样，虽然有非常庞大的数据量，但是存储得井然有序。

4）访问层

当需要分析或者处理一些数据时，就要对数据仓库的数据进行访问。这些访问包括联机决策分析、灵活查询/数据挖掘、固定报表/定制应用。联机决策分析，顾名思义，就是联合计算机，对现有的决策进行结果预测，分析预测结果。灵活查询中所谓的"灵活"，是指通过这种查询，可以将原本处于不同数据源的多个数据联系在一起，如当用户进行查询时，他可查询某个人的缴税情况、是否有某些不良记录、个人信用情况、工作情况等信息（很显然这些信息是分属税务部门、公安部门、银行等不同机构的数据）。但是只要这个用户有足够的权限，他只需在查询终端选择查询这些项目，并输入所要查询的人的姓名、身份证号码等信息，这些一连串的信息他就能够立刻得到。数据挖掘的目的也如同这个技术的名字，深度挖掘以寻找到数据之间的相关性，例如，数据 x、y、z 如何变化，会导致数据 m、n 的何种变化，就是前文所说的找规律。固定报表/定制应用的原理差不多，就是在固定的某个时间点，把数据仓库中的数据按照某种特定的格式编制成某种特定的报告。就像财务报表，格式是固定的，计算机所做的就是从数据仓库中找出对应项目的数据，然后将这些数据添加到表格里。

5）信息整合层

企业信息门户服务器实际上起的作用就是整合这些访问服务。试想一下，如果一个企业的网站具有访问各个服务的接口，即能够实现所有上述服务，那岂不是很方便且实用。有了这么一个门户服务器，所有的用户只需要访问这个门户，就可以对所有的数据按照自己所需要的模式进行访问。

6）元数据管理

元数据是关于数据的数据。它是对数据仓库中数据和环境的描述。如果把存储在数据仓库中的数据看成大型超市仓库中的货物，元数据就是描述这些货物所在位置、种类属性及数量的数据。元数据的存在是为了管理数据仓库中的数据。

9.6.2　数据仓库技术简述

1）数据集成

开始的时候，数据仓库需要从不同的业务数据库中取得数据。但是这些数据库系统由于建立时间不同、系统选择不同、开发人员不同等原因，其硬件环境和软件环境各不相同，数据结构不统一。有的数据库用"0"和"1"来分别表示男和女，但有的数据库是用"M"和"F"来表示男和女。有的数据库用字符串格式的信息表示日期，而有的数据库使用标准时间格式的信息来表示日期。

另外，很多数据资源被存储在不同的格式文件中，如 Word、Excel、Xml、WPS 或其他文本格式的文件。有的办公人员喜欢用 Excel 处理表格，但是有的办公人员不会使用 Excel，所以使用 Word 或 WPS 处理表格。

但是在数据仓库中，所有的这些信息是要以一种统一的类型和格式来表示的，所以数据仓库在集成信息的时候必须从不同类型格式的文件中提取数据，并转化成统一格式，最后加载到数据仓库中。

这个集成的过程可以被笼统地分割成数据抽取（Extract）、转化（Transformation）和加载（Loading），即常说的ETL。这三个过程的名称就形象地说明了其功能。首先是从数据库系统或各种文件中提取出有用的数据，即"抽取"；再对这些数据进行改造和清洗，把数据项转换成统一格式，并确保信息的正确性、有效性和有意义性，即"转换"；最后把统一了格式的文件载入数据仓库，即"加载"。

2）数据存储

数据仓库的一个突出特点就是庞大的数据量。它对于数据量的要求远远大于普通的事务处理对数据量的要求，而且，数据在数据仓库中的存储时间往往为5~10年。所以，随着时间的推移，数据仓库中的数据量会累积得越发庞大。庞大的数据量必然引发一个问题，就是数据管理的效率问题。

那么数据仓库是怎么解决这个效率问题的呢？

首先，确保选用合适的数据库系统。数据仓库一般采用多维数据库或关系型数据库。这两者的技术原理在这就不作介绍了，但是值得一提的是，目前企业级的数据仓库主要使用关系型数据库或后关系型数据库，因为这两者在处理大数据量时性能更优秀，更具灵活性。

其次，确保引擎的强大功能。汽车引擎的生命是它的速度，而数据仓库的引擎也一样。数据仓库的引擎可以说是在原有数据库引擎技术基础上的进一步优化的技术。它可以大大减少输入输出操作，并能够以传统关系型数据库管理系统的10至100倍速度执行查询，可以将可管理的数据规模扩大至几百TB（1TB约等于1万亿字节）。这样就保证了数据仓库的存储能够兼顾数据量和查询效率。

3）数据的访问与分析

很多重要的计算机应用系统都属于决策支持系统。顾名思义，就是通过对大量客观现实的归纳和整理，分析得出某种报告，借此来辅助系统使用者进行决策。本节所讲的数据挖掘技术也属于这种决策支持系统。实际上建立在数据仓库基础上的数据分析技术还有另一种，就是联机分析处理（OLAP）。OLAP能够从数据集合中搜集信息，并运用数学运算和数据处理技术，灵活、交互式地提供统计、趋势分析和预测报告。而数据挖掘（DM）是从大量的数据中抽取出潜在的、不为人知的有用信息、模式和趋势。数据挖掘的目的在于提高市场决策能力，检测异常模式，在过去的经验基础上预测未来趋势等。

（1）OLAP。

首先来看看OLAP。OLAP技术是一种对数据的多维分析技术。

那么读者可能要问，维是什么？在几何数学上，把直线称为"一维"，平面称为"二维"，立体的图形称为"三维"。原因在于，如果想通过坐标轴确定一条直线上的某个点的位置，只需要一个x值；如果要确定平面上的一个点的位置，需要x和y两个确定的值；而如果要确定空间上的一个点的位置，需要通过x、y和z三个确定的值。由此可见，"维"可以看作描述一个点所需要的因素，有几个因素就称作"几维"。

在现实生活中的事物，如果要对它进行描述，往往需要通过很多不同的因素。当描述一种物品，比如一张桌子的时候，就会涉及名称、质地、新旧程度、形状、产地、材质等因素，这些都可以称为"维"。当描述一个事件的时候，比如"销售"事件，这就涉及时间、地点、销售员、客户和产品类型等诸多因素，这些因素都被称为"维"。每一个因素又是由不同的属性来描述的，如"销售员"包括员工标志号、姓名、电话、年龄、地址等信息属性，这些属性也都是"维"。

前文提到了多维数据库和关系型数据库两种数据存储系统。根据这一点，OLAP 也分为两类：一类是基于多维数据库的 MOLAP（Multi-Online Analytical Process）；另一类是基于关系型数据库的 ROLAP（Relation-Online Analytical Process）。这两类 OLAP 在工作流程上有一些区别：前者可以直接从多维数据库中抽取数据，直接使用，而后者需要先利用关系表模拟出多维数据库，然后取用。

那么 OLAP 是怎样工作的呢？用户先提出问题和假设，之后 OLAP 负责提取出关于此问题的详细信息，并从多个角度观察分析，最后以一种直观的形式向用户呈现分析结果，如柱状图、折线图的形式。

OLAP 可以用很短的时间分析处理大量的数据，从而能够大大提高工作人员的工作效率。其实，OLAP 能够做到这一点的主要原因在于它是基于计算机的强大处理能力。实际上，OLAP 并不神秘，它的分析方法基本遵循了统计学的分析原理。在 OLAP 中，用来说明这些分析方法的专业术语包括"钻取"、"切片"和"旋转"。其实这些术语很形象，看了下文的介绍和配图，读者就能一目了然。

所谓"钻取"，意思是在一个"维"内部沿着层次从上到下或从下到上的方向考察数据，它包括"上钻"和"下钻"。前文介绍过"维"的概念，每个维下面还有好多个维，而这些维下面也有各自的维，以此类推。就好像"学生"这个维可以分为"小学生""初中生""高中生""大学生"这些维。而"小学生"这个维下面又有"一至六年级"这六个维。"三年级"下面还有班级的维，班级的下面还有小组的维……所以"钻取"就是对这些一步一步深入的维的数据情况的描述。例如，对"小学生三年级四班一组"的数据的考察，就被称作"钻取"。钻取示意图如图 9-2 所示。

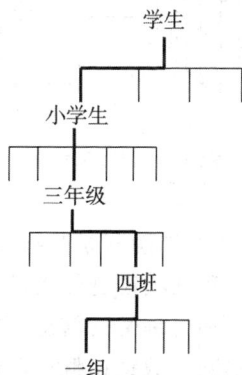

图9-2　钻取示意图

所谓"切片",是指固定某些维成员,用切片的方法对其他维进行观察。以前文提到过的销售为例。"销售"事件,包括时间、地点、销售员、客户和产品类型等这些维。对其进行"切片",比如确定"客户"这个维中的成员"张先生",研究其他维的数据情况,即这位张先生曾经在什么时间,在什么地点,由哪些销售人员为其服务,买过什么产品。图9-3是将维简化成切片的示意图。

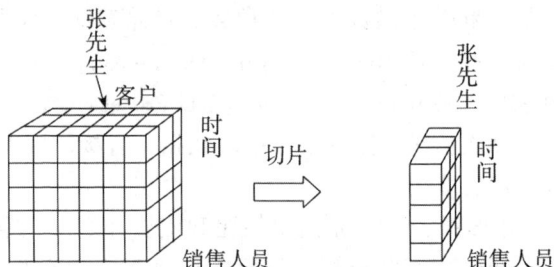

图9-3 切片示意图

所谓"旋转",是指按不同顺序组织各个维,对结果进行考察。在一开始学习函数的时候,x被称作自变量,y被称作因变量。例如,y=x+1,函数所研究的是当x发生变化的时候,y是怎么变化的。但是如果把这个函数变成x=y-1,就可以把x看作因变量,y看作自变量,这个函数就是研究当y发生变化时,x是怎么变化的。"旋转"也是这个意思。还是用"销售"的例子来说明,我们可以以时间为基础,通过时间的变化研究地点、产品等维度的变化,如2019年8—10月,不同销售地点的销售产品情况和客户情况,也可以把它"旋转"过来研究,以地点为基础,研究其他维的变化,如在北京、上海、广州的不同销售网点,都在什么时间将什么产品卖给了哪些客户,这就是"旋转"。旋转示意图如图9-4所示。

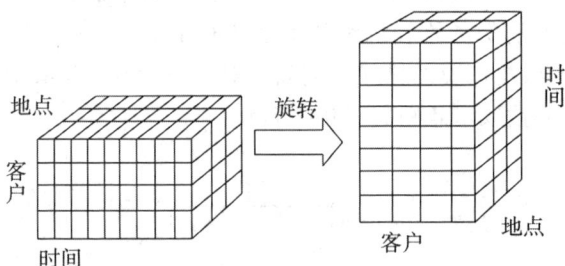

图9-4 旋转示意图

(2)数据挖掘。

再来看数据挖掘。数据挖掘的基本思想就是从海量的数据中寻找到数据间潜在的关系,发现被忽略的规律,从而预测趋势或辅助进行决策行为。数据挖掘是从数据中抽取正确的、有用的、以前未知的、综合的和可理解的信息,并使用该信息作商业决策的过程。

与由用户驱动的联机分析处理不同,数据挖掘可以说是数据驱动的。它是一种知识发现的方法。数据挖掘工具可以自动挖掘数据之间的潜在模式，建立新的业务模型，帮助决策者进行正确决策。

数据挖掘的关键技术包括以下几项：

①关联技术。

两个或多个变量的取值之间存在某种规律性，就可以认为变量之间存在关联关系。从大量的商务事务记录中发现潜在的关联关系，可以帮助人们作出正确的商务决策。

②分类。

首先通过已知的历史数据建立起分类的模型，不同的类有不同的标记，也有不同的分类规则。其次再对这些不同的类别作出准确的描述或建立分析模型、挖掘的分类规则。在处理数据时，通过对数据属性的分析，将数据归到合适的类中。不同的类之间属性的区别很明显。最后基于某一个类的共同特征即已存在的预测模型，提供预测和决策支持。这就像是路边的分类垃圾箱。垃圾被按照不同的属性投到不同的垃圾桶。不同的垃圾桶中的垃圾处理方式不同，相同垃圾桶内的不同垃圾处理方式相同。不可回收垃圾桶内的垃圾被拉到掩埋场，可回收的垃圾被拉到不同的回收工厂进行二次加工。

③聚类。

聚类也是根据一定的聚类规则把整个数据分成不同的组。但是聚类与分类不同，分类在一开始时用户知道数据可以分为几类，而聚类之前用户并不知道把数据分为几类，也不知道分类的标准，聚类分析的数据集合都是未知的。

9.6.3　大数据的作用

1）大数据在网络营销中的必要性

前文介绍了数据仓库与数据挖掘技术的原理，现在我们来讨论大数据在网络营销中的必要性。

（1）解决信息孤岛的难题。

在目前的电子商务环境中，许多企业的各个部门各自为政，信息互不沟通。电子商务的一大基本思想就是打破这种信息孤岛的模式，将所有部门的信息联通、整合。应用数据仓库，就好像是又成立了一个专门负责存储及整合各个部门的信息的中间机构。通过这个中间机构，部门之间就可以实现一方输入、多方共享的信息整合模式。

（2）将历史数据变废为宝。

企业各个部门存在并运营多年之后，必然产生大量的数据。当无法对这些数据进行分析和处理时，这些信息只会占用存储和维护资源，但是应用了联机分析处理和数据挖掘技术，就可以对这些历史信息进行有效的分析和处理，发现未知的规律来指导未来的工作，这也是变废为宝。

（3）降低成本。

最直接的成本降低表现在：以前各个部门信息孤立，相同的信息大量重复存储，严重浪费存储资源；而应用数据仓库整合了这些信息之后，各部门的信息被整合在一起，不再有信息大量重复的现象，节约了存储成本。这就是最直接的成本降低。另外，在信息搜寻方面，更是节约了不可估量的搜寻成本。

（4）辅助决策。

这是数据仓库和数据挖掘技术的核心功能。应用联机分析处理技术和数据挖掘技术，可对数据仓库中的海量数据进行分析，找到隐含的或规律性的信息，从而作为企业高层出台重大政策、规章的决策依据。

2）基于大数据的网络营销模式

随着科技的发展，计算机技术应用于网络营销模式中，这样能够将大量的有用信息进行汇总，使之成为一个大数据的网络营销模型。在互联网时代下的大数据网络营销模式中，想要营销能够正常地运行，需要不断探索新的网络营销模式。

（1）基于大数据的商品关联挖掘营销。

网络营销中的经典案例——啤酒与尿布。当啤酒和尿布摆在一起时，会使尿布和啤酒的销量大幅上升。超市经营者是在发现了这两者之间的关系后，再探究其原因的。因为美国妇女很多都是家庭主妇，她们一般不自己出门采购，而是让丈夫下班回家后顺路去超市给孩子买尿布；同时，美国人又爱喝啤酒，于是买尿布的时候就顺便买了啤酒，这样使得尿布与啤酒形成了关联。因此，大数据挖掘的基础是发现各个数据之间的关联、关系。在大数据环境中，单独的碎片数据再多也难以实现其价值。所以，中国企业在运用大数据技术的时候，要对原有数据进行分析，建立起各个数据之间的联系，把各个方面的数据打通，如在手机号码、住址等方面寻找联系。

（2）基于大数据的社会网络营销。

这种网络营销模式产生的数据量比较大。比如，网易云音乐利用用户对于音乐的收听数据，精准分析出用户的音乐偏好，并在首页向用户推荐音乐条目，极大地改善了用户体验，进而提升了用户留存率。再比如，优衣库利用线上与线下的双向引流，线上下单，快递到家或门店自提；线下试衣，也可以回到线上下单快递到家；通过商铺电子码，实时查询每件产品的颜色、尺码和相关店铺的库存信息，还可以查询最近门店。

（3）基于大数据的用户行为分析营销。

基于大数据的用户行为分析营销模式主要是对用户的上网数据进行记录和客观分析，分析出有价值的客户，然后合理地实施营销计划。比如，云信这种社交工具就具有很强的自行分析能力，它能够根据消费者对产品的评价和社交的历史记录分析出消费者对产品的态度，然后建立消费者购买欲望模型，并且对其进行系统的分析，再根据分析后的结果有针对性地选择客户，为以后的网络营销提供可靠的客户。

（4）基于大数据的个性化推荐营销。

大数据个性化推荐营销在网络营销中也是非常重要的模式。在很多社交中，一些论坛、社区和微博等大型的社交平台，用户完全能够根据自身的爱好建立自己的社交圈，建立起属于自己的交友圈子，在自己的交友圈中可以随便发布自己想要发布的信息。这些信息对广告企业来说有很大的利用价值，通过信息能够分析出消费者的心理需求。这种个性化的营销模式利用了网络传播速度和庞大的社交群体优势，这种形式在网络销售中是非常重要的部分。为此，一些分析工具源源不断地出现在大家的视野中，这些分析工具与普通的分析工具不同，它主要通过个性化算法进行有针对性的营销。

（5）基于现代通信工具的大数据分析营销。

现代通信数据分析营销应用也非常广泛，比如淘宝的量子恒道统计。量子恒道统计包括两方面：一方面是量子恒道网站统计；另一方面是量子恒道店铺统计。量子恒道网站统计主要为个人站长、个人博主、网站管理者、第三方统计等用户进行流量监控、数据分析，通过这些数据分析发现用户访问网站的规律，并作出相应的网络营销策略。量子恒道店铺统计是为淘宝旺铺设计的店铺数据统计系统，通过统计访问店铺的用户行为和特点，了解用户喜好，为店铺推广商品展示提供充分的数据证据。

本章小结

本章介绍了数据库直销的种类、营销数据库的内容以及匹配码和合并/删除技术，读者应当对这些概念有基本的了解。本章详细介绍了营销数据库的类型、布尔塞模型及其运用，学习完本部分内容后应当能够运用布尔塞模型来判断某种产品是否适合进行网络直销。本章还详细阐述了RFM法则的基本原理，熟练运用RFM法则分析问题也是必备的能力。最后本章介绍了数据仓库和大数据方面的相关内容。

本章网站资源

SAS公司：http：//www.sas.com

复习思考题

1.假设你的目标客户为大学生，为他们设计一个数据库。

2.运用布尔塞模型分析网络直销摄影器材的可能性。

3.请以腾讯、阿里巴巴等公司为例，分析为什么数据库是各种营销模式的基础。

4.阅读以下内容，分析大数据将如何应用于营销领域。

瑞幸咖啡为打破星巴克的咖啡市场垄断地位，利用移动端进行产品宣传，其"免费策略"以及"裂变机制"为其占领了广阔的市场。通过大数据分析，瑞幸还能得到顾客购买习惯、具体口味、消费频率等数据，能够帮助瑞幸对客户群体进行细分，明确目标客户，这为其选择商铺位置、推出优秀的营销方案提供了数据基础。

5.运用RFM法则对表9-6进行分析。

表9-6　　　　　　　　　　　　RFM法则计算表

顾客编号	购买的近期程度（距离最近一次购买的月份）	权重	分值（权重/近期程度）	购买频率	权重	分值（购买频率×权重）	购买总币值	权重	分值（购买总币值×权重）	总评分	排名位置
000001	4	10		2	2		267	0.02			
000002	5	10		1	2		189	0.02			
000003	2	10		5	2		872	0.02			
000004	1	10		6	2		1 300	0.02			
000005	1	10		8	2		1 639	0.02			
000006	5	10		5	2		951	0.02			
000007	3	10		4	2		626	0.02			
000008	2	10		2	2		219	0.02			

第 10 章

电子化客户关系营销

学习目标

了解客户关系的产生、概念，能够正确认识客户关系营销；掌握客户的价值、营销金字塔的内容；掌握虚拟社区的相关内容；掌握客户关系营销的内容；了解Cookie。

客户关系营销是网络营销中的重要内容，可以说在本书中，所有的章节都是以客户关系为核心来讲授的。本章主要将对客户关系营销理论进行归纳性的介绍和阐述。

10.1 客户关系管理概述

10.1.1 客户关系管理的产生

客户关系管理最早由 Granter Group 提出，目的在于建立一个系统，使企业在客户服务、市场竞争、销售及支持方面形成彼此协调的全新的关系实体，为企业带来长久的竞争优势。

最早发展客户关系管理的国家是美国，在1980年年初便有所谓的"接触管理"（Contact Management），专门搜集客户与公司联系的所有信息。到1990年，"接触管理"演变成电话服务中心支持资料分析的"客户关怀"（Customer Care）。

从20世纪80年代中期开始，许多公司进行了业务流程的重新设计，采用了企业资源计划（Enterprise Resource Planning，ERP）。由此，企业完成了提高内部运作效率和质量的任务，可以有更多的精力关注企业与外部相关利益者的互动，以便抓住更多商业机会，客户关系管理（Customer Relationship Management，CRM）应运而生。

最初的 CRM 在20世纪90年代初投入使用，主要是基于部门的解决方案，虽然增强了特定的商务功能，但未能体现企业整体的竞争优势。于是，20世纪90年代中期出现了整合交叉功能的 CRM 解决方案，把内部数据处理、销售跟踪、国外市场和客户服务请求融为一体。CRM 这一概念直到20世纪90年代末才开始深入到企业中。

10.1.2 客户关系管理的含义

客户关系管理至今还没有一个公认的定义。一般来说，客户关系管理是指对客户关系进行管理的一种思想和技术，即一种"以客户为中心"的经营理念，它借助于信息技术在企业的市场、销售、技术支持、客户服务等各个环节的应用，以改善和增进企业与客户的关系，实现以更优质、更快捷、更富个性化的服务保持和吸引更多客户的目标，并通过全面优化面向客户的业务流程使保留老客户和获取新客户的成本趋于最低化，最终使企业的市场适应能力和竞争实力有一个质的提高[1]。

---

① 皮伯斯，容格斯. 客户关系管理［M］. 郑先炳，邓运盛，译. 北京：中国金融出版社，2006.

10.1.3　正确认识客户关系管理

1）客户关系管理不仅仅是销售商与客户的关系管理

在许多人的观念中，客户关系管理就是指企业与终端客户之间的关系。但实际上，企业与客户的关系管理只是客户关系管理中的一个部分。客户关系管理实际上是指企业供应链之间关系的管理。它包括企业与所有上下游企业和终端客户之间的关系。如果仅仅认为客户关系管理就是企业与终端客户之间的关系的话，将会对企业的行为产生很大的误导。因此，良好的客户关系不是售后服务就能够做到的，客户服务是全过程的个性化服务，不是售后补救。

2）客户关系管理不等于CRM软件

客户关系管理是建立在CRM软件的应用基础之上的，没有CRM软件也就不可能有客户关系管理。但是，如果过分夸大CRM软件在客户关系管理中的作用，就会产生许多问题。许多企业购买CRM软件，期望CRM软件能够解决企业经营中的所有问题。虽然借助于CRM软件在企业管理中的应用和实施，企业可以提高竞争力，但是CRM软件的应用不能替代企业改革。所以，单纯依靠CRM软件来解决问题是不可能的。

3）客户关系管理的目的不是与所有客户建立稳定的关系

企业实际上不可能，也没有必要与所有的客户建立稳定、良好的关系，因为总有一部分人不是企业的忠诚客户，甚至不会成为企业的客户。客户关系管理的作用就在于从所有人当中识别客户的忠诚度，确定客户的价值，分析客户的行为特征，并作出相应的决策。

4）客户关系管理是建立在价值上的

客户关系不是企业简单地与客户"常联系""多关怀"就能够建立和维持的。客户关系本质上是一种利益关系，是由客户能够从企业提供的产品和服务中所获得的价值决定的。如果企业的产品和服务不能满足客户的需求，再怎么进行关系管理也是没有用的。

10.1.4　客户关系管理的内涵

1）客户是企业发展的最重要的资源之一

在人类社会从"产品"导向时代转变为"客户"导向时代的今天，客户的选择决定着一个企业的命运，因此，客户已成为企业最重要的资源之一。CRM系统中对客户信息的整合、集中管理，体现出将客户作为一种企业重要资源的管理思想。在很多行业中，完整的客户档案或数据库就是一个企业颇具价值的资产。

2）对企业与客户发生的各种关系进行全面管理

对企业与客户间可能发生的各种关系进行全面管理，将会显著提升企业营销能力、降低营销成本、控制营销过程中可能导致客户不满的各种行为，这是CRM系统的另一个重要管理思想。

　　3）进一步延伸企业供应链管理

　　CRM技术作为ERP系统中销售管理的延伸，借助Internet技术，突破了供应链上企业间的地域边界和不同企业之间信息交流的组织边界，建立起企业自己的B2B网络营销模式。CRM与ERP系统的集成运行解决了企业供应链中的下游链管理，将客户、经销商与企业销售全部整合到一起，实现企业对客户个性化需求的快速响应，同时也帮助企业清除了营销体系中的中间环节，通过新的扁平化营销体系，缩短了响应时间，降低了销售成本。

10.1.5　客户关系管理的功能和作用

　　CRM的基本功能包括客户信息管理、时间管理、联系人管理、销售管理、潜在客户管理、电话管理、电话营销、营销管理、客户关怀，有的还涉及呼叫中心、合作伙伴管理、商业智能、知识管理、电子商务等。其中，客户信息管理、营销管理、销售管理和客户关怀是CRM的四大重要功能。

　　CRM的具体作用如下：管理客户资料，提高市场营销效果，为生产研发提供决策支持，是技术支持的重要手段，为财务金融策略提供决策支持，为适时调整内部管理提供依据，优化企业业务流程，改善企业服务，提高客户满意度，实现资源共享，提高企业工作效率。

10.1.6　客户关系管理基础理论

　　1）客户关系管理的目标、原则、层次

　　客户关系管理主要是为了维持、增进与老客户的关系，挖掘增长潜力；开拓新客户，达到客户满意。归纳起来，客户关系管理的目标有三个方面：①提高效率；②拓展市场；③保留客户。

　　客户关系管理的原则：①客户中心原则：以客户为中心。②一致性原则：企业各个部门一个声音对外。③战略原则：把客户关系管理放在战略高度。④老客户优先原则：保留老客户甚于拓展新客户。

　　客户关系管理分为四个层次，见表10-1。

表10-1　　　　　　　　　　　　　CRM的层次结构

层次	特征
理念层	以客户为中心，提高客户满意度
执行层	企业各个部门一个声音对外
原理层	市场营销、网络营销
软件层	前端：客户前台软件、客户服务软件、网站
	后端：营销自动化、销售自动化、部分ERP

2）客户关系管理的内容

（1）顾客分析。

该项工作主要分析谁是企业的顾客，顾客的基本类型，个人购买者、中间商和制造商客户的不同需求特征和购买行为，并在此基础上分析顾客差异对企业利润的影响等问题。

（2）企业对顾客的承诺。

承诺的目的在于明确企业提供什么样的产品和服务。在购买任何产品和服务时，顾客总会面临各种各样的风险，包括经济利益、产品功能和质量以及社会和心理方面的风险等，因此要求企业作出某种承诺，以尽可能降低顾客的购物风险。企业对顾客承诺的宗旨是使顾客满意。

（3）客户信息交流。

它是一种双向的信息交流，其主要功能是实现双方的互相联系、互相影响。从实质上说，客户管理过程就是与客户交流信息的过程。实现有效的信息交流是建立和保持企业与客户良好关系的途径。

（4）以良好的关系留住客户。

建立并保持与客户的长期稳定关系，首先需要良好的基础，即取得顾客的信任；同时要区别不同类型的客户关系及其特征，并经常进行客户关系情况分析，评价关系的质量，采取有效措施；还可以通过建立顾客组织等途径，保持企业与客户的长期友好关系。

（5）客户反馈管理。

客户反馈管理对于衡量企业承诺目标实现的程度、及时发现企业在为顾客服务过程中的问题等方面具有重要作用。投诉是客户反馈的重要途径，然后正确处理客户的意见和投诉，对于消除客户不满、维护客户利益、赢得客户信任都是十分重要的。

10.2 客户和客户的价值

以客户为中心的商业模式已经得到越来越多企业的认同。那么，到底什么是客户呢？

10.2.1 客户的概念

对企业而言，客户是对本企业产品和服务有特定需求的群体，它是企业生产经营活动得以维持的根本保证。客户资源是企业生存、发展的战略资源，它的价值体现在"所有客户未来为企业带来的收入之和，扣除产品、服务以及营销的成本，加上满意的客户向其他潜在客户推荐而带来的利润"。

传统的观点认为，客户（Customer）和消费者（Consumer）是同一概念，两者的含义可以不加区分。但实际上，客户和消费者的概念是有区别的。这些区别体现在以下几方面：

（1）客户是针对某一特定细分市场而言的，他们的需求具有一定的共性，而消费者则是针对个体而言的，他们处于比较分散的状态。

（2）客户的需求相对较为复杂，要求较高，购买数额也较大，而且交易的过程延续的时间比较长，而消费者与企业的关系一般是短期的，也不需要长期、复杂的服务。

（3）客户注重与企业的感情沟通，而消费者与企业的关系相对比较简单，即使企业知道消费者是谁，也不一定与其发生进一步的联系。

（4）客户是分层次的，不同层次的客户需要企业采取不同的客户策略，而消费者可被看成一个整体，并不需要进行严格区分。

10.2.2　客户的分类

按照不同的标准，可把客户分为不同的类型。

1）按企业与客户的关系分类

科特勒按客户与企业关系的紧密程度把客户分成5类，见表10-2。

表10-2　　　　　　　　　　科特勒的客户分类

客户类型	企业与其关系
基本型	销售人员把产品销售出去后就不再与其接触
被动型	销售人员把产品销售出去后并鼓励其在遇到问题或者有意见时与公司联系
负责型	销售人员在产品售出以后与其联系，询问产品是否符合要求；销售人员同时寻求有关产品改进的各种建议，以及任何特殊的缺陷和不足，以帮助公司不断改进产品，使之更加符合客户需求
能动型	销售人员不断地与客户联系，得到有关改进产品用途的建议以及新产品的需求信息
伙伴型	公司不断地和客户共同努力，帮助客户解决问题，支持客户的成功，实现共同发展

2）按客户重要性分类

在客户关系管理中，企业常常按照客户的重要性进行划分。例如，采用ABC分类法进行划分，可把客户分为贵宾型客户、重要型客户和普通型客户三种（见表10-3）。

表10-3　　　　　　　　用ABC分类法对客户进行划分

客户类型	客户名称	客户数量比例	客户为企业创造的利润比例
A	贵宾型	5%	50%
B	重要型	15%	30%
C	普通型	80%	20%

表10-3所列的数字为参考值，不同行业、不同企业的数值各不相同。

3）按客户忠诚度划分

按照客户对企业的忠诚度来划分，可把客户分为潜在客户、新客户、常客户、老客户和忠诚客户等。潜在客户是指对企业的产品和服务有需求，但尚未开始与公司进行交易的客户；新客户是指那些刚开始与公司开展交易，但对产品和服务还缺乏全面了解的客户；常客户是指经常与公司发生交易的客户；老客户是指与公司交易有较长的历史，对企业的产品和服务有较深的了解，但同时还与其他公司有交易往来的客户；忠诚客户则是指对公司有高度信任并与公司建立起了长期、稳定关系的客户，他们基本只在本公司消费。

不同忠诚度的客户对企业利润的贡献有较大的差别。不同客户创造的利润分布如图10-1所示。

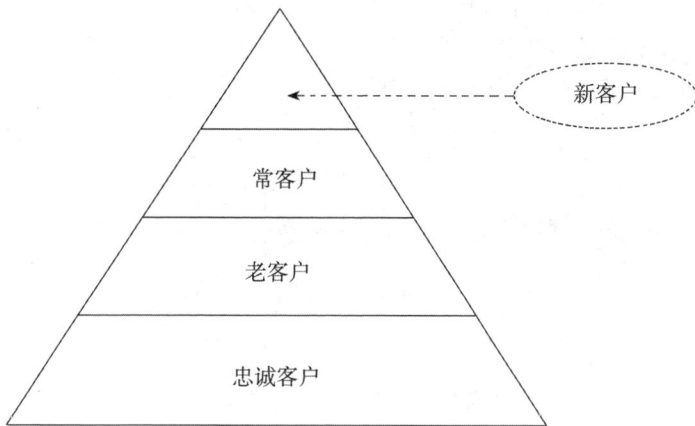

图10-1　不同客户创造的利润分布

10.2.3　客户的满意度

客户满意是指客户通过一个产品或服务的可感知的效果，与他的期望值相比较后形成的愉悦或失望的感觉状态。客户满意度是可感知效果和期望值之间的函数关系。

1）影响客户满意度的主要因素

根据客户满意度的定义，客户满意度是客户建立在期望与现实基础上的、对产品与服务的主观评价，一切影响期望与服务的因素都有可能影响客户满意度。

从企业工作的各个方面分析，影响客户满意度的因素可归结为以下5个方面：企业因素、产品因素、营销与服务体系、沟通因素和客户关怀。

从对客户满意度的直接影响因素分析，可以将影响满意度的因素分为不满意因素、满意因素与非常满意因素三类。企业可以通过减少或彻底消除不满意因素，提供更多的满意因素和非常满意因素来达到提高客户满意度的目的。

2）客户满意度的调查与评价

要获得客户满意度数据，需要进行定量调查。企业首先要具备客户档案数据库，能快速、准确地找到客户，这是企业的基础管理工作。客户满意度调查通常由专业人员或专业公司来组织进行。定量调查通常包括以下一些必要步骤：

（1）确定调查目标、对象与范围。

（2）确定调查方法。

（3）问卷的设计和预调查。

（4）调查人员的挑选和培训。

（5）实际执行调查。

（6）调查问卷的回收和复核。

（7）问卷的编码录入和统计分析。

3）客户满意或不满意的表达模型

客户满意度模型如图10-2所示。

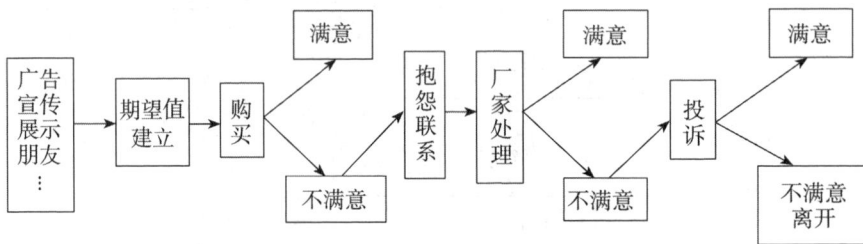

图10-2 客户满意度模型

企业要消除不满意，需要花费的代价很大。即便如此，营销专家菲利普·科特勒指出，如果用令人满意的方法处理投诉，那么80%的投诉者不会转向其他竞争对手。因此，顾客抱怨或投诉不一定是坏事。它可以为厂家解决问题提供线索，而且为留住最挑剔的客户提供机会。相反，不抱怨或投诉的顾客转向其他竞争对手，才是对厂家最大的威胁。

4）如何提高客户满意度

提高客户满意度需要企业长期不懈地努力。实际上，企业也不可能让客户满意度一直上升，达到100分，一定幅度的上下波动是正常的。重要的是，企业如何建立一套机制，来保证客户满意度处于非常满意或满意水平，并能针对问题及时采取补救措施。通常的方法包括：

（1）提高客户的感知价值。产品或者服务能够满足客户的基本要求，所以，提供高质量的产品和服务、满足客户的个性化需求都可以有效地提高客户的感知价值，进而提高客户满意度。

（2）控制客户期望值。营销人员应该控制客户的期望值，尽可能准确地描述产品或服务，不要夸大产品的性能、质量与服务，否则只会适得其反。如果客户期望比较客观，企业的工作成果却能超越客户的期望，客户就会非常满意，并向他人推荐该企业的产品或服务。

10.2.4　客户的忠诚度

1）客户忠诚度的意义

忠诚的客户通常指会拒绝竞争者提供的折扣、经常性地购买本公司的产品或服务，甚至会向其家人或朋友推荐的客户。尽管满意度和忠诚度之间有着不可忽视的正向关系，但即使是满意度很高的客户，如果不是忠诚客户，在面对更便利或更低的价格时，也可能会毫不犹豫地转换品牌。

忠诚客户所带来的收获是长期且具有累积效果的。一个客户能保持忠诚度越久，企业从该客户身上得到的利益越多。其原因在于：销售量上升、加强竞争地位、减少营销费用、不必进行价格战、有利于新产品推广。

企业可以利用节省的成本，在改进网络和服务方面进行更多的投资，进而在客户身上获得良好的回报。所以，今天的企业不仅要使客户满意，更要注意维系住客户，使他们产生忠诚度。

2）如何判断忠诚客户

忠诚的客户通常具有以下一些行为：

（1）忠诚的客户经常、反复地购买、使用企业的产品或服务。

（2）忠诚的客户在购买企业的产品或服务时，选择呈多样性。

（3）忠诚的客户乐于向他人推荐企业的产品或服务。

（4）忠诚的客户会排斥企业的竞争对手。

忠诚的客户来源于满意的客户，但满意的客户不一定是忠诚的客户。有些生意，客户的满意度提高了，但销售并未取得明显的增加。客户的忠诚度有赖于满意度的提高，更取决于客户对企业的信任度。在因特网虚拟世界中，企业与客户彼此很难见面，彼此的信任度至关重要，因此，企业必须从建立信任开始，提高满意度，直至获得高的忠诚度。客户满意度与忠诚度的关系如图10-3所示。

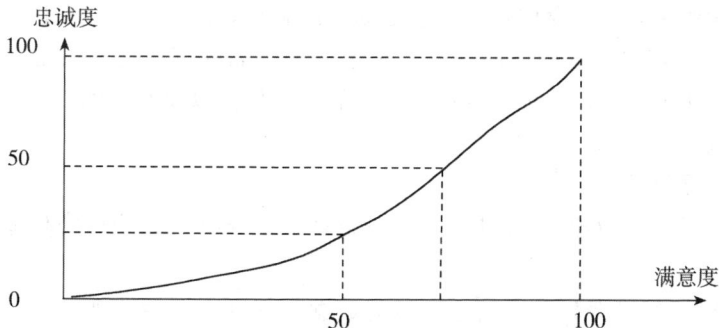

图10-3　客户满意度与忠诚度的关系

3）提高客户忠诚度的关键因素

客户忠诚度是建立在客户满意度基础之上的，因此提供高品质的产品、无可挑剔的基本服务，增加客户关怀是必不可少的。在此基础上，还需要注意以下方面，以提高客户忠诚度：

（1）集中锁定客户范围。这是指聚焦于那些具有高度忠诚潜力的客户群。

（2）提供特色服务，成为以客户为中心的企业。除了完整的销售过程中质量、服务、关怀保证外，企业要选择最吸引客户的方式，提供与众不同的特色服务。另外，无论采取哪些行动，最终都需要将企业变成以客户为中心的企业。

（3）提高客户的转换成本。转换成本指的是客户从一个企业转到另一个企业的经济、情感、精力上的一次性成本。企业可以通过提供积分卡、免费服务等方式提高用户的转换成本。

（4）增加与客户的沟通，正确处理抱怨。企业要认真倾听客户的意见，发表自己的看法，在客户需要的时候随时与之交流，消除客户不满。让抱怨降低有利于进一步降低顾客流失率，改善与客户的沟通将给企业带来利润回报。

（5）加强员工管理。客户对企业的忠诚是建立在与其保持联系的员工身上的，员工的忠诚度对客户的忠诚度有直接的影响，培训员工、建立激励机制都可以提高员工的忠诚度。另外，降低员工的流失率也有利于留住更多忠诚客户。

10.2.5　客户识别与客户保留

1）客户识别

客户识别就是要找出谁是企业的潜在客户，客户的需求是什么，哪类客户最有价值等。客户识别包括识别客户需求、客户差异分析、识别客户的利益点三个部分。

（1）识别客户需求。

当客户与一家企业建立业务关系时，他们期望获得特定的价值回报。只有当这些期望获得满足时，他们才会保持并发展这种业务关系。企业不但要提供足够的价值来吸引客户，而且为了能留住客户，要比竞争对手更彻底地满足客户的期望。所以，企业应该识别客户的需求，包括客户明确的产品和服务要求，如产品的可用性，以及交付和保障的要求。企业要重新认识客户，认识到客户对企业的价值如何以及客户的希望，才能提供给客户恰到好处的服务。

（2）客户差异分析。

企业通常通过建立分析型 CRM 系统来进行客户差异分析。分析的具体内容包括以下几个方面：

① 客户分析。通过搜集并更新客户行为数据，帮助企业明确如下问题：新客户和老客户相比，谁能为企业带来更多的利润？大客户存在的价值是什么？不同年龄段的客户对企业的价值有何不同？客户的忠诚度受哪些因素影响？

② 客户分类。根据客户的消费模式、消费习惯等特征对客户进行分类，使企业能识别客户类型及其特征，定义每个客户类型的收益率。

③ 市场定向。面向特定的客户端，采用相应的端对端市场宣传策略，吸引新的客户和有利可图的客户，同时牢牢保持有利可图的老客户并增加与他们的业务量。

④ 建立预测模型。预测模型可帮助企业的市场促销部门通过对客户和市场变量的调查，制定更准确的市场策略，开展更成功的市场攻势。通常，预测模型的建立需要利用多种统计工具来解释客户行为，并对其未来的市场动向作出预测。

（3）识别客户的利益点。

每一个客户都有自己不同的利益点。作为企业必须发现客户的特殊利益，并把产品特性转化为客户的特殊利益。特殊利益是指能满足特定客户的特殊需求。客户购买的理由如图10-4所示。

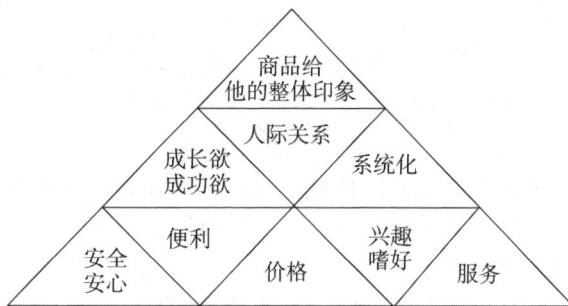

图10-4 客户购买的理由

把产品特性转化为客户的特殊利益时，通常需要经过以下几个步骤：①从事实调查中发掘客户的特殊需求；②通过询问发掘客户的特殊需求；③介绍产品的特性（说明产品的特点）；④介绍产品的优点（说明功能及特别的优点）；⑤介绍产品能带来的特殊利益。

2）客户保留

忠诚的老客户比新客户更能为企业带来利润，所以企业越来越注重老客户的保留。具体而言，保留老客户的措施有以下几点：

（1）注重产品质量。

长期稳定的产品质量是保留老客户的根本。高质量的产品本身就胜过口若悬河的销售人员。需要注意的是，对产品质量的要求不仅需要产品符合标准，更需要注重保持产品的更新，尤其是在顾客需求基础上的更新。

（2）提供良好服务。

在激烈的市场竞争中，服务与产品质量、价格、交货期等共同构成企业的竞争优势。尽管良好的服务无法使劣质的产品成为优等品，但优质的产品会因劣质的服务而失去客户。

（3）树立品牌形象。

客户品牌忠诚的建立取决于企业的产品在客户心目中的形象，只有让客户对企业有深刻的印象和强烈的好感，他们才会成为企业品牌的忠诚拥护者。

（4）体现价格优惠。

价格优惠不仅要体现在低价格上，更重要的是能向老客户提供他们所认同的价值。如果客户是中间商，生产企业通过为其承担经营风险以确保其利益，也不失为一种颇具吸引力的留住老客户的方式。

（5）长期感情投资。

一旦与客户建立了业务关系，就要积极寻找商品之外的关系，用这种关系来强化商品交易关系。对于重要的客户，企业负责人要亲自接待和走访，并邀请他们参加本公司的重要活动，让其感受到公司所取得的成就离不开他们的全力支持。

10.2.6　客户服务与客户关怀

1）客户服务

客户服务是指企业为客户提供的咨询、指导、帮助、问题解答等，旨在帮助客户更好地使用产品，达到客户满意的效果。客户服务一般是伴随着产品的销售进行的。

2）客户关怀

客户关怀就是厂家对客户表达的语言上、行动上的关心，体现了客户关系管理"想客户所想"的理念。客户关怀发展的最初领域是服务领域。由于服务的无形特点，注重客户关怀可以明显地增强服务的效果，为企业带来更多的利益，于是客户关怀不断地向实体产品销售领域扩展。当前，客户关怀的发展同质量的提高与改进紧密地联系在一起。

客户关怀手段是指企业与客户交流的手段，主要有电话营销、网站服务、呼叫中心等。从定量测评的角度看，由于行业和产品的差异，客户关怀的程度是很难衡量与评价的。但一般而言，可以从三个方面评价企业客户关怀的程度：

（1）寻求特征（Search Property）。

寻求特征是指客户在购买产品之前就能够确定的属性，如产品的包装、外形、规格、型号、价格等。客户关怀首先应该满足客户的寻求特征。

（2）体验特征（Experience Property）。

体验特征是指客户在购买产品后或消费过程中才能够察觉到的属性，如口味合适、礼貌待人、安排周到和值得信赖等。

（3）信用特征（Credence Property）。

信用特征是指客户在购买了产品或者消费了产品和服务后仍然无法评价的某些特征和属性（原因在于客户一般不具备这方面的专业知识或技能），因此必须依赖提供该产品或服务的企业的职业信用和品牌影响力。

企业可以根据自己产品的营销特点，按照上述三个特征，设计出自己的评价体系，对营销与服务人员给予客户的关怀进行评价。

10.2.7　客户累加效应

客户关系营销是建立在对客户价值的认识的基础之上的。

在企业竞争中，如果一个企业的客户流失到竞争对手那里，那么客户的流失所造成的后果并不仅仅是客户数量的变化，而是会产生客户累加效应。

假设如下情况：一个城市有两个竞争对手（甲企业和乙企业），每家企业最初都有100名客户。客户总数保持200名不变，由于竞争的原因，客户开始从甲企业转向乙企业。从甲企业转向乙企业的人数分别为1、2、10、25和50，其中每一个客户可以产生10元的利润。

客户累加效应见表10-4。

表10-4　　　　　　　　　　　　　　　　客户累加效应

甲的客户数	甲的利润（元）	甲的市场份额	乙的客户数	乙的利润（元）	乙的市场份额	客户数额差别（乙-甲）	乙的各项指标/甲的各项指标
100	1 000	50%	100	1 000	50%	0	相等
99	990	49.5%	101	1 010	50.5%	2	1.02
98	980	49%	102	1 020	51%	4	1.04
90	900	45%	110	1 100	55%	20	1.22
75	750	37.5%	125	1 250	62.5%	50	1.67
50	500	25%	150	1 500	75%	100	3.00

10.2.8　客户终身价值

在进行客户关系管理的时候，还要考虑客户的终身价值。这种情况在保险市场、房地产贷款市场经常见到。假设某企业为电脑生产和销售商，有两位客户来购买电脑，其中一位客户27岁，有4 000元，另一位客户57岁，有10 000元。现在假设你是销售人员，如何判断哪位客户对企业更重要呢？这个时候就需要考虑客户的终身价值。

所谓终身价值，是指企业不仅要考虑某一次买卖，而且要考虑客户以后的购买。假设电脑平均4~5年需要更新一次，而且每次购买的价格会越来越高或不低于前一次购买的价格（最后一次购买除外）。对于57岁的客户来说，他的余生中可能会购买2台电脑，而27岁的客户以后会购买8台电脑，为了简便起见，我们不考虑通货膨胀因素和其他影响价格的因素，客户的终身价值见表10-5。

从表10-5可见，57岁的客户由于工作时间长，最初拥有的钱较多，但从终身价值来看，27岁的年轻客户则更大。

表10-5	客户的终身价值	单位：元
购买电脑的次数	客户A，27岁	客户B，57岁
1	4 000	10 000
2	5 000	8 000
3	5 000	
4	6 000	
5	6 000	
6	8 000	
7	9 000	
8	6 000	
终身价值合计	49 000	18 000

10.3　客户关系管理系统

10.3.1　客户关系管理系统的一般模型

1）CRM系统全貌

CRM系统的功能可以归纳为三个方面：对销售、营销和客户服务三部分业务流程的信息化；与客户进行沟通所需要的手段（如电话、传真、网络、E-mail等）的集成和自动化处理；对上面两部分功能所积累下的信息进行加工处理，产生客户智能，为企业的战略战术的决策提供支持。一般来讲，当前的CRM系统所具有的功能都是图10-5的子集。客户关系管理系统全貌如图10-5所示。

2）CRM系统的创新

与以往的企业管理信息系统相比，CRM系统的主要创新之处在于：

（1）CRM把公司内部各个部门过去孤立和分散的客户数据综合起来，从而使得公司对每一个客户都能有一个比较全面的、完整的看法。

（2）实施CRM后，不管客户通过哪一种渠道与公司打交道，与哪一个部门打交道，都没有关系，因为现在公司留给客户的自始至终都是一个统一的形象。

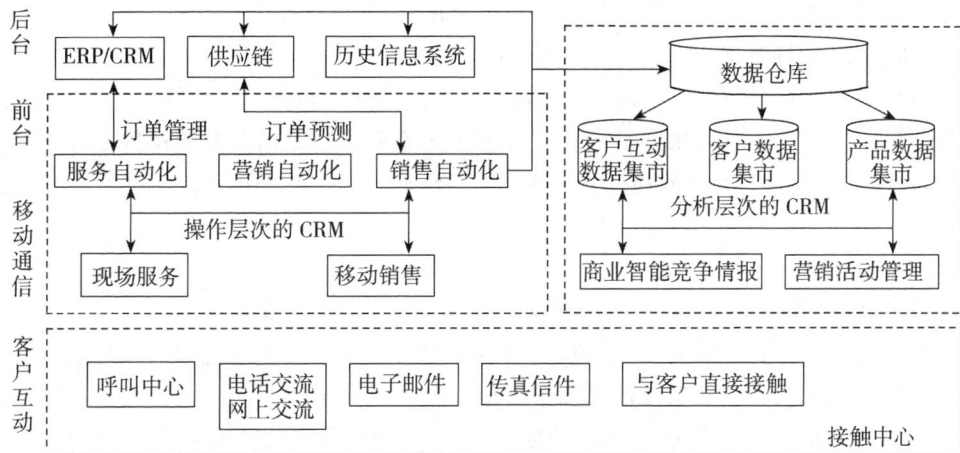

图10-5　客户关系管理系统全貌

（3）不管公司通过什么渠道与客户交往，与客户的每一次接触都具个性化，每一次交往都有详细的记录。

（4）公司在每一次与客户交往的活动中都能学到新的经验，加强了对客户的了解、对市场的了解、对各方面的了解，并且可以根据这些反馈作出改善，使公司整体的服务比以往更加优秀。

10.3.2　客户关系管理系统的功能

1）CRM系统的作用

一般而言，CRM系统的主要作用体现在三个层面：

从对外的层面而言，能够及时有效地解决来自外部客户抱怨的问题，为客户提供超出其期望值的产品和服务，达到提高客户满意度的目的。

从企业内部层面而言，可以改善企业内部工作人员，如销售人员、市场人员以及服务人员的工作环境，使得原来一些重复性的工作减少了，增加了很多具有增值性和创造性的工作，提高了知识工作者的劳动生产率。

从ERP的层面而言，有了CRM的应用，能够有效地释放ERP的潜力。

2）CRM系统的功能模块

（1）销售自动化。

销售自动化（Sales Force Automation，SFA）是以自动化方法替代原有的销售过程，这个自动化方法即信息技术。

（2）营销自动化。

营销自动化是通过营销计划的编制、执行和结果分析、清单的产生和管理、预算和预测、资料管理、建立产品定价和竞争等信息的知识库、提供关于营销的百科全书、进行客户跟踪、分销管理等，以达到营销活动的设计目的。

（3）客户服务与支持。

客户服务与支持（Customer Service and Support，CSS）是客户关系管理中的重要部分。它是通过呼叫中心和互联网来实现的，这样便于产生客户的纵向及横向销售业务。客户服务与支持为客户提供了产品质量、业务研讨、现场服务、订单跟踪、客户关心、服务请求、服务合同、维修调度、纠纷解决等功能。

（4）商务智能。

当销售自动化、营销自动化、客户服务与支持三方面的功能实现之后，将会产生大量的客户和潜在客户的各方面的信息。这些信息是宝贵的资源，利用这些信息可以进行各种分析，以便产生涉及客户关系方面的商务智能方案，供决策者及时作出正确的决策。商务智能包括销售智能、营销智能、客户智能等内容。CRM系统的商务智能是一种通过数据挖掘产生报表，并对报表进行分析以支持决策的工具。

10.3.3 呼叫中心

呼叫中心（Call Center）起源于民航业，其最初目的是更方便地向乘客提供咨询服务和有效处理乘客投诉。早期的呼叫中心就是今天我们常说的热线电话，客户只要拨通指定的电话就可以与客户代表直接交谈。随着近年来通信和计算机技术的发展和融合，呼叫中心已被赋予了新的内容：CTI（Computer Telephony Integration）使计算机网络和通信网络融为一体；分布式技术的引入使人工座席代表不必再集中于一个地方工作；自动语音应答设备的出现不仅在很大程度上替代了人工座席代表的工作，而且使呼叫中心能24小时不间断地运行；Internet和通信方式的革命使呼叫中心不仅能处理电话，还能处理传真、电子函件、Web访问，甚至是基于Internet的电话和视频会议。第四代呼叫中心在两个关键技术上有了很大进步：其一是在接入方式上集成了Internet渠道，这种集成并不是简单地把信息公布在网上，而是使客户通过点击企业主页上的按钮，即可方便地与呼叫中心的客户代表进行电话交谈；其二是在管理上融入了客户关系管理思想，呼叫中心不再仅仅是一个客户服务部门，而是立足于全局，把生产、销售、配送、服务等部门形成一个互动的整体。因此，现在的呼叫中心已远远超出了过去定义的范围，成为以信息技术为核心，通过多种现代通信手段为客户提供交互式服务的系统。

目前，部分企业已经提出了第五代呼叫中心的概念。第五代呼叫中心是在第四代呼叫中心的基础上，更多地融入了依托于互联网技术的媒体渠道与沟通渠道，如社交网络、社交媒体，从而实现基于互联网的文本交谈、网上音频、网上视频等沟通方式。

10.3.4 运营型CRM

运营型CRM是指企业管理的所有业务流程的流线化和自动化，包括经由多渠道的客户"接触点"的整合、前台和后台运营之间的平滑的互相连接与整合。

运营型 CRM 是基于 Web 技术的全动态交互的客户关系应用系统。运营型 CRM 使企业在网络环境中以电子化方式完成从市场、销售到服务的全部商务过程。它主要有以下 5 个方面的应用：

1）CRM 销售套件

CRM 销售套件为企业管理、销售业务的全程提供丰富强大的功能，包括销售信息管理、销售过程定制、销售过程监控、销售预测、销售信息分析等。CRM 销售套件对企业的典型作用在于帮助企业管理者跟踪从销售机会产生到销售阶段结束的全程信息。

2）CRM 营销套件

CRM 营销套件为企业提供自始至终掌握市场营销活动的信息管理、计划预算、项目跟踪、成本明细、效果评估等功能，帮助企业管理者清楚地了解所有市场营销活动的成效与投资回报率。

3）CRM 服务套件

CRM 服务套件帮助企业以最低的成本为客户提供包括服务请求及投诉的创建、分配、解决、跟踪、反馈、回访等相关服务环节的闭环处理模式，从而帮助企业留住老客户、发展新客户。

4）CRM 电子商务套件

CRM 电子商务套件是 CRM 让企业商务过程"E"化的 Front Office，帮助企业将门户站点/各种商务渠道集成在一起，开拓新的销售渠道及商务处理方式。

5）CRM 商务平台套件

CRM 商务平台套件是产品的基础核心平台，实现产品的基础数据维护、安全控制、动态配置与工作流定制等功能。

10.3.5　分析型 CRM

分析型 CRM 主要是分析运营型 CRM 和原有系统中获得的各种数据，进而为企业的经营和决策提供可靠的量化依据。分析型 CRM 一般需要用到一些数据管理和数据分析工具，如数据仓库、OLAP 和数据挖掘等。

1）分析型 CRM 的主要功能

分析型 CRM 具备 6 大支柱功能：客户分析、客户建模、客户沟通、个性化、优化和接触管理。

分析型 CRM 把大容量的销售、服务、市场及业务数据进行整合，使用数据仓库、数据挖掘、OLAP 和决策支持技术，将完整的和可靠的数据转化为有用的、可靠的信息，再将信息转化为知识；进一步为整个企业提供战略上和技术上的商业决策，为客户服务和新产品的研发提供准确的依据，提高企业的竞争能力，使得公司能够把有限的资源集中服务于所选择的有效的客户群体，同这些客户保持长期和有效益的关系。

2）分析型 CRM 的 4 个阶段

一个典型的分析型 CRM 包括 4 个阶段：客户分析、区段分析、市场开拓、事件模型。

（1）客户分析。

客户分析需要很多可以定量化的信息，这些信息通常来自各种不同的数据源。对于这些信息必须加以整合，并以合理的方式放到客户数据仓库中，以便对其作分段或挖掘处理。

（2）区段分析。

在客户数据仓库准备就绪之后，就可以对当前客户群以及预期的客户群作区段分析，判断不同区段的优势与弱势。

对客户群实施区段分析时，可以利用客户数据仓库所积累的大量有用的信息。对这些信息进行分析与数据挖掘，有助于发现和评价各种可变因素的不同排列组合会导致什么样的后果。

（3）市场开拓。

在找到最具价值的市场区段后，就可以为不同区段设计并提交适应其特定需要的成套服务。有针对性的市场开拓工作，可以促使企业瞄准更有前景和更有商机的领域。如果能够使企业的产品和服务被本来可能并不需要它们的客户所接受，就可能为本企业赢得最具价值的客户。

（4）事件模型。

事件模型是一种技术手段，旨在帮助企业使其市场活动与处理策略准确，并最终取得成功。事件模型可以"刻画"客户的行为和客户的反应，还可以预见未来市场活动的后果。与事件模型有关的一些典型问题有：哪些年龄段的客户对降价处理最感兴趣？哪些客户更喜欢通过个人渠道购物？针对高收入客户的市场策略是否达到了预期的目的？

提出此类问题的目的在于发现影响客户反应的主要因素，然后将客户按照他们的特征加以标识与分类。在很多情况下，可以运用有关购买特征的新发现的知识，对各种不同的处置策略加以检验。如果这方面的工作能得以进一步细化，则企业必然会因这些策略的正确运用而提高客户的满意度。

10.4　SCRM

10.4.1　社交客户关系管理的起源

社交客户关系管理（SCRM）的起源可以追溯到社交媒体的兴起和普及。传统的客户关系管理（CRM）主要集中在组织内部，通过整合和管理企业内部的客户数据，以提供更好的客户服务和支持。然而，随着互联网和社交媒体的快速发展，人们开始在社交媒体平台上分享信息、交流和互动，这改变了企业与客户之间的沟通方式。

社交媒体的普及给企业带来了新的挑战和机遇。客户在社交媒体平台上发布评论、进行反馈和评价，这些信息对企业来说具有重要价值。企业意识到需要更全面地了解和参与社交媒体上的客户活动，以更好地满足客户需求和提供个性化的服务。于是，社交客户关系管理（SCRM）概念应运而生。

SCRM 的核心理念是将传统的 CRM 理念与社交媒体相结合，以建立并维护积极的社交媒体策略，实现与客户的实时互动和沟通。SCRM 借助社交媒体的开放性和互动性，为企业提供了更广泛的客户参与渠道。企业可以主动参与社交媒体话题和讨论，回答客户问题，解决客户疑虑，从而提高客户满意度和忠诚度。

10.4.2　社交媒体的普及对 CRM 的需求

随着社交媒体的迅猛发展和普及，企业与客户之间的沟通方式和 CRM 策略已经发生了翻天覆地的变化。传统的 CRM 模式已无法满足当前的互动需求，企业需要重新审视并调整其策略，以社交媒体的特点为依据进行有针对性的优化和改进。

传统的 CRM 主要依赖于电话、邮件等渠道与客户进行沟通和互动。而社交媒体的普及使得客户可以通过多种渠道与企业互动，包括社交平台、评论区、讨论组等，因此企业需要在其 CRM 系统中整合和管理这些不同的渠道，以实现跨渠道的客户互动。

社交媒体的实时性和互动性给客户提供了即时反馈的平台。客户可以通过评论、分享、点赞等方式表达对产品或服务的意见和评价。企业需要及时回应并积极参与这些互动，以提高用户满意度和用户参与度。

社交媒体用户对品牌的评价和意见可以迅速在网络上传播，对企业的声誉产生极大影响，因此，企业需要密切监测社交媒体平台上涉及自己品牌的内容并及时作出回应；同时，企业还需要使用 CRM 系统来管理和处理潜在的危机事件，以保护品牌声誉。

社交媒体平台提供了大量关于用户行为和兴趣的数据。通过 CRM 系统对这些数据进行分析，企业可以更好地了解用户需求、喜好和购买偏好，并将其用于个性化的市场推广和服务定制。这有助于提高营销效果和客户满意度。

社交媒体的普及使得企业能够更加亲近客户并建立更强的关系。通过 CRM 系统，企业可以开展定向的客户参与活动，例如邀请客户参与讨论、调研和用户生成内容等，以增加用户忠诚度和参与度。

10.4.3　SCRM 的特点

1）多渠道

传统的 CRM 系统是将数据存放在企业内部的系统中，而 SCRM 的数据来源非常广泛，包括社交媒体平台、微博、微信、博客、论坛、评论等。这种多渠道的特点使得企业能够更全面地追踪客户的行为，以便更好地满足客户的需求。

2）互动性强

由于社交媒体渠道的特点，客户可以随时发表评论、评分、建议等来表达自己的看法，而企业也可以通过这些渠道来回应和互动。这种强大的互动性使得企业能够随时掌握客户的需求，进一步提高客户的满意度和忠诚度。

3）时效性强

传统的CRM系统是基于历史记录来分析数据，而SCRM则是实时监测客户投诉和评论来作出及时的回应。这种时效性的体现能够为企业在客户互动过程中赢得更多的可信度和好感度。

4）专业化和个性化

与传统的CRM相比，SCRM更注重个性化关怀。通过社交媒体平台，企业可以针对不同类型的客户，采用不同的沟通方式和营销策略。这种专业化和个性化的特点能够更好地满足不同客户的需求。

5）数据分析和预测

SCRM系统会搜集、存储并分析大量的客户数据。这让企业了解到客户的行为和需求，进而预测客户未来的行为和需求。通过细致的分析和预测，企业可以更好地为客户提供恰当的服务和产品。

微丰客户体验营销云，是一站式私域客户营销管理平台，其打造的SCRM具有多渠道、互动性强、时效性强、专业化和个性化等特点。在数字化时代，企业应该注重SCRM的实施，以更好地满足客户的需求，建立并维护良好的品牌形象。

10.4.4 SCRM 的目标

1）实时互动

社交媒体为企业建立了与客户之间实时互动的渠道，使得SCRM更加注重即时回应和沟通。通过社交媒体平台，企业可以快速回应客户的问题、解决客户的困扰，从而提升客户体验。

2）社交口碑营销

社交媒体赋予了用户自由表达观点和分享体验的能力，企业可以通过积极参与社交媒体的口碑营销来提高品牌知名度和信任度。SCRM的目标之一是通过社交媒体积极参与和引导用户的讨论，促进正面的口碑传播，从而吸引更多的潜在客户。

3）个性化推荐

社交媒体平台上的用户行为和偏好数据可以为企业提供宝贵的信息，帮助企业更好地理解客户需求。基于这些数据，SCRM可以实现对客户的精准定位，并提供个性化的产品推荐和优惠活动，从而增加销售量和客户满意度。

4）用户参与和共创

社交媒体的特点之一是用户参与和共创，客户不再仅仅是被动接受企业信息的对象，而是更多地成为品牌的参与者和共同创造者。因此，SCRM 的目标之一是通过社交媒体平台鼓励用户参与企业的产品开发、营销活动和品牌建设，从而增强客户黏性和忠诚度。

10.5　虚拟社区

10.5.1　虚拟社区的概念

所谓社区，是指居住在一个地区里进行共同生活的人群，也即在互相联系的经济和政治活动中形成一个具有一定程度上相同的价值观念和相似的认同意识的实体单位。社区的构成要素有四个，即人口、地域、相联系的有组织的社会经济活动及与之相适应的管理机构、维持集体生活所必需的共同行为规范及其制裁制度①。

网络对社会生活最大的影响就在于网上虚拟社区的形成。虚拟社区把具有共同兴趣、爱好的人集中起来，为其在网上开辟一个属于社区成员的生活空间，提供沟通、社交与发表言论的场所。

虚拟社区的形成对于客户关系营销具有十分重要的意义。这些意义体现在两个方面：

其一，这些社区本身就是很好的目标市场，社区累积了丰富的成员资料，企业可以开展针对性很强的营销活动。

其二，良好的社区可以培养社区成员的忠诚度。在社区成员间的相互信任以及对社区忠诚的基础上，企业可以利用社区内的关系从事营销活动，既能增加成员消费的满意度，又能提高商品的附加价值。

10.5.2　虚拟社区网站发展的步骤

要把虚拟社区建设成一个能进行客户关系营销的网站，需要经过以下几个发展阶段：

1）市场定位

根据社区内成员的情况确定企业的经营定位，也就是确定企业的利润增长点。比如目标客户是企业还是个人，是上班族还是音乐发烧友。

2）社区促销

通过各种宣传方式吸引人们访问社区，扩大社区的品牌知名度。比如 Chinaren 的 "校

---

① 《辞海》1989 年版的定义。

友录"就是一个很好的社区。

3）留住客户

留住一个老客户所带来的价值是发展一个新客户所带来的价值的数倍，而留住一个老客户所支付的成本却远比发展一个新客户所支付的成本小得多。所以，虚拟社区网站不应当满足于浏览量，而应当使人们成为社区的常客。要做到这一点，虚拟社区网站不能仅提供聊天互动服务或者讨论区，更需要的是为社区成员提供信息服务。如果不用心经营以促使社区成员之间建立良好的关系，就不会成为真正的虚拟社区。

4）口碑营销和品牌营销

在上述基础上，企业就可以开展营销活动。社会学的研究成果证明，任何个人的决策都在很大程度上受到他人（尤其是亲戚、朋友、同事等）的影响，他人效用函数会对个人的消费行为产生示范效应。由于示范效应，消费者会像滚雪球一样越来越多。

一个成功的虚拟社区应当是一个信息代理人[①]（Informediary）。信息代理人也是网络营销发展的最高阶段。

10.5.3　虚拟社区的构建基础

（1）现实世界中已经存在的社区，比如校友会等。

（2）共同或相似的社会经济背景，具有相同社会经济背景的人通常有相同的消费风格。

（3）共同或相似的地理社区。共同的地理位置会带来强烈的亲和感，这类虚拟社区比较适合于旅游业网站。

（4）共同兴趣爱好而结合成的社区，目前网上的虚拟社区大多是根据共同的兴趣爱好而建立的。

10.5.4　社区网站的盈利模式

1）合作消费

社区网站常用的收费方式包括：订户费、使用费、会员服务费及广告。事实上，除了广告收入外，其他的收费方式对于社区的用户来说都会产生巨大的负面影响。所以，在经营虚拟社区时最重要的就是让会员产生一种认同感，当会员认同这个团体时，会员的忠诚度将会是获利的来源，而群体议价正是兑现这种获利的方式。当虚拟社区的收入来源建立在社区成员的社区意识及合作意识上时，网站流量将不再是获利的来源，而跟虚拟社区成员保持良好的关系才是获利的最佳方式。

2）合作生产

合作生产其实是社区网站中最有经济利益的活动，尤其是以中小企业及 SOHO 一族为

---

① 信息（资讯）代理人的特点是：会员本身是聚集个性资料最有效率的地方；会员坚持主张自己拥有个性资料的所有权；专业的信息（资讯）代理人能够组织会员个性资料并扩大其价值。

社区基础的 B2B 网站，更是商机无限。

10.6　客户关系营销

10.6.1　客户关系营销的演进历史与消费符号化

客户关系营销由来已久。在工业经济尚不发达的社会中，人们就已经体验到客户关系营销。比如，在一个村庄里，人们彼此相熟，杂货店的主人对村子里的每个家庭都了如指掌。他了解各人的姓名、年龄和口味嗜好。但是这种亲切的服务随着连锁店和超市的大量涌现而逐渐消失。尽管新的生产方式、运输方式和交流技术的创新可以以更低的价格为我们提供更多的产品种类，但客户失去的是那种与邻家店主的个人关系，因为超市不可能为客户提供个性化服务。

随着经济的不断发展，人们对工业化的大批量生产方式不断提出挑战。人们越来越希望企业能够为消费者提供个性化的商品。网络的出现和技术的进步使得这种想法成为现实。现在，企业可以利用先进的计算机技术和管理技术生产出多样化的小批量产品，此时，消费品的多样性就成为消费者表达自我欲望的一种符号和语言。可以说，消费符号化是网络社会中最主要的特征，它推动了客户关系营销的新发展。

网络的产生以及技术的发展使人们可以重温美好的过去。在海量数据存储能力的加持下，任何一个营销人员都可以轻而易举地"记住"成千上万个客户的信息，客户关系营销又有了新的发展空间。

10.6.2　关系营销的产生与发展

从 20 世纪 70 年代起，随着全球环境恶化、资源短缺、人口增长、通货膨胀和忽视社会服务等问题日益严重，要求企业顾及消费者整体与长远利益及社会利益的呼声越来越高。在西方市场营销学界提出了一系列新的观念，其共同点是认为企业生产经营不仅要考虑消费者的需要，而且要考虑消费者和整个社会的长远利益。这类观念可统称为社会营销观念。可以看到，关系营销是这种营销观念的中心和主导。在这里，企业要想达成确定目标市场的需要、欲望和利益，比竞争者更有效地使顾客满意，同时维护与增进消费者和社会福利的目标，就必须和方方面面的利益团体建立起长期而稳定的关系。关系营销就是在这样一个大背景下发展起来的。

10.6.3　关系营销的定义

所谓关系营销，是指通过识别、获得、建立、维护和增进与客户及其利益相关人的关系，通过诚实的交换和可信赖的服务，与包括客户、供应商、分销商、竞争对手、银行、政府及内部员工在内的各种部门、组织与个人建立起一种长期稳定的、相互信任的、互惠互利的关系，以使各方的目标在关系营销过程中得以实现。

从企业与客户的互动角度，可把关系营销描述成以下的过程：

（1）企业寻找客户。

（2）企业认识、熟悉客户。

（3）与客户保持联系，建立起关系。

（4）企业尽可能保证客户所需要的产品和服务的各个方面得到有效满足。

（5）企业检查对客户承诺的兑现情况。

（6）企业获得客户的反馈，改进产品和服务，开始下一轮的关系营销。

关系营销强调的是关系，它的实质是企业与客户之间跳出单纯的买卖关系，通过建立良好的、互利互惠的合作关系，以保证交易过程持续不断地进行，使双方共同受益。

10.6.4 关系营销的目标

关系营销产生的根本原因是买卖双方存在各自利益上的互补性。企业提供产品和服务给客户，并从中获得长期的、稳定的利润；客户则通过支付货币从企业那里购买到质量可靠、价格合理的产品，享受到满意、体贴的服务。因此，关系营销的出发点和归宿都是为了追求"双赢"，而不希望出现"你输我赢"的不平衡的结局。如果没有双方各自利益的实现和满足，就无法建立起长期的、稳定可靠的、致力于互利互惠的关系。

10.6.5 关系营销与传统营销的比较

关系营销与传统营销的比较见表10-6。

表10-6 关系营销与传统营销的比较

比较项目	传统营销	关系营销
基本假设	市场占有率是企业获得高于平均水平投资收益率的根本，争取顾客是提高市场占有率的主要方法	保持一个老客户的费用远远低于争取一个新客户的费用，企业与客户的关系越持久，这种关系对企业就越有利可图
企业是什么	企业是为提高市场占有率而生产的组织	企业是为提高顾客占有率而生产的组织
顾客是什么	顾客是容易被小恩小惠满足的对象	顾客是追求自身价值最大化的对象
市场是什么	市场是有待占领的属地	市场是被各种价值观分割的小单位
企业生产什么	企业生产产品	企业不仅生产产品，还生产顾客关系
产品是什么	产品是企业盈利的手段	产品是企业盈利的资源

续表

比较项目	传统营销	关系营销
销售是什么	销售就是把产品卖出去	销售就是这一次销售为下一次销售做的铺垫
服务是什么	服务就是为了卖出更多的产品	服务就是谋求新的和深的关系
企业为什么而管理	企业为实现资本增值而管理	企业为实现顾客价值而管理
企业管理什么	企业管理业务流程	企业管理价值流程
企业靠什么决策	企业靠资本平衡表的波动决策	企业靠顾客的价值转移趋势决策
利润意味着什么	利润意味着企业的工作出色	利润意味着顾客对企业价值体系的认同
谁是企业的领导	所有者是企业的领导	顾客是企业的领导

10.6.6　关系营销的实现

关系营销作为客户关系管理的理论基础，它的实现和客户关系管理的实施有着相似之处。只不过关系营销更强调一种营销理念的贯彻，而客户关系管理更侧重于技术的实现。关系营销的实现可分成以下几步：

（1）分析、寻找客户。

（2）向客户提供与公司有关产品和服务的承诺。

（3）不折不扣地履行承诺。

（4）加强与客户的交流、沟通。

（5）千方百计留住老客户。

10.7　Cookie 的秘密

我们在上网浏览某些站点时，通常会被记录下访问行踪，这些数据一般保存在我们的硬盘中，称之为 Cookie，中文意思是小甜饼，它是由 Netscape 开发并将其作为持续保存状态信息和其他信息的一种方式，目前绝大多数浏览器都支持 Cookie 协议。MSN（微软提供的网络在线服务）、Netscape 都完全采用了使用 Cookie 储存信息的个性化处理。假如你想查看储存在 Cookie 文件中的信息，可以从你的浏览器目录中查找名为 Cookie.txt 或 Magic-Cookie（Mac 机）的文件，然后利用文本编辑器和文字处理软件打开查看即可。

Cookie 是一个储存于浏览器目录中的文本文件，约由 255 个字符组成，仅占 4KB 硬盘空间。当用户浏览某站点时，它储存于用户机的 RAM 中；退出浏览器后，它储存于用户的硬盘中。当我们再次访问该站点时，服务器将会搜集 Cookie 中的信息，以更好地为上网用户提供服务，节省上网时间。根据用户所用的不同的网络浏览器，Cookie 可以放在一个文件或几个不同的文件中。对于许多网站来说，存在其中的信息只是一个唯一身份号码，以便网站能够查询首次访问者与重复访问者的数量。Cookie 示意图如图 10-6 所示。

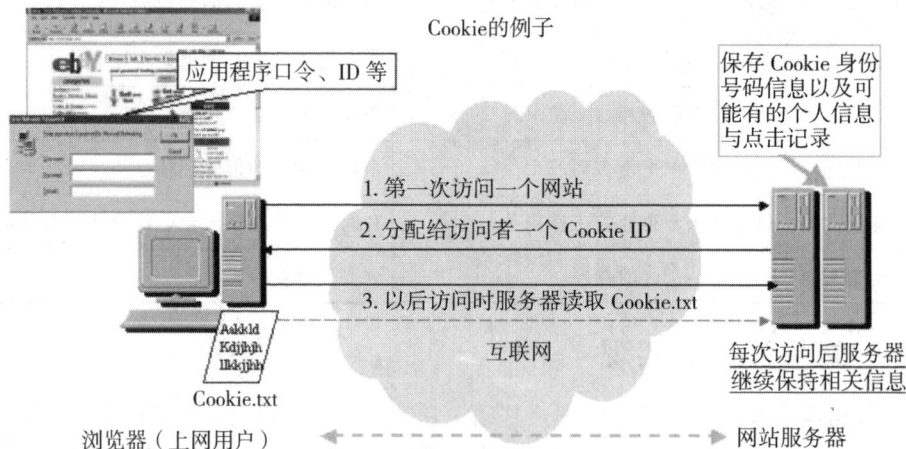

图10-6 Cookie示意图

当用户首次访问某一网站时，被访网站会给这个用户分配一个身份代码，并创建一个 Cookie，放在访问者的永久性存储设备，如硬盘上。在 Cookie 写入访问者硬盘的过程中，不会带来任何伤害，比如从硬盘中获取数据、取得 E-mail 地址或窃取某些私人的敏感信息等。实际上，Java 与 JavaScript 早期的运行版本存在这方面的缺陷，但这些安全方面的漏洞绝大部分已经被堵塞了。可执行属性是储存于一个文件中的程序代码执行其功能的必要条件，而 Cookies 是以标准文本文件形式储存的，因此不会传递任何病毒，所以从普通用户意义上讲，Cookie 本身是安全可靠的。在有些情况下，其他信息，如访问者的身份及口令也会放到这个 Cookie 文件中，但这种情况发生的前提是访问者在填表时提供了这部分信息。这部分信息有些网站会对其加密，但并不是所有的网站都这样做。Cookie 文件是一个文本文件（.txt），很容易被浏览。虽然这种情况很少发生，但如果确有一个未经加密的口令放在这个文件里，那么就存在该文件被恶意浏览从而导致泄密的危险。另外需补充的是，即便口令在 Cookie 文件中没有加密，在它发往服务器时仍有被加密的可能，比如在 SSL 传输中。在网站服务器这边，分配的身份号码被保存下来。在许多情况下，这就是被保存下来的所有信息。在有些情况下，访问次数、本次访问的时间长度、点击的各项内容以及访问者所给出的用户选项数据也被保存在一个网站服务器的数据库中。

虽然储存在 Cookie 中的大部分信息是普通的，例如，当你浏览一个站点时，此文件记录了每一次点击信息和被访站点的 URL 等。但是，随着互联网的迅速发展，网上服务功能的进一步开发和完善，利用网络传递的资料信息越来越重要，有时会涉及个人的隐私。

因此，关于Cookie的一个值得关心的问题并不是Cookie对你的机器能做些什么，而是它能存储些什么信息或传递什么信息到链接的服务器。HTTP Cookie可以被用来跟踪网上冲浪者访问过的特定站点，尽管站点的跟踪不用Cookie也容易实现，不过利用Cookie使跟踪到的数据更加可靠。许多Web站点使用Cookie来储存针对私人的数据，如注册口令、用户名、信用卡编号等。由于Cookie是Web服务器放置在你的机器上的并可以重新获取你的档案的唯一的标识符，因此Web站点管理员可以利用Cookie建立关于用户及其浏览特征的详细档案资料。当用户登录到一个Web站点后，在任意设置了Cookie的网页上的点击操作信息都会被加到该档案中。档案中的这些信息暂时主要用于站点的设计维护，但无法否认除站点管理员外被别人窃取的可能，假如这些Cookie持有者们把一个用户身份链接到他们的Cookie ID，利用这些档案资料就可以确认用户的名字及地址。此外，某些高级的Web站点（如许网上商业部门）实际上采用了HTTP Cookie的注册鉴定方式。当用户在站点注册或请求信息时，经常输入确认他们身份的登记口令、E-mail地址或邮政地址到Web页面的窗体中，窗体从Web页面搜集用户信息并提交给站点服务器，服务器利用Cookie持久地保存信息，并将其放置在用户机上，等待以后的访问。这些Cookie内嵌于HTML信息中，并在用户机与站点服务器间来回传递，如果用户的注册信息未曾加密，将是危险的。因此，许多人认为Cookie的存在对个人隐私是一种潜在的威胁，可能给我们带来一些不安全的隐患，"甜饼"并不好吃。

那么，一个访问者的什么信息被保留了呢？答案在于这个访问者自己透露了多少信息，在于他如何设置其网络浏览器选项。在用户对隐私的呼吁下，新近版本的网络浏览器新增了功能，可以让用户定制自己的选项，将之设为拒绝接受Cookie或接受Cookie前征求用户允许。然而，如果你不接受它的Cookie，许多网站就不许你进入。如果你想不为人知地重复访问一个网站，你可以编辑你的Cookie文件，不留痕迹地将其中的信息删掉。

本章小结

本章介绍了客户关系的产生、概念，以及如何正确认识客户关系营销和掌握客户的价值，本章还介绍了客户关系管理系统、SCRM、虚拟社区、客户关系营销和Cookie的相关内容。

本章网站资源

美特客户关系管理软件：http://www.metasoft.com.cn

思爱普中国官方网站：http：//www.sap.cn

客户无忧关系管理软件：http：//www.kehu51.com

复习思考题

1.访问亚马逊网站（https：//www.amazon.com/），评价其网站的设计。确定什么样的网站设计会鼓励你进行购买。

2.政府机构如何利用呼叫中心进行电子化客户关系管理？举例说明。

3.你是否掌握了网上一对一营销的要诀？

回答下面的问题，看看你的企业是否已经做好网上一对一的客户关系管理。

你是否开发了有意义的网页内容，是否根据客户的心理需要提供广告信息和销售服务？

你是否建立与维护了客户资料库，并作适当分析，从而了解每一个客户的社会经济背景、兴趣喜好、购买习惯、生活及消费方式？

你是否善于使用一对一营销的工具，如电子邮件等？

你是否对不同生活及消费方式的客户设计了一对一的服务、广告以及促销方式？

你是否与客户进行互动，并将客户的回馈信息建立成为知识库，作为日后改进产品或开发新产品的参考？

你是否与客户保持长期联系，努力开发客户终身价值？

你是否让客户自行交流并组成虚拟社区主动向他人推荐公司产品？

4.访问我国国内几个大的门户网站，分析它们的电子化客户关系营销策略。

网络营销中的法律问题

学习目标

　　了解网络营销涉及的法律问题；了解网络营销相关法律所关注的问题；掌握网络人格权与个人信息制度；掌握网络营销中的知识产权制度；掌握对消费者权益的特别保护；了解网络广告中的法律问题；了解网络营销纠纷与司法程序。

11.1　网络营销与传统法律的结合

随着网络时代的到来，网络营销已经逐渐成为 21 世纪主要的商务形式之一。可以说，网络营销从一开始就涉及技术和制度两个层面的问题。从目前的研究情况看，对于法律制度的研究，是放在网络营销环境中进行宏观论述的，可以从以下几个方面来分析网络营销中的法律制度：

1）它是调整网络空间的法律

网络营销是传统市场营销理论在网络空间的延续和发展。买卖双方都以不同于传统商业交往的模式出现，大部分的经济行为在网络空间进行。因而，与其对应的法律制度也将用于调整网络虚拟空间的行为。

2）它是随着技术不断进步的法律制度

信息技术的发展不断对法律提出新的要求，法律本身具有滞后性，但是信息社会的变革极为迅速，为了适应信息社会下法律的可行性，法律制度的制定者和解释者必然要随着技术进步不断修正法律制度。

3）它有着广泛的受益群体

法律制度的首要任务是要保证网络营销活动中的各种权益、维护交易过程中各方主体的利益。从宏观的角度看，要保证网络营销中的行为符合国家利益；从微观的角度看，要保护网络营销中的销售者、消费者、第三人的利益。

4）解决方式的特殊性

传统的民事纠纷解决方式为协商、调解、仲裁、诉讼。虚拟空间的纠纷不仅适用上述纠纷解决方式，而且也适用在线解决方式。

目前，我国关于网络营销的国内法律、法规的渊源也体现了上述特点。具体说来，法律、行政法规对网络营销作出具体规定的，适用特别法；没有作出具体规定，则适用普通法。在特别法领域，我国相继出台了一系列法律、行政法规，规范网络行为。在法律层面，1997 年修订的《中华人民共和国刑法》增加了相关条款；1999 年颁布的《中华人民共和国合同法》中确认了电子合同与书面合同具有同等的效力；2004 年，我国颁布了具有重要意义的《中华人民共和国电子签名法》（以下简称《电子签名法》），确认了电子签名和电子认证的规范；2018 年我国颁布了《中华人民共和国电子商务法》（以下简称《电子商务法》）。在行政法规、规章层面，国务院于 1994 年颁布了《中华人民共和国计算机信息系统安全保护条例》，1997 年颁布了《中华人民共和国计算机信息网络国际联网管理暂行规定》，2000 年颁布了《中华人民共和国电信条例》，2006 年颁布了《信息网络传播权保护条例》；国务院办公厅于 2005 年发布了《关于加快电子商务发展的若干意见》；信息产业部（现工业和信息化部，下同）于 2000 年发布了《互联网电子公告服务管理规定》；国家版权局与信息产业部于 2005 年联合发布了《互联网著作权行政保护办法》；商务部于 2007 年发布了《商务部关于网上交易的指导意见（暂行）》。除上述法律、行政法规与规章外，其他规范性文件也对网上营销具有重要的指导意义，如中国互联网络信息中心于 2007 年发布的《中国互联网络信息中心域名争议解决程序规则》，中国国际贸易促进委员会、中国国际商会于 2014 年修订并通过的《中国国际经济贸易仲裁委员会网上仲裁规则》，中国广告协会于 2020 年发布的《网络直播营销行为规范》等。

11.2　网络营销法律所关注的问题

11.2.1　域名制度

早期的域名特指在进行网络定位和身份识别时所用的字符化地址，与 IP 相对应，域名的唯一性使得在世界范围内没有重复的域名。从商业的角度看，域名已经被誉为"企业的网上商标"。

为了规范和管理域名，国务院信息化工作领导小组办公室发布了《中国互联网络域名注册暂行管理办法》（以下简称《办法》）和《中国互联网络域名注册实施细则》（以下简称《实施细则》）。《办法》规定："国务院信息化工作领导小组办公室（以下简称国务院信息办）是中国互联网络域名系统的管理机构，负责：（一）制定中国互联网络域名的设置、分配和管理的政策及办法；（二）选择、授权或者撤销顶级和二级域名的管理单位；（三）监督、检查各级域名注册服务情况。""中国互联网络信息中心（以下简称 CNNIC）工作委员会，协助国务院信息办管理中国互联网络域名系统。在国务院信息办的授权和领导下，CNNIC 是 CNNIC 工作委员会的日常办事机构，根据本办法制定《中国互联网络域名注册实施细则》，并负责管理和运行中国顶级域名 CN。"

由于域名隐含着巨大的商业机会，近年来，有关域名的抢注、侵权的法律纠纷时有发生。

由域名所引发的法律纠纷表现为以下 3 种形式：

（1）域名模仿行为引起的纠纷。域名是字符性的表述，没有图像，所以域名之间只要有一个字母不同或者增减一个符号，就足以区分两个不同的域名。域名注册仅审查是否相同，而不审查是否相似。相似的域名并不会引起计算机的误认，但可以引起用户的误解，相似的域名可能使用户误认为两个网站之间有一定的关系，使得那些注册与知名网站相似域名的人获得不正当利益，或者给知名网站的注册者带来负面影响。这类域名模仿行为主要是出于不正当竞争的目的——通过模仿某知名网站的域名，让自己网站的点击率和浏览量因为用户的误解而大大增加，进而从中牟取不正当利益。

（2）将驰名商标恶意抢注为域名所引起的纠纷。由于大量的恶意抢注行为的发生，许多知名企业和驰名商标无法注册与自身品牌相一致的域名，失去占据网络经济市场的先机。有些域名被抢注后，企业往往被迫斥巨资购买。目前，我国在司法实践中已经基本形成了认定驰名商标对域名具有优先权利的原则，基本遏制了恶意抢注行为的频发现象，对保护驰名商标和规范网络市场的经济秩序有着重要的意义。

（3）将域名恶意抢注为商标、商号所引发的纠纷。与驰名商标被抢注为域名相反，一些高知名度的域名同样可能被抢注为商标、企业名称或商号。这方面突出的例子就是在商号或企业名称中使用他人知名域名的情况。

11.2.2　电子合同制度

合同是平等主体的自然人、法人、其他组织之间设立、变更、终止民事权利义务关系的协议。合同的订立既可以采用书面形式，也可以采用口头形式。但采用书面形式较为正式，不仅可以约束当事人，在一些特定的法律纠纷中，登记的书面合同还具有对抗第三人的效力。电子合同是一种特殊形式的书面合同，我国《电子签名法》第四条规定："能够有形地表现所载内容，并可以随时调取查用的数据电文，视为符合法律、法规要求的书面形式。"从以上法条可以看出，电子合同具有同书面合同同等的法律效力。

电子合同的订立方式与传统合同一样，也采取要约和承诺的方式。我国对于要约采用到达主义，采用数据电文形式订立电子合同，收件人指定特定接收数据电文的系统，则该数据电文进入该特定系统的时间，视为到达时间；未指定特定系统的，该数据电文进入收件人的任何系统的首次时间视为到达时间。在传统合同中，要约可以撤回或者撤销，但是在网络环境下，电子信息传播速度非常之快，几乎可以瞬间到达，因而，要约的撤回与撤销几乎是不可能的。承诺生效的时间也是合同成立的时间，我国对承诺一方面采取了到达主义，一方面也以承诺到达要约人支配的范围内为生效的一般标准。

确认合同成立的地点具有十分重要的意义，因为合同成立地直接涉及法院管辖的问题。《中华人民共和国民法典》规定：承诺生效的地点为合同成立的地点。采用数据电文形式订立合同的，收件人的主营业地为合同成立的地点；没有主营业地的，其住所地为合同成立的地点。当事人另有约定的，按照其约定。

11.2.3　网络营销策略所涉及的法律问题

现代社会，网络营销已经成为企业整体营销战略的一个非常重要的组成部分，即便交易没有真正发生，营销也是必不可少的。在这些营销策略中，会涉及知识产权、人格权、消费者权益保护等法律问题。作为销售者，应最大化地合理利用已有的各项权利，达到既能合理宣传，又不侵害各方利益的目的。而作为消费者或者第三方，则应注意保护自己的权益不受侵害。

11.2.4　网络营销中的安全问题

网络的自由、开放必然会带来一定的安全隐患。互联网中的欺诈、黑客入侵、病毒入侵等各种形式的网络违法行为广泛存在。因此，健全网络营销中的法律制度是进行网上交易的当务之急。

1）商业支付体系不完善

调查显示，有60%左右的人曾经遇到过个人信息被网站或者网上卖家随意传播出去的情况，传播出去的个人信息包括姓名、联系方式等。这些用户私人信息的违法肆意传播，会大大打击用户对网络营销及其相关网络行为的信心，同时这些违法的肆意传播行为也会阻碍网络营销的健康发展。同时，网上支付也面临着安全隐患。网上支付的安全规范性及便捷高效性是发展网络营销的必备条件，虽然如今各大银行已经建立了自己的金融认证中心，但仍然缺乏规范性的全国性认证，一旦出现相关问题，责任的界定及承担、仲裁等环节都缺乏高效的解决措施及渠道，这将会导致缺乏规范性的法律保障。

2）现有法律受到冲击，消费者权益得不到保障

虽然我国已经出台了相应的网络营销法律法规，但仍有很多不健全的地方，尤其是一些跨地区、跨部门等法律"盲区"仍存在很大的问题。开展网络营销活动，需要完善的法律体系作为保障。用户在进行网上消费时，很多时候其权益得不到保障，如网络上的虚假广告、售出的商品存在质量问题和安全隐患、维修赔偿等问题。这些亟待通过立法来解决。新型的网上交易模式更加容易滋生诈骗，同时，用户在网上浏览或进行消费时，通常会被要求填写个人信息，因此，必须通过一系列的立法来保护消费者的合法权益，如制定网络营销监督制度、制定相应的制裁措施、制定打击网上罪犯的相关法律等。

11.2.5　网络营销纠纷的解决方式

在法律适用上，虚拟空间并不排斥传统法律，但网络营销还可以选择在线解决方式来处理纠纷。所以，在纠纷产生后，可以选择的解决方式有以下几种：

1）协商

协商是指双方当事人在没有第三方的参与下，完全由其自行协商，相互谅解而达成协议，从而解决纠纷的一种方式。实践证明，在民事纠纷领域中，协商是当事人之间解决纠纷的最好方式。

2）调解

调解是指发生纠纷的当事人邀请无利害关系的当事人对各方进行斡旋，以便达成协议，从而使纠纷得到解决。调解分为诉讼外调解和法院调解。诉讼外调解是在人民调解委员会的主持下，各方当事人在互相谅解的基础上达成协议。诉讼外调解尽管有人民调解委员会的参与，但并不具有法律上的执行力。

3）在线解决

在线解决是随着互联网的发展而新近兴起的一种纠纷解决方式。ODR（Online Dispute Resolution）是指利用互联网进行全部或主要程序的各种争议解决方式的总称。

4）仲裁

仲裁是指争议双方在争议发生前或争议发生后达成协议，自愿将争议交给第三者作出裁决，双方有义务执行的一种解决争议的方法。仲裁的发生以双方达成仲裁协议为依据。

5）诉讼

诉讼是各种纠纷解决方式中最严肃、最正式的一种，是指法院在当事人和其他诉讼参与人的参与下，以审判、判决、执行等方式解决民事纠纷的活动以及由这些活动产生的各种诉讼关系的总和。诉讼最大的特点在于它一经启动，便具有严格的程序性、公权性，即便双方在诉讼中达成和解，也必须履行相应的法律程序。

11.3 网络人格权与个人信息制度

11.3.1 网络人格权制度

人格权是以民事主体的人格利益为客体（保护对象）的民事权利。人格利益并非一成不变，随着时代的发展，人格利益的范围日益扩大，人格权的内容也日益丰富。人格权具体包括生命权、身体权、健康权、人身自由权、隐私权、名誉权、名称权、姓名权、肖像权等。所谓网络人格权，即是上述权利在网络中的延伸和体现。网络的发展为广大用户提供了更为广阔的商业机会以及发展空间，并且拓展了商业主体的民事权利，但同时也将侵权的范围扩大到虚拟空间。

1）姓名权

姓名是用于确定和代表个体公民并与其他公民相区别的文字符号和标记。所谓姓名权，即姓名在法律上享有的利益，即公民按照自己的意愿决定、使用改变自己姓名的权利。在网络营销中，对姓名权的侵害要较现实社会狭窄得多，但仍然有以下几种表现形式：

（1）未经允许非法使用他人姓名，尤其是使用国内外名人的姓名作为域名，借以提高企业竞争力。

（2）盗用他人姓名或者假冒他人姓名。其典型形式就是盗用他人姓名发出要约签订电子合同。盗用他人姓名订立合同不仅涉及民事欺诈，还涉及刑法上的合同欺诈。

（3）姓名的故意混同。姓名混同在网络广告中表现尤其突出。有的销售者通过故意混同或者添加前缀、后缀的方式，提高自己产品或者服务的知名度，使消费者产生误解。

2）肖像权

网络环境下，侵犯肖像权的纠纷层出不穷，但是很多人对于肖像权的概念比较模糊。民法上普遍认为，肖像是指采用摄影、绘画、雕像、录像或者其他造型艺术手段反映自然人包括五官在内的形象作品。肖像不等于照片，也不等于画面。肖像权是公民对自己的肖像所体现的利益的专有权利，但并非所有的公民对自己的肖像都具有专有权。当公民的肖像与国家或者公众利益相重合时，则需对公民的肖像权作出限制，如政治家、公众人物在媒体前出现时，不得反对他人的拍照或者录像。此外，为了维护公民本人的利益而需要使用其肖像、为了时事新闻报道而使用他人肖像的，也可以构成肖像使用的违法阻却事由。

在网络营销中，对于肖像权的侵害主要表现在以下几个方面：

（1）未经本人同意，使用其肖像作为网络营销的广告。

（2）未经本人同意，在网站上使用其肖像发布无关信息。

（3）未按照约定使用肖像。

3）网络隐私权

隐私是公民私生活中的秘密，是指公民不愿为他人知道的事情，是一种与公共利益、群体利益无关的信息。在网络活动中，个人隐私主要表现为以下几种形式：

（1）网络用户在申请网上开户、个人主页、免费邮箱以及其他服务时，网络服务商要求用户登记姓名、性别、年龄、婚姻状况、家庭住址、身份证号码、工作单位、住宅电话及手机号码等身份识别信息。

（2）个人的财产状况和信用资料，包括个人收入、信用卡、电子消费卡、上网卡、上网账号及密码、网上交易账号及密码、网上炒股账号及密码、QQ账号及密码、网络游戏账号及密码等。

（3）个人的电子邮箱地址。

（4）个人上网浏览的 IP 地址、上网活动踪迹及活动内容等信息。

（5）其他不想为人知的合法活动。

网络隐私权是指公民在网络中进行的个人活动依法受到保护，不被他人非法侵犯、知悉、搜集、复制、公开、传播和利用的一种权利。

《全国人民代表大会常务委员会关于维护互联网安全的决定》第四条规定："为了保护个人、法人和其他组织的人身、财产等合法权利，对有下列行为之一，构成犯罪的，依照刑法有关规定追究刑事责任：（一）利用互联网侮辱他人或者捏造事实诽谤他人；（二）非法截获、篡改、删除他人电子邮件或者其他数据资料，侵犯公民通信自由和通信秘密；（三）利用互联网进行盗窃、诈骗、敲诈勒索。"第六条规定："利用互联网侵犯他人合法权益，构成民事侵权的，依法承担民事责任。"

《计算机信息网络国际联网安全保护管理办法》第七条规定："用户的通信自由和通信秘密受法律保护。任何单位和个人不得违反法律规定，利用国际联网侵犯用户的通信自由和通信秘密。"

《中华人民共和国计算机信息网络国际联网管理暂行规定实施办法》第十八条规定："用户应当服从接入单位的管理，遵守用户守则；不得擅自进入未经许可的计算机系统，篡改他人信息；不得在网络上散发恶意信息，冒用他人名义发出信息，侵犯他人隐私；不得制造、传播计算机病毒及从事其他侵犯网络和他人合法权益的活动。"

《互联网电子公告服务管理规定》第十二条规定："电子公告服务提供者应当对上网用户的个人信息保密，未经上网用户同意不得向他人泄露，但法律另有规定的除外。"

《关于网上交易的指导意见（暂行）》规定："服务提供者应采取合理措施保护用户的注册信息、隐私和商业秘密。交易各方发生争议时，应依照法律和约定协商解决或协助有关部门处理。"上述规定为网络隐私权的保护奠定了一定的法律基础。

尽管我国有上述规定，但是侵犯网络隐私权的事件仍然时有发生，在网络营销活动中主要表现为以下几种：

（1）非法获取个人信息，未经他人同意而进入计算机系统。当网民在访问网站时，通常被要求填写相关的个人信息，虽然很多网站在要求访问者提供个人资料的时候都附有隐私权保护声明，但只有极少数网站真正能做到并符合要求——向访问者说明数据的搜集方法、范围、获取信息的途径、网站保障数据安全的措施及信息的使用权限等有关情况。在获取个人信息后，网站有时会利用各种间谍软件、流氓软件侵入个人信息系统，非法获取利益。此外，有些网站会利用黑客行为侵入到别人的计算机中，浏览、下载、修改、删除、窃取能够体现个人情况的数据，通过对个人数据的搜集、分析，对个人的兴趣、爱好、性格特点、消费方式作出判断，从而识别网络使用者的真实身份。

（2）未经许可，发送垃圾邮件。垃圾邮件的特点是未经收信人许可，将同一内容的电子邮件同时发给网上的无数电子邮箱，达到快速、广泛传播的目的。有时候，大量的垃圾邮件甚至使用户的电子邮箱崩溃。

（3）未经许可，宣传、公开他人的隐私。非法公开和使用消费者信息，如网上购物、网上购票、滴滴打车等过程中需要消费者完善自己的身份证号码、手机号码、姓名、性别等具体信息，销售者或者其他主体在未经消费者同意的情况下，将消费者的言论或者其他信息公布于网络，透露给第三方，使消费者的信息处于不正当使用之中，还有就是网站将搜集到的用户信息以商品的形式转售给他人。

11.3.2　个人数据信息制度

1）个人数据信息制度的概念

个人数据信息制度是对个人数据信息的搜集、处理的一系列原则和政策。个人数据信息是一个比隐私范围更大的概念。隐私涉及的是保护的问题，但除隐私外而属于个人信息的部分，则有合理使用的成分。由于我国在个人信息搜集方面还存在立法上的空白，所以，个人信息制度应按照一般的民法原则加以规制。一般说来，网络营销中的个人信息通常包括三个方面：个人基本信息、个人消费信息、个人银行信息。

2）个人信息制度的内容

（1）个人信息的搜集制度。对于网站或者销售者来说，搜集个人数据信息是经常进行的一项活动，一般要遵循以下原则：

① 要经过本人或者其他合法提供者的同意，并由其自愿提供。

② 对于已经公开的个人信息，再次搜集时应持有善意。

③ 搜集个人信息不能损害到第三方的利益。

（2）个人信息处理制度。处理包括两方面的内容：一是查阅；二是使用。

用户针对自己提供的个人信息，有权按照一定的程序进行查阅。针对不正确的内容，有权进行修正，对于过时的信息，有权进行更新。对于他人的公开信息，用户可以自由查阅，但是对于隐秘信息，网站不得为用户提供。在实践中，网站有时会出于各种目的，为用户提供他人信息。

使用是信息制度的核心内容，包括变更、传输、封锁、删除、披露等行为。由于用户将信息登记于网站后，网站成为信息的持有者，所以，使用制度的规范对象主要为网站。网站在进行上述行为时，应当取得用户本人的同意。

3）个人信息安全规范

由全国信息安全标准化技术委员会组织制定和归口管理的国家标准《信息安全技术个人信息安全规范》（GB/T 35273-2017）于2017年12月29日正式发布。本标准规范了开展收集、保存、使用、共享、转让、公开披露等个人信息处理活动应遵循的原则和安全要求。

该标准较为详尽和全面地界定了个人信息的定义及划分范围等，虽然不具有强制性，但可以及时地填补个人信息保护当中的一些空白点。在网络个人信息安全法治的领域当中，该规定阐明了个人信息保护方面的一些基础性质的问题。

此外，2016年发布的《中国个人信息安全和隐私保护报告》强调，尽管基础法律作出了基本原则问题的规定，但在繁杂环节，要想将法律真正落到实处，需要建立全面细致的行业标准及企业行为规范；要改变公民个人信息频遭泄露侵害的社会现实，需要全方位建立个人信息安全的社会保障体系。报告同时指出，要想改变现有信息保护过于松散、分散的现状，需要建立起统一和系统的《个人信息保护法》，为公民维护个人信息权利提供有效的法律途径。

■11.4　网络营销中的知识产权制度

11.4.1　网络知识产权制度概述

现实社会中的知识产权概念在网络空间仍然适用，其内容包括著作权、工业产权与域名制度。而网络知识产权除了传统知识产权的内涵外，还包括数据库、计算机软件、多媒体、网络域名、数字化作品以及电子版权等。

网络信息资源是网络知识产权载体，网络信息资源相对于传统信息资源有着自己的特征：一是数字化、网络化，这是网络信息资源的基本特征。二是信息量大，种类繁多。三是信息更新周期短，数据可以及时上传、删除。四是开放性强，信息资源不受地域限制，任何联网的计算机都可以上传和下载信息。

这些特征决定了网络知识产权具有与传统知识产权完全不同的特点，如传统知识产权具有专有性，而网络知识产权的对象则是公开、公共的信息；传统知识产权具有地域性，而网络知识产权则是无国界的。

11.4.2　网络著作权及侵权行为

网络数字空间的信息资源以非线性结构存在，容易被复制和传输、压缩并被多次利用，因而给网络著作权的保护带来了困难。近年来，由于网络著作权引发的问题日益增多，我国也加强了相关的立法工作。2004年，最高人民法院颁布了《审理涉及计算机网络著作权纠纷案件适用法律若干问题的解释》。2005年，国家版权局、信息产业部（现工业和信息化部）颁布了《互联网著作权行政保护办法》。2006年，国务院出台了《信息网络传播权保护条例》，并且承诺在条件成熟时加入《世界知识产权组织版权条约》和《世界知识产权组织表演和录音制品条约》。结合之前颁布的法律制度，可以看出，我国并没有一部专门的刑事法律来对网络知识产权进行有效保护，对于网络著作权暂未采取绝对保护制度。

对于是否合理使用网络著作权，可以采取以下判断标准：

（1）使用目的必须正当，不能借合理使用之名行剽窃之实。

（2）使用的程度必须在合理的限度以内，大量引用原作应视为侵权；不得照搬原作的精华部分。

（3）若给权利人造成了实质性的"市场损害"，就不属于合理使用。

（4）"合理使用"者不得侵犯原著作权人的人身权。

依据侵权行为的方式不同，可将网络著作权侵权行为划分为以下几类：

1）上载行为

未经著作权人许可擅自将其传统媒介上的作品数字化后提供到网络上向一切网络用户公开。将该行为确定为侵权行为，是因为将原来非数字化的文学艺术作品数字化。作者对其在传统载体上发表的文章所享有的著作权已经延伸到了网络空间，无论他人采用何种手段对作品进行数字化，都不具有独创性，只能看作原作品的存在形式和传播方式发生了变化，并不影响原作品著作权人对该作品享有的权利。同时，该上载行为由于未经原著作权人同意，已经侵犯了其传播权。

2）转载行为

这种行为是未经著作权人许可，擅自将其网络作品在网络上转载，其实是网络间的复制、传输。目前，报刊、网络上的作品被相互转载的情况普遍存在，为了使网络上这种无序的违法使用作品的行为得到及时、有效的控制，促进网络信息的高效传播，顾及网络产业发展与著作权人利益之间的平衡等，2006年，就网络著作权纠纷适用法律若干问题，最高人民法院审判委员会第1406次会议通过了《最高人民法院关于修改〈最高人民法院关于审理涉及计算机网络著作权纠纷案件适用法律若干问题的解释〉的决定（二）》，删除了此前作出的"已在报刊上或者网络上传播的作品，除著作权人声明或者上载该作品的网络服务提供者受著作权人委托声明不得转载、摘编的以外，网站予以转载、摘编并按有关规定支付稿酬、注明出处的，不构成侵权，但网站转载、摘编作品超过有关报刊转载作品范围的，应当认定为侵权"的不当规定。

3）下载行为

这种行为通常指的是在没有得到网络作品著作权许可的情况下，将网络上的作品整篇或者是大篇幅下载下来，通过传统媒体进行展示。例如，在网络上发布的论文及学术作品被下载之后发表到一些刊物、报纸上等。这种行为是网络著作权侵权行为最常见的一种，也是较为严重的领域。并非所有的下载行为都是违法的，只有擅自将网络作品下载并非法使用的，才构成对著作权的侵犯。网络作品下载具体分为两种情况，即对数字式作品的下载和数字化作品下载。无论哪种作品形式的下载，如未经著作权人许可，擅自下载网络作品后刊登在传统媒体上或者非法出版、播放等，都构成对网络著作权的侵权行为。

4）快取行为

快取是一种可能产生著作权侵权的行为。快取是指计算机在运作时，因信息传输或运作所需，例如，当网络服务提供者储存热门网站以供使用者快速连至该网站，或一家公司以网络安全为理由使用代理主机作为防火墙的一部分时，会利用快取功能，如此即会产生高速缓存暂时性复制与储存他人网站的内容。

5）网页超链接行为

网页超链接是通过在自己网页的HTML码加入他人网页的地址URL，让网页使用者在点击选择特定的图标或文字后，自动链接到他人网页。由于网页使用者通过超链接会在其屏幕内存中暂时储存所链接网页的内容，因此可能有著作权侵权的争议。不过设计及提供超链接的原网页在网页上超链接其他网页并没有任何复制的行为，若要说有侵权，则可能只有在网页使用者的暂时性复制被认为侵权时，提供超链接的网页才有辅助侵权或代理侵害的可能。

11.4.3 工业产权与侵权行为

1）网络专利权制度

随着网络的发展，很多企业开始着眼于将商业方法与各种软硬件系统结合起来创造利润。在这种情况下，它们希望自己的专利方法能够得到专利法的保护。这就要求突破现有的立法框架，重新考虑专利权所保护的客体范围。美国法院已经确认了对商业方法可以进行专利保护。但是，并非所有的应用于网络的商业方法都可以申请专利，商业方法取得专利的必备条件包括：

（1）创新的商业模式。

（2）实现了电子化，即表现为计算机程序，能够运用程序进行商业运作。

2）网络营销中的商标权侵权

网络营销不同于传统营销，商标侵权的表现方式也呈现多样化的趋势。商标权的侵权形式有以下几种：

（1）使用他人商标作为网页上链接的锚，可能导致消费者的混淆，而忽视被链接者的商标以及其他信息，直接当作链接享有的商标，这就造成了对被链接者商标权的侵害。在网页上随意使用他人的知名商标、商品名称等，或者将他人商标的图形设计成自己的商标图形。在网络链接中，随意使用他人的知名商标、商品名称等作为自己的链接标志。

（2）搜索引擎中的"隐形商标权纠纷"。这种商标的特征是，某一网站将他人的商标埋植在自己的源代码中，这样用户虽然不能在网页上直接看到他人的商标，但是当用户使用网上搜索引擎查找他人商标时，该网页就会位居搜索结果的前列。

类似的网络侵权行为都存在"钻空子"的特性，虽然国家发布了有关管理条例，但并不具有强制的法律效力，相关法律法规的出台刻不容缓。

11.5 对消费者权益的特别保护

11.5.1 网上行为问题

网络营销中，由于地域的限制，经营者与消费者之间的力量对比较之现实社会更加悬殊，消费者的知情权、自主选择权、公平交易权、安全权等更容易遭到经营者的侵犯。

1）知情权问题

知情权是消费者的一项基本权利，对之进行保护是由于在交易中，经营者与消费者处于信息不对称的状态，消费者处于弱势地位。网络作为通信工具起到加速信息传递、加强沟通的作用，但它并不能够改变商品交易中消费者的信息劣势地位。网络的全球性、虚拟性、数字化加重了经营者与消费者之间信息不对称的程度。交易若通过网络进行，消费者只能通过图片、图像、文字等来观看、了解商品。同时，信息技术的发展也可以帮助经营者掩盖某些商品的缺陷。实践中，不良商家往往通过在网上提供不完整的商品信息甚至虚假信息及发布虚假广告，侵犯消费者的知情权。

2）网络格式合同问题

（1）网络合同格式条款问题。

网络合同格式条款是指以互联网为支持背景，由于网络交易的重复性而拟定的。网络合同格式条款在拟定过程中，并未与消费者进行相关的协商。网络合同格式条款不仅有格式条款的一般特征，还具有其特殊性质：

①环境特殊性。

网络格式合同的签订需要以互联网为支持，整个签订过程都是在虚拟环境下进行的，如果离开了这一环境，那么合同的签订将无法完成。网络格式合同打破了时间和空间上的局限性，具有更大的灵活性。

②以电子数据为载体。

网络合同格式条款通过互联网网页的形式显现出来，与一般合同以书面形式签订的方式差别很大。往往很多网络经营者会利用消费者很少浏览网络条款的心理而添加一些损害消费者利益的条款，从而使消费者难以获得准确的网络合同格式条款。

目前，网络消费类合同普遍采用的是格式合同形式，大多数交易条款或服务条款都是经营者事先拟定好的，消费者一般只能接受或拒绝。引入格式合同的初衷是为了方便交易，但在实际网上交易中，这些格式条款也带来了很多问题：

第一，从格式条款的订立过程看，排除了消费者选择与协商的可能性。

第二，从格式条款的表现形式上看，存在明示义务问题。在现实社会中，即便格式条款有问题，也可以当面向经营者提出问题，但在网络环境下，经营者往往采用艰涩难懂的文字来表达条款的内容，或者故意将某些条款置于页面底端，或者要通过多次链接才能搜索到。这些不合理的表现方式根本无法使一般人合理阅读到格式条款，或者阅读过也无法明白其中之义。

第三，从格式条款的内容上说，往往包括一些不合理的内容。这主要体现在以下几种方式：免除己方责任，加重对方责任；不合理分担风险；剥夺限制相对方权利，限制其寻求法律救济；规定不得提起诉讼而由自己指定的仲裁机关仲裁等。

（2）网上格式合同的种类。

目前的网上格式合同分为三种：

①拆封授权合同。拆封合同多用于电脑软件、游戏软件销售。传统的拆封授权合同是一种常见的套装软件授权形式，非常典型的是在该软件的包装或封套上或于其内印刷或记载着合同条款。消费者拆启该包装使用该软件时，即视为消费者接受该授权条款。拆封授权合同内容一般包括软件版权声明、使用授权、用户限定、关于知识产权保护的约定、责任豁免等。

②点击同意合同。点击同意合同由经营者在与消费者缔结合同之前向消费者出示，给消费者提供充分的审查机会。合同条款一般以直接完整的方式或者超级链接的方式出现在电脑屏幕上，消费者在点击"同意"或其他类似同意缔约的按钮后，才能完成缔约过程。

③浏览类格式合同。这是指经营者作为合同的一方在合同中约定，访问者一旦浏览了其网站主页便与该经营者订立了合同。

3）安全权中的财产安全权

网上交易大多是通过网上支付完成的，而消费者网上支付的有关信息（如账号、密码、身份证号码）被网站或者银行搜集后，又被无意或者有意地泄露给第三者，甚至被用来从事严重不利于消费者权益的行为。另外，不法分子通过盗窃或者破解的方法，获取消费者的个人财产，也是对财产安全的侵害。

11.5.2　实体权利问题

网络营销中消费者实体权利的保护与传统消费者权益保护并无不同。其主要包括以下几点：

1）人身安全权

人身安全权在这里是指生命健康权不受损害，即享有保持身体各器官及其机能的完整以及生命不受危害的权利。

为了能使这一权利得到实现，消费者有权要求经营者提供的商品或服务符合保障人身、财产安全的要求。也就是说，有国家标准、行业标准的，消费者有权要求商品和服务符合该国家标准、行业标准。如家用电器不允许有漏电、爆炸、自燃等潜在危险存在。对于没有国家标准、行业标准的，必须符合社会普遍公认的安全、卫生要求。

2）自主选择权

消费者有权根据自己的消费愿望、兴趣、爱好和需要，自主地、充分地选择商品或者服务。其主要内容有：

（1）有权自主选择经营者。

（2）有权自主选择商品品种或服务方式。

（3）有权自主决定是否购买或接受服务。

（4）自主选择商品或服务时，有权进行比较、鉴别和挑选。

3）依法求偿权

消费者在购买、使用商品或接受服务时，既可能人身权受到侵害，也可能财产权受到侵害。人身权受到的侵害，包括生命健康权，人格方面的姓名权、名誉权、荣誉权等受到侵害。财产损害，包括财产上的直接损失和间接损失。直接损失，指现有财产上的损失，如财物被毁损、伤残后花的医药费等。间接损失，指可以得到的利益没有得到，如因侵害住院而减少的劳动收入或伤残后丧失劳动能力而得不到劳动报酬等。

享有求偿权的主体，是指因购买、使用商品或者接受服务的受害者。受害者包括：

（1）购买者，即购买商品为己所用的消费者。

（2）商品的使用者，即不是直接购买商品为己所用的消费者。

（3）接受服务者。

（4）第三人，即在别人购买、使用商品或接受服务的过程中受到人身或财产损害的其他消费者。

4）结社权

消费者享有依法成立维护自身合法权益的社会团体的权利，简称结社权。

5）获得有关知识权

消费者享有获得有关消费和消费者权益保护方面的知识的权利，简称获得有关知识权。

6）人格尊严和民族风俗习惯受尊重权

消费者在购买、使用商品和接受服务时，享有其人格尊严、民族风俗习惯得到尊重的权利，简称人格尊严和民族风俗习惯受尊重权。

7）监督权

消费者享有对商品和服务以及保护消费者权益工作进行监督的权利，简称监督权。

11.6　网络广告中的法律问题

11.6.1　网络广告法律制度概述

所谓网络广告，即英文所说的 Web Advertisement（简称 Web Ad），是指商品经营者或服务提供者承担费用，以互联网为传播媒介而发布和传播介绍自己所推销商品或者提供服务的商业广告。网络广告是企业网络营销传播策略中非常重要的一个部分，是配合网络品牌传播和营销网站推广来使用的。到目前为止，我国调整网络广告的最高法律规范是1994 年通过的《中华人民共和国广告法》（以下简称《广告法》）。

11.6.2　不当网络广告的表现形式

网络广告是传统广告在网络领域的延伸，因此，传统的不当广告，如欺诈、误导消费者、不正当竞争等形式，仍然是不当网络广告的表现形式。网络广告中有一些特殊的表现形式需要注意：

1）隐性广告问题

所谓隐性广告，是指采用公认的广告方式以外的手段，使广告受众产生误解的广告。我国《广告法》第十三条规定："广告应当具有可识别性，能够使消费者辨明其为广告。大众传播媒介不得以新闻报道形式发布广告。通过大众传播媒介发布的广告应当有广告标记，与其他非广告信息相区别，不得使消费者产生误解。"如果广告不具有可识别性，不能使消费者辨明其为广告，广告的功能和作用就不能得到充分的发挥，更为重要的是容易对消费者产生误导，且往往带有欺诈性，从而会损害消费者的权益。隐性广告正是规避了广告的"可识别性"这一特点，是以非广告形式发布的广告，亦可称为"不是广告的广告"。目前，互联网上的隐性广告主要表现为以下几种形式：

（1）以网络新闻的形式发布的广告。该类型的广告处于违反《广告法》的边缘，混淆了真实新闻信息与广告信息之间的界限，以新闻之名行广告之实。

（2）利用BBS发布的广告。目前，BBS已不仅仅指电子布告栏，还包括信息讨论区、文件交流区、信息公告区和交互讨论区这几部分。

（3）关键词搜索中的隐性广告。将包含关键字（词）的源代码置入网站整个程序中，关键字（词）一般为企业知名产品名称、企业名称或驰名商标等。

（4）口碑。口碑营销可以假借消费者或者名人之口来制作口碑，比一般的隐性广告更加具有危害性。

2）强迫广告

所谓强迫广告，是指在互联网上，广告商为了提高其广告的点击率，而运用新型的网络技术设置广告，使网民不得不读取。强迫广告主要有以下几种表现形式：

（1）插播式广告。这是指在用户等待网页下载的空当期间出现，以另开一个浏览视窗的形式出现的全屏或半屏、可退出或不可退出的网络广告。这有点类似电视广告，都是打断正常节目的播放，强迫观看。

（2）电子邮件广告。随着电子邮件的日益增多，网络上的垃圾广告也越来越多。电子邮件广告比起传统广告有许多无可比拟的优点，广告发布成本低廉并且反馈性强，但是电子邮件广告也成为广告骚扰的最大"元凶"。

（3）不正当链接广告。链接本是为了方便用户对网络的访问，有助于网络互动性的发挥，但有些网络广告商利用链接，提供了不正当的链接式广告。所谓不正当的链接，是指当用户链接时，打开的不是用户想要的网页，而是提供链接服务的网站的网络广告。

（4）其他不正当的强迫广告。这包括病毒式信息传播、流氓软件等。

11.7　网络营销纠纷与司法程序

11.7.1　协商与调解

传统的纠纷解决方式，如协商与调解同样适用于网络营销纠纷。

协商是指消费者与经营者在发生争议后，就与争议有关的问题进行协商，在自愿、互谅的基础上，通过直接对话摆事实、讲道理，分清责任，达成和解协议，使纠纷得以解决的活动。消费者权益争议的协商和解是一种快速、简便的争议解决方式，无论是对消费者还是对经营者，它都不失为一种理想的途径。事实上，日常生活中大量的消费者权益争议都是通过这种方式解决的。

调解是指双方当事人以外的第三者，以国家法律、法规和政策以及社会公德为依据，对纠纷双方进行疏导、劝说，促使他们相互谅解，进行协商，自愿达成协议，解决纠纷的活动。

11.7.2　在线纠纷解决机制

根据美国联邦贸易委员会、欧盟、经济合作与发展组织（OECD）以及全球电子商务论坛所下的定义，在线纠纷解决机制（Online Dispute Resolution，ODR）是指运用计算机和网络电子技术，通过网络上由非法院机构但公正的第三人，解决企业和消费者间因网上交易所产生争执的所有方式。

ODR 是从替代性纠纷解决机制（Alternative Dispute Resolution，ADR）演化而来的，ODR 的出现不是要代替司法解决纠纷的机制，而是弥补司法机制的不足。ODR 成为许多国家和政府组织积极促进电子商务发展的法律政策框架的重要内容。我国也成立了在线交易保障中心与在线争议解决中心。但是，在世界范围内，在线解决的权威性方面仍存在争议。

ODR 具有如下特点：

（1）跨地域性。ODR 采用的运作模式是全球化的，其具有跨地域的特点，打破了时间和空间上的局限性。受理人不论身处何处，都可以进入 ODR 进行讨论和协商。ODR 打破了国家的界限，使其可以受理全球范围内的网络纠纷。

（2）高技术性。ODR 具有高技术性的特点，具有先进的电脑技术支持其运作程序。ODR 采用的技术包括：计算机编程技术，如编制程序及数据库技术；网络通信技术；安全维护技术，如防火墙、密钥加密等；还有为顾客提供个性化服务的 Cookiese 技术等。

ODR 具有强大的技术支撑，为解决网络纠纷提供了一个可操作性强的平台机制。目前，ODR 主要有以下三种方法：

第一，在线交涉（Online Conciliation/Negotiation）。当有一项争议发生时，争议双方可以通过提供这种服务的网站，传递信息，交换各自的观点和请求。网站实质上起的是一个提供场所、加强沟通、促进交流的作用。这种方法简便、迅速，很多争议通过彼此沟通便很快得到解决。用这种方法处理争议，往往可以通过某种计算机程序全自动地进行。

第二，在线调解（Online Mediation）。当一项争议发生时，争议双方以在线的方式提交争议，然后由中立的调解员调解。调解员必须具有相关的专业知识或技能。调解员按照规定的程序以及公平的原则，帮助争议双方分析争议焦点，明确双方的利益，找出可能的解决途径，帮助当事人之间达成自己的解决方案。在整个争议解决过程中，调解员并不评价争议双方的对错，也不由调解员作出调解协议。在线调解是 ODR 中使用最多、最重要的一种方式。

第三，在线仲裁（Online Arbitration）。在线仲裁是 ODR 中比较正式的一种纠纷解决方式，一般是通过在线交涉、在线调解还不能解决的争议，才使用在线仲裁。在线仲裁一般需要有争议双方愿意将争议交予仲裁的协议。仲裁员需要听取双方的陈述，审查相关的事实和证据，然后作出裁决。其裁决一般只对争议双方有约束力，而无司法执行力，所以严格来说不同于传统的经济仲裁或国际商事仲裁，因为目前它还不能被《承认及执行外国仲裁裁决公约》所容纳。在线仲裁方式在解决在线争议中使用较少。

除上述几种方式之外，还有一些其他方法。比如企业内部设立的"在线消费者投诉处理程序"，结合互联网、传统电话等方法的"半在线争议处理方式"等。而其中每一种形式的具体运行方式和程序环节，在不同的商业、技术环境下，针对不同的纠纷类型。一个 ODR 服务提供者可以只采用其中一种方法，也可以综合采取所有的方法，因此在现代网络技术的帮助下，呈现出多种多样的 ODR 模式。但就目前情况来看，ODR 的模式主要有三种。第一种，不公开报价和请求的处理模式。这种模式往往是通过一种计算机程序自动化处理的方式。第二种，在线 ADR 模式。这种模式实际上是运用现代的网络技术，如电子邮件（E-mail）、聊天室（Chat-room）、网络会议（Web Conferencing）、视频会议（Video Conferencing）等，甚至可以是传统的电话、传真，把离线状态下 ADR 的服务运用到网络环境下，以营造一个虚拟的调解或仲裁的场所，解决争议。第三种，计算机辅助交涉模式。这种模式是把各方的争议分解成可量化的要素，然后通过一种专门设计的计算机程序，辅助争议各方都能达成最大满意的综合解决方案。

11.7.3　仲裁

仲裁是一种古老的纠纷解决方式，是指争议双方在争议发生前或争议发生后达成协议，自愿将争议交给第三者作出裁决，双方有义务执行的一种解决争议的方法。根据仲裁法的规定，仲裁来自当事人的合意，必须事先有仲裁协议，电子商务大部分采取"点击合同"形式，是否订立仲裁协议以及提交何地进行仲裁，均由经营者在"点击合同"中设定，顾客只能被动接受，对买方是不公平的，但买方和卖方仍然可以在交易发生后订立仲裁协议。

我国《中国国际经济贸易仲裁委员会网上仲裁规则》（2024 版）第五条"仲裁协议"规定："（一）仲裁协议指当事人在合同中订明的仲裁条款或以其他方式达成的提交仲裁的书面协议。（二）仲裁协议应当采取书面形式。书面形式包括合同书、信件、电报、电传、传真、电子数据交换和电子邮件等可以有形地表现所载内容的形式。"此外，该仲裁规则还对以下问题作了规定：

1）仲裁庭

仲裁庭由一名或三名仲裁员组成。除非当事人另有约定或者本规则另有规定，仲裁庭由三名仲裁员组成。当事人可以在仲裁委员会仲裁员名册外选定仲裁员。被选定的仲裁员应经仲裁委员会主任确认。

2）仲裁程序

仲裁程序自仲裁委员会仲裁院收到仲裁申请书之日起开始。除非当事人另有约定，仲裁庭可以按照其认为适当的方式审理案件。在任何情形下，仲裁庭均应公平和公正地行事，给予双方当事人陈述与辩论的合理机会。仲裁庭可以根据案件的具体情况，采取包括发布程序令、发出问题单、制作审理范围书、举行庭前会议等措施，推进仲裁程序快速高效进行。仲裁庭有权决定证据的可采性、关联性、实质性和证明力。

仲裁庭可在商各方当事人意见后，根据仲裁案件的具体情况，自行决定以现场出席、远程视频及其他适当的电子通信方式开庭。仲裁庭也可以根据案件的具体情况决定采用常规现场方式进行调解。

3）仲裁裁决与执行

裁决书应当以书面形式制作，注明裁决作出日期及仲裁地，由仲裁员签署，并加盖仲裁委员会印章。仲裁庭应当在签署裁决书前将裁决书草案提交仲裁委员会核阅。在不影响仲裁庭独立裁决的情况下，仲裁委员会可以就裁决书的有关问题提请仲裁员注意。

当事人应当对生效的仲裁裁决认真履行。一方不履行的，另一方可以向法院申请执行，受申请的法院应当执行。如果当事人一方申请执行裁决，另一方申请撤销裁决，法院应当裁定终止执行；裁定撤销裁决的，应当终结执行；撤销裁决的申请被驳回，法院应当裁定恢复执行。

11.7.4 司法程序

根据《中华人民共和国民法典》的规定，因侵权行为提起的诉讼，由侵权行为地或者被告住所地人民法院管辖。网络侵权中，不论是单位主体还是个人主体，以被告住所地管辖争议不大，审判实践中也易于掌握，只是在确定被告住所地时存在一定困难。实践中，一般采取《中华人民共和国民法典》所确定的原则。

本章小结

　　本章简要介绍了网络营销涉及的法律问题和网络营销相关法律所关注的问题。本章重点讨论了网络人格权与个人信息制度，以及网络营销中的知识产权制度。对消费者权益的特别保护也是本章学习的一个重点。最后，本章简要介绍了网络广告中的法律问题，以及网络营销纠纷与司法程序。

本章网站资源

　　法律之星：http://www.law-star.com
　　中国民商法律网：http://www.civillaw.com.cn
　　北大法律信息网：http://www.chinalawinfo.com

复习思考题

　　1.网络营销所涉及的法律问题主要包括哪些方面？
　　2.在网络营销的过程中，如何处理好我国知识产权保护的问题？
　　3.什么是网络人格权？网络人格权相对于人格权有哪些变化？
　　4.在网络营销中，如何兼顾消费者权益保护问题？
　　5.ODR机制与其他纠纷解决机制相比具有哪些优势？
　　6.试阐述网络广告中会出现哪些不当行为以及如何实行监管措施。